Revêtir le Corps de Visions

Ngakpa Chögyam

Aro Books WORLDWIDE

2017

Aro Books WORLDWIDE

PO Box 111, Aro Khalding Tsang,

5 Court Close, Whitchurch, Cardiff, CF14 1JR

© Droits réservés 1995 de Ngakpa Chögyam

Dessins © Ngakma Pema Rig'dzin Zangmo
Couverture © Ngakma Pema Rig'dzin Zangmo

Photo de l'auteur par Kevin Baker
Traduction par Ngakpa Zhal'med et Catherine Rihoit
Mise en page et typographie par Ngakma Nor'dzin Pamo

Première édition
2017

Version originale en anglais 1995
Aro Books, Inc
PO Box 330
Ramsey NJ 07446

ISBN 978-1-898185-41-3 [Paperback]

Sites web de la Lignée Aro: http://www.aroter.org

Ce livre est dédié à ma mère, Khyungchen Aro Lingma, et à Jomo A-yé Khandro, Jomo A-shé Khandro, la lignée Aro gTér, et à la tradition Ngakphang de l'école Nyingma.

Si ce livre est d'une quelconque valeur, elle n'est due qu'à la sagesse et la compassion, la puissance et à l'inspiration de mes Lamas.

Les lacunes de ce livre ne reflètent que les miennes.

Om A'a Hung Bendzra Guru Jnana Sagara Bam Ha Ri Ni Sa Siddhi Hung

Liste d'illustrations

Sommaire

Remerciements

Je remercie avec gratitude tous mes Lamas, mais remercie tout particulièrement : Kyabjé Dud'jom Rinpoche, Kyabjé Dilgo Khyentsé Rinpoche, Kyabjé Khordong gTerchén Tulku Chhi-'mèd Rig'dzin Rinpoche, le Vénérable Lama Künzang Dorje Rinpoche, et le Vénérable Lama Tharchin Rinpoche.

Il y a bien des gens que j'aimerais remercier, ils sont trop nombreux pour les citer tous, mais ils sont toujours dans mon cœur. Mais il y en a certains que je dois mentionner pour leur soutien indéfectible, leur humour, leur loyauté, et leurs encouragements toutes ces années : ma chère sang-yum, Khandro Déchen Rolpa'i Tsédrüp Yeshé, ma sœur de vajra Jetsunna Khandro Ten'dzin Drölkar, glorieuse yogini cachée et profonde inspiration, et mes frères de vajra Lama Sonam Sangpo (Gyaltsen Rinpoche) et Lama Karpo Rinpoche.

Khandro Déchen et moi-même voudrions remercier notre sangha vajra de disciples ngak'phang ordonnés : Ngakma Nor'dzin Rang-jung Pamo, Ngakpa 'ö-Dzin Tridral Nyima Dorje, Ngakpa Gyür'mèd 'ö-Zér Nyima Dorje, Ngakma Pema Rig'dzin Zangmo, et Ngakma Shardröl Rangdrüp Chhi-'mèd Wangmo.

Khandro Déchen et moi-même voudrions également remercier tous nos apprentis, les disciples et apprentis de tous les Lamas Aro, ainsi que tous les Amis de Sang-ngak-chö-dzong partout dans le monde.

Nos remerciements les plus chaleureux, enfin, aux disciples du Vénérable Lama Tharchin Rinpoche de « Pema Ösel Ling » pour leur accueil, leur générosité, et leur gentillesse.

Qu'ils soient heureux. Qu'ils vivent longtemps, prospèrent, et atteignent tous les siddhis. Que la gentillesse, la liberté et la joie règnent ! E Ma Ho !

NGAKPA CHÖGYAM ÖGYEN TOGDEN
le yogi excentrique et inconséquent

Gwyenedd, Pays de Galles, Jour de Yeshé Tsogyel, Mai, et Pema Ösel Ling, Californie, Jour de Padmasambhava, Juillet, Année de Singe d'eau (1992)

Note du traducteur

Ngak'chang Rinpoche entretient depuis toujours un rapport singulier avec les mots. Leur nuance, leur syntaxe, leur rythme… son style d'écriture ne laisse jamais rien au hasard. La traduction de ses écrits peut donc se révéler hasardeuse pour ceux qui cherchent à en restituer fidèlement le sens ! Revêtir le Corps de Visions est le premier livre de Ngak'chang Rinpoche à paraître en français, et c'est à ce titre que quelques remarques sur la traduction s'imposent.

Rinpoche a une façon bien à lui de créer des expressions de toutes pièces pour exprimer au mieux le sens de certains mots Tibétains. Prenons par exemple le mot ngak, habituellement traduit par mantra. Ngak'chang Rinpoche utilise l'expression awareness spell en anglais, soit « sort de conscience ». Ou prenons encore yidam, le mot tibétain désignant les divinités de méditation Tantriques. Ngak'chang Rinpoche le traduit par awareness being, ou « être de conscience ». Ces expressions pourront parfois surprendre; mais l'on devra avant tout s'attacher au sens qu'elles véhiculent, et à l'effet qu'elles produisent sur le lecteur.

La traduction du tibétain en anglais n'est pas seule à poser problème. Certains mots anglais, couramment utilisés dans la littérature bouddhiste anglophone, n'existent pas en français.

Par exemple, les enseignements Bouddhistes font une distinction entre le mot *consciousness* et le mot *awareness*.

Consciousness, la conscience, est notre faculté mentale à appréhender de façon subjective les phénomènes ainsi que notre propre existence.

Le mot awareness, en revanche, pour lequel nous n'avons pas de traduction littérale en français, évoque la notion de perception ouverte et intuitive. La conscience est notre condition par défaut; awareness, cette perception ouverte et intuitive, est ce que nous développons à travers la pratique.

Dans cet ouvrage, le mot awareness sera traduit par « conscience claire ». Un exemple parmi d'autres de paraphrases employées dans cette traduction, et qui permettront de mieux définir certains termes quand la langue française fera défaut.

J'espère néanmoins que cette traduction saura rester fidèle à l'esprit de l'original, et que le lecteur pourra y retrouver un écho de l'incandescente clarté de l'enseignement de Ngak'chang Rinpoche.

Ngakpa Zhal'mèd Yé-rig

Introduction

Ayant l'honneur de connaître Ngakpa Rinpoche depuis de nombreuses années, je suis très heureux d'écrire cette introduction à son troisième et important livre de Vajrayana : Revêtir le Corps de Visions. Rinpoche et moi-même sommes liés, de façon extraordinaire, par la fraternité de vajra ; ce lien sacré est né et s'est développé au cours de nombreuses incarnations. Alors que j'étais en poste à l'Assemblée des Députés du Peuple Tibétain (représentant les Tibétains de l'école Nyingma) je rencontrai Rinpoche une fois de plus – pour la première fois dans cette vie – et nous devînmes de très bons amis. Je fus tout de suite impressionné par sa capacité de Ngak'chang (détenteur de mantra). Rinpoche attire par sa personnalité naturellement amicale, bienveillante, humble et courtoise. Ses activités ont toujours concerné le dharma et non la politique. Quand je le rencontrai, Rinpoche avait déjà étudié avec de nombreux grands Lamas, notamment Kyabjé Dud'jom Rinpoche, Kyabjé Dilgo Khyentsé Rinpoche et Lama Künzang Dorje Rinpoche. Sa connaissance rigoureuse de la théorie et de la pratique du Vajrayana ne fait aucun doute.

À la différence de certains érudits occidentaux que j'ai pu rencontrer, Rinpoche a indubitablement l'approche de dévotion véritable caractéristique des Lamas Tibétains. Son ardent désir de visiter le lac sacré de Tso Pema en témoigne, et je me souviens encore très bien du pèlerinage que nous y fîmes ensemble.

Nous fîmes le tour du Lac sacré en compagnie du Vénérable Lama Könchong Rinpoche et ce fut une occasion très heureuse.

Quand Padmasambhava transforma le bûcher en un lac (nommé depuis Tso Pema) le roi se repentit, reconnu sa méchanceté et sa confusion, et fut rempli de dévotion. Il offrit sa couronne à Padmasambhava en signe de respect. C'est le chapeau qui orne aujourd'hui toutes les statues et thangkas de Guru Padmasambhava et que portent tous les Lamas Nyingmas.

Après la danse sacrée rituelle des huit manifestations de Padmasambhava, nous gravîmes les collines menant à la grotte. Nous y pénetrâmes par une ravine étroite et rocheuse pour arriver au pied de la statue de Padmasambhava où nous nous assîmes en méditation. Ce fut un moment magnifique et inoubliable.

Ngakpa Rinpoche a été reconnu comme la seconde incarnation de 'a-Shul Pema Legden (yogi, artiste visionnaire, scribe gTér et fils spirituel du mahasiddha et grand gTérton Khalding Lingpa) par Khordong gTérchen Tulku Chhi-'mèd Rig'dzin Rinpoche. Il fut aussi reconnu par Sa Sainteté Dilgo Khyentsé Rinpoche comme incarnation de Aro Yeshé, fils de Khyungchen Aro Lingma (qui découvrit un cycle de Da nang gTér, les enseignements révélés de vision pure Aro gTér).

Ngakpa Rinpoche est né en Allemagne et a grandi en Angleterre, mais la force de son noble karma (accumulé pendant de nombreuses vies) le ramena irrésistiblement vers les enseignements du Vajrayana et la lignée de Guru Padmasambhava.

Son grand intérêt et sa dévotion le firent partir pour l'Inde dès qu'il eut terminé son éducation et il commença à étudier et à pratiquer sérieusement et avec détermination.

Pour financer ses voyages il travaillait régulièrement dans des usines, sa famille étant d'origine trop modeste pour pouvoir l'aider. Il rencontra le Dalai Lama en arrivant en Inde et ce dernier le bénit et l'encouragea à suivre la voie de la libération pour le bien de tous les êtres.

Pendant ses séjours en Inde et au Népal il étudia avec de nombreux grands Lamas et reçut les enseignements et les initiations les plus importants de la Tradition du Tantra secret Nyingma. Il acheva la pratique des quatre niveaux distincts de ngöndro, des quatre niveaux ésotériques des préliminaires Tantriques : le Dud'jom gTérsar Ngöndro Court, le Dud'jom gTérsar Ngöndro Long, le Khandro Yangtig Ngöndro et le Tröma Ngöndro. Il compléta le ngö-zhi et toutes les retraites nécessaires. Il étudia aussi les méthodes rituelles du Maha yoga, apprenant à utiliser nga, dung, gyaling, rolmo, silnyen, kangling et dungchen dans les rites de Tröma Nakmo (la Mère Noire Courroucée).

Malgré ces accomplissements, il était toujours insatisfait de sa connaissance et de son expérience. Il avait longtemps voulu rencontrer Khordong gTérchen Tulku Chhi-'mèd Rig'dzin Rinpoche, Suprême Détenteur de Lignée de la Tradition Khordong gTér de l'école Nyingma. De grands sacrifices et des efforts constants lui permirent heureusement d'y parvenir.

Sa détermination sans faille et sa dévotion envers ses gurus lui permirent de devenir un illustre disciple du vaste trésor d'enseignements Nyingma.

Après de longues années d'étude avec ses propres Lamas et de longues retraites, il fut autorisé à enseigner et transmettre les Tantras intérieurs.

C'est ainsi qu'il porte un takdröl de libération dans ses cheveux, donné par Khordong gTérchen Tulku Rinpoche, en signe de son accomplissement.

En accord avec la tradition, il porte l'habit Ngakpa, appelé gö-kar-chang-lo en Tibétain. Le costume de cette tradition de mantra secret est composé de la robe blanche (shamthab), de la chemise de ngakpa et du châle rouge, blanc et bleu (zän-tra). Il les porte fidèlement en tant que véritable détenteur de la tradition Ngak'phang de l'école Nyingma.

En 1982 il revint d'Inde et fonda Sang-ngak-chö-dzong, sous le patronage de Sa Sainteté Dud'jom Rinpoche (à la tête de l'école Nyingma) qui baptisa également l'association. Au travers de ses enseignements dans le monde entier et des activités de Sang-ngak-chö-dzong, de nombreuses personnes en Europe et aux États-Unis ont pu faire l'expérience de la pratique et de l'étude du Bouddhisme Vajrayana.

Khordong gTérchen Tulku Rinpoche lui fit l'honneur de quatre visites en Angleterre et au Pays de Galles, permettant ainsi à de nombreuses personnes de recevoir des transmissions des Tantras intérieurs et des instructions détaillées de l'Ati yoga.

En 1989 il reçut un Doctorat en Psychologie Tantrique de la Société de Préservation de la Culture Indo-Tibétaine, sous la tutelle de Sa Sainteté Dud'jom Rinpoche. Il reçut cette distinction pour ses livres Rainbow of Liberated Energy et Journey Into Vastness ainsi que d'autres écrits, publiés et non publiés, et à l'issue d'entretiens oraux intensifs.

Ses livres furent traduits dans de nombreuses langues occidentales, et reconnus par des bouddhistes de toutes sortes.

Ses livres sont devenus des références de grande valeur pour les étudiants occidentaux du Vajrayana. Le présent livre, Revêtir le Corps de Visions, concerne les détails pratiques du Vajrayana et sera chaleureusement accueilli par tous ceux qui le pratiquent avec dévotion.

De nombreuses années de pratique et d'étude approfondies sont à sa source et il aidera les lecteurs à clarifier tous les points importants. Ngakpa Rinpoche a gentiment suggéré que j'écrive quelques lignes sur le Vajrayana.

Selon la Tradition Nyingma, le Vajrayana inclut six véhicules enseignés selon la compréhension de l'étudiant. Ces véhicules sont : Kriya, Upa, et Yoga pour les Tantras extérieurs et Maha, Anu et Ati pour les Tantras intérieurs.

Les Tantras extérieurs concernent une purification graduelle de l'esprit jusqu'à ce que se produise une identification complète avec l'être de conscience. Ensuite, les méthodes des Tantras intérieurs transforment tous phénomènes en expérience de félicité. Cet excellent livre décrit les méthodes du Maha yoga où le pratiquant se visualise en tant qu'être de conscience. L'Anu yoga applique les méthodes des canaux, vents et essences afin de réaliser la nature de l'esprit. L'Ati yoga applique les enseignements du guru directement afin d'introduire la complétude nue de la Nature de l'Esprit. Dans toutes ces pratiques (surtout dans les Tantras intérieurs) il est absolument crucial d'être guidé par un guru qualifié.

C'est ainsi que procéda Ngakpa Rinpoche et que procèdent ses disciples. Dans toutes les lignées, il est répété que la relation avec le guru est absolument indispensable pour atteindre l'éveil.

De nombreux grands siddhas Indiens et Tibétains atteignirent la réalisation grâce à la pratique des Tantras intérieurs.

Parmi eux, Guru Padmasambhava manifesta le grand transfert (miracle qui consiste à ne pas manifester de mort physique mais à être continuellement disponible pour aider les êtres). De nombreux miracles eurent lieu au Tibet grâce à la pratique des Tantras intérieurs.

Certains siddhas furent connus pour leurs pouvoirs: Namkha'i Nyingpo qui pouvait chevaucher les rayons du soleil, Khandro Yeshé Tsogyel qui pouvait ressusciter les morts, Vairochana qui pouvait commander des êtres trans-dimensionnels bienfaisants ou démoniaques, Kyéchung Lotsa qui pouvait parler aux oiseaux, et Mathok Rinchen qui se nourrissait de cailloux. Il y en eut bien d'autres parmi les 25 disciples de Padmasambhava. Notamment Trisong Détsen, le 35e roi du Tibet, qui avait invité Padmasambhava au Tibet pour subjuguer les influences démoniaques empêchant la construction de Samyé Gompa (premier centre de méditation du Tibet).

De nombreux pratiquants de cette lignée atteignirent le corps arc-en-ciel (ja-lü, le miracle de dissolution du corps en lumière multicolore au moment de la mort). Tel fut le cas pour les 108 Siddhas de Yerwa, les 55 Togdens de Yangdzong, et les 30 Ngakpas de Sheldra.

De nombreux disciples de Vairochana et de Vilamitra atteignirent l'éveil, laissant, à leur mort, leur corps en forme réduite, en forme atomique ou ne laissant que les ongles et les cheveux, le reste de leur corps se dissolvant en lumière. Nubchen Sang-gyé Yeshé et Sur-mé Nam-sun pouvaient eux ramener les morts à la vie.

Nyadak Nyang, Guru Chöwang, Rig'dzin Go'dèm, Ogyen gTérdag Lingpa, Kunkhyen Longchen Rabjam (qui découvrirent des trésors spirituels – gTér) furent inégalés dans l'histoire de ce monde. Dud'jom Lingpa, Khalding Lingpa, Jamyang Mipham, et Patrül Dorje Chang sont quelques-uns des Lamas du XXème siècle dont l'amour, la sagesse et la puissance n'eurent pas d'égal. Kyabjé Dud'jom Rinpoche et Kyabjé Dilgo Khyentsé Rinpoche, qui moururent récemment, étaient inégalés en terme de pouvoirs de siddhis.

Dodrüpchen Rinpoche et Chatral Rinpoche sont des exemples de siddhas contemporains qui travaillent activement pour le bien des autres et représentent authentiquement le pouvoir des siddhas du passé.

Pour pratiquer les enseignements issus des lignées de tels siddhas il est important que la forme rituelle de la pratique soit jugée selon la signification interne et non simplement l'apparence externe. En retraite solitaire ou en pratique de groupe, la signification interne ne doit pas être perdue en se conformant simplement au rituel externe. Quelques actions que vous accomplissiez, rappelez vous l'essence de l'enseignement.

En pratiquant des mantras et la visualisation de soi en tant qu'être de sagesse, une voix mélodieuse concentre l'esprit et empêche les pensées discursives de nous troubler. Si vous les chantez vraiment les bénédictions du guru sont évoquées et ceci augmente votre dévotion.

Puisqu'il n'y a pas de dieu (être de conscience) en dehors de votre esprit, quelle que soit la musique qui vous aimez, elle plaît aussi à l'être de conscience si vous êtes dévoué à votre guru.

Le son du kangling (trompette en fémur humain) fait plaisir aux êtres de conscience courroucés, et le silnyen (cymbales) plaît aux êtres de conscience paisibles.

Mais surtout (et afin de clairement se distinguer de la pratique de l'hindouisme) il faut éviter tout attachement à des points de vue monistes et éternalistes selon lesquels il existe un principe de conscience défini et permanent. Tous ces principes sont expliqués en langage clair dans ce livre Revêtir le Corps de Visions.

Lama Sonam Sangpo (Gyaltsen Rinpoche)
Kathmandu, Nepal

Revêtir le Corps de Visions

Ouverture

Pratiquer le Tantra c'est plonger dans le feu de sagesse et en émerger à nouveau revêtu du corps de visions. Le Tantra est une folie radicalement positive. L'engagement, basé sur l'expérience du vide, de disparaître totalement dans chaque instant sans laisser de traces. Le Tantra est le sang chaud de la bienveillance. Une identification absolue avec les expressions scandaleuses de notre être, avec ces apparitions éphémères que nous appelons réalité. Le Tantra fait apparaître l'électricité de notre être, ce voltage scintillant qui pétille extatiquement entre existence et non-existence, entre la forme et le vide. Le Tantra est l'alchimie de l'apparence subtile, une méthode de transformation qui nous permet de nous recréer indéfiniment dans ce kaléidoscope d'instants qui compose notre expérience de la vie.

Le Tantra est appelé le chemin court, le chemin soudain, la route directe vers le sommet. La vacuité, ou le vide, est la réalisation la plus haute de la voie soutrique ; mais c'est là que commence le Tantra. Les chemins moins périlleux enlacent laborieusement la montagne, les voyageurs, alourdis des bagages encombrants de la philosophie et de l'éthique, grimpent péniblement. Le Tantra, en revanche, escalade la face verticale sans oxygène. Ses alpinistes grimpent nus, exposés au soleil, au vent, à la neige et au gel du Lama. Leur escalade est brève, mais parfois ils chutent. Il n'y a pas de raison particulière d'escalader cette montagne, seulement le besoin vital de vivre pleinement chaque instant, connecté au guide qui nous emmène vers ces sommets majestueux.

La montagne est là et nous grimpons. Nous grimpons parce que nous savons que nous sommes des grimpeurs. Nous savons que nous n'avons plus le choix. Nous sommes séduits par l'immensité que nous apercevons dans les yeux du guide. Nous ne sommes pas ces bêtes de trait épuisées, encombrées du poids de la philosophie et de l'intellect. Le camp de base du Tantra est l'expérience du vide, et nous reconnaissons dans le vide la danse de l'existence et de la non-existence. L'escalade du Tantra est donc une danse sans fin. Le stupéfiant panache de l'ascension est le seul but.

Nous *sommes* la danse de l'existence et de la non-existence. Le Tantra est impossible si nous ne comprenons pas ceci. Mais que signifie réellement une telle affirmation ? La réponse pourrait être technique et intellectuelle, ou nécessiter une compréhension spirituelle subtile. Il est vrai que le Tantra est complexe. Mais le Tantra est aussi quelque chose d'absolument et radicalement simple. Plus qu'une évidence, l'énergie du Tantra est impossible à ignorer.

La complexité du Tantra est semblable à celle du corps humain. La chimie, la physiologie et l'anatomie du corps sont complexes. Mais *avoir* un corps est quelque chose de très simple. Nous vivons et mourons. Nous naissons et procréons. Nous mangeons, buvons et déféquons. Nous courons, sautons, dormons, et faisons l'amour. Le Tantra n'est pas une philosophie. Il ne peut être ni étudié ni appris. Seule l'expérience personnelle permet de s'en approcher.

L'alpinisme ne s'apprend pas en lisant des livres ou en escaladant un muret. *Connaître* l'alpinisme c'est être sur cette crête gelée qui scintille au soleil. D'une certaine façon, ce livre n'a rien à voir avec le Tantra – en effet, le Tantra est *ce qui se passe*.

Le Tantra est la spontanéité de chaque instant. Le Tantra est notre relation avec la vie.

L'écriture et la lecture de ce livre sont des symboles de l'énergie illimitée du Tantra. Une énergie constamment à portée mais que notre nervosité ne nous permet que rarement de toucher. Il semble qu'il y ait quelque chose auquel nous nous accrochons désespérément, quelque chose que nous craignons de perdre si nous nous détendons. Mais à quoi nous accrochons-nous ainsi? Quel terrible secret tentons-nous d'ignorer ?

Allons, c'est absurde, quelle idée invraisemblable! Enfin, nous ne semblons pas dans une telle panique! Nous avons l'impression de mener nos vies raisonnablement. N'est-ce pas ? Peut-être que oui, peut-être que non. Peut-être quelque chose n'est-il pas tout à fait comme cela devrait être ? Parfois nous nous posons ces questions, et nous nous demandons comment nous pourrions éviter les aspects les plus douloureux, les plus lourds et les plus amers de nos vies. Il y a de petits problèmes de rien du tout, tels que par exemple la mort…

Nous avons une idée de qui nous aimerions être ; nous aimerions changer afin de mieux nous en sortir, ou d'être plus dans la « spiritualité ».

Peut-être entretenons-nous le concept enivrant d'une version idéalisée de nous-mêmes : quelqu'un qui domine toujours la situation, qui flotte à travers la vie comme dans un film menant à l'illumination.

Mais peut-être souhaitons-nous découvrir qui nous sommes vraiment. Le « nous » au-delà de qui nous semblons être, au-delà des définitions conventionnelles de la vie, au-delà de ce que signifie habituellement « être vivant ».

Il existe de nombreuses philosophies de l'homme et de la vie.

Peut-être les avons-nous explorées, avons nous tenté une forme d'introspection, rapidement parcouru un programme de développement personnel ? Nous pouvons avoir essayé une forme de discipline quasi religieuse ou quelque code moral. Juré fidélité au dernier guru mondial dans l'espoir d'en être tout à fait réconfortés… Mais (un « mais » tout à fait considérable) nous nous retrouvons encore et toujours en quête d'autres versions de nous mêmes. Que nous ne trouverons peut-être jamais. Ces autres versions de nous-mêmes ne sont peut-être que des rêveries « spirituelles ». Nous les réalisons rarement, car elles ont peu de rapport avec qui nous sommes vraiment.

Eh bien, qui nous sommes vraiment, le dynamisme sans fard de notre personnalité, ne nous semble pas ce que nous avons de mieux. Ce que nous sommes nous paraît trop imparfait.

Nous croyons être : trop bizarres, trop ennuyeux, trop mal embouchés, trop irascibles, trop maussades, trop sentimentaux, sensibles, égoïstes, légers, irritables, impatients, lubriques, maladroits, extravagants, violents, sensuels, auto destructeurs, paresseux, timides, auto satisfaits, confus, pervers, obsédés, ou peut être tout simplement pas assez « spirituels ».

Nous aimerions ne plus ressentir certaines choses. Nous aimerions rendre plus vives les couleurs de nos vies.

Nous aimerions pouvoir sauter les morceaux ennuyeux, zapper l'horrible gueule de bois, avoir des orgasmes de plus en plus forts. Nous aimerions avoir de fabuleuses visions spirituelles, des rêves extraordinairement chargés de sens, de puissantes révélations. Il se pourrait que cela n'arrive jamais. Il se pourrait que nous vivions nos vies en tentant de trouver la réponse mais en nous heurtant toujours à cette évidence gênante : nous ne sommes qu'humains, avec tout ce que cela implique.

Il n'y a pas de réponse facile. Aucun remède miracle ne nous permet de pallier instantanément l'irritation de la réalité. Nous pouvons faire beaucoup d'efforts pour nous débarrasser de ce que nous sommes, parce que ce que nous sommes semble très loin de « l'illumination ».

Nous pourrions devenir : végétarien, vegan, fruitarien, ou macro névrosé. Nous pourrions « faire » du hatha yoga, de l'aérobic, ou de la « guérison ».

Nous pouvons renoncer au monde ou tenter de le boire jusqu'à la dernière goutte – mais au final, cela pourrait bien ne faire aucune différence. Non que certaines de ces choses ne puissent nous aider.

Non que cela ne puisse constituer des aspects importants de nos vies. Seulement c'est à nous de faire cela et d'être cela. Au final, il s'agit d'être vrai. De pénétrer au cœur de ce que nous sommes et d'en voir la transparence. Il existe de nombreux chemins, et nombre d'entre eux sont d'authentiques tremplins vers la réalisation : mais, au bout du compte, c'est à nous de plonger. Nous devons sauter du bord du précipice où ces chemins nous ont menés.

Le Tantra ne cherche pas à manipuler. Le Tantra ne tente pas de modifier ce que nous sommes dans nos interactions conventionnelles avec le monde.

Il cherche seulement à nous plonger au sein de l'*électricité primale* qui est à la base de notre être.

La transformation, en termes Tantriques, signifie se dissoudre dans la source vide de notre être et ressurgir comme ce que nous sommes vraiment. *Ce que nous sommes exactement* est à la fois source de sagesse et source de confusion. Cette réalisation simple et puissante peut aussi être très décevante.

Avant de réaliser la non-existence de l'ego, il nous faut devenir amis avec ce que nous semblons être.

Nous devons accepter ce que nous sommes, non seulement comme point de départ, mais aussi, étrangement, comme point d'arrivée. Il y a là quelque chose de puissamment capricieux, d'imprévisible, de très peu fiable ! C'est l'énergie de notre être manifesté. L'énergie de notre être est l'essence du Tantra.

Dans cette perspective, nous sommes *énergie*, et cette énergie est l'énergie de l'éveil.

Que nous boudions, nous pavanions, nous vantions ; nous énervions, hurlions, tremblions ; que nous délirions, plongions dans la débauche, ou bavions ; que nous soyons intrigués, torturés, tourmentés ; démolis, confus, isolés : c'est toujours cette énergie. Et cette énergie, c'est notre illumination, qui n'a pas de commencement.

Cela peut nous sembler assez choquant. Et peut-être même, pas très spirituel. Mais c'est cela, la réalisation du Tantra.

(C'est peut-être d'ailleurs le moment où vous décidez de ne pas lire plus avant).

Le Tantra est l'énergie de notre être : mais nous percevons cette énergie au travers de filtres dualistes.

Nous nous coupons de la texture véritable de l'expérience parce que nous tentons de reconstruire la réalité, alors même que nous sommes en train de la percevoir ! Cette tâche absurde et impossible nous occupe presque continuellement.

En Occident, le Tantra a particulièrement séduit les êtres dotés d'une forme de sauvagerie intellectuelle et émotionnelle. Surtout ceux qui croyaient atteindre le Tantra en se livrant à une jouissance et un hédonisme exacerbés.

Mais bien qu'il y ait un rapport avec l'hédonisme, avec sa façon caractéristique de ne pas s'empêcher, c'est là une interprétation déséquilibrée. Le Tantra ne cherche pas les extrêmes même si certaines sensations extrêmes peuvent constituer un aspect puissant de la voie. Fondamentalement, le Tantra ne cherche ni n'évite les extrêmes. C'est la perception de l'essence vide d'une sensation qui permet d'expérimenter sa puissance.

Le Tantra ne bannit donc pas l'hédonisme, mais ne l'encourage pas non plus. Il s'agit plutôt du « chemin du milieu » qui caractérise tous les véhicules Bouddhistes.

Mais ce chemin du milieu n'est pas une sorte de compromis spirituel ou existentiel, dans le but d'atteindre une équanimité douteuse, ou une égalité d'expérience suspecte. Une telle équanimité ne serait qu'une platitude « cosmique » d'affect, un anesthésiant spirituel, une philosophie terne et pantouflarde.

Le chemin du milieu est « le chemin qui rejette toutes les coordonnées référentielles », ou encore, « le chemin qui ne cherche pas à se situer en terrain connu ou connaissable ». Il ne cherche pas à établir de définitions fixes de l'être. Il ne recherche donc pas les extrêmes mais ne cherche pas non plus à les éviter : il les accepte sans y attacher de définitions ultimes.

Le chemin du milieu évite d'utiliser une quelconque expérience en tant que définition de la réalité.

Il refuse de dire « *Je* suis là, parce que *ceci* est là », ou « Je suis *maintenant* parce que j'étais *alors* ». Il ne dit pas « Je pense donc je suis ». En fait le Tantra rejette tous les « donc ».

Le Tantra ne peut être manipulé dans le cadre d'une stratégie ascétique ou hédoniste. S'il est manipulé à des fins référentielles, il cesse d'être le Tantra pour ne devenir qu'une nouvelle version de notre confusion – nous ne faisons qu'engendrer une version apparemment plus « spirituelle » de notre samsara.

Ces propos ne sont ni pieux ni puritains. Dans le Tantra, les opposés n'existent pas, et l'instant est notre pratique. L'opposition entre hédonisme et ascétisme n'a pas de sens car dans le Tantra, la notion d'opposition n'existe pas. Quoique nous soyons, et quelques soient nos inclinations, cela est la texture de notre pratique.

Le Tantra ne se soucie pas d'initier des ajustements au niveau matériel. Les Tantrikas[1] revêtent une multitude d'apparences et leurs pratiques ne sont pas toujours facilement identifiables ou reconnaissables.

Un Tantrika pourrait ne rien faire qui ressemble à une pratique spirituelle telle qu'on le comprend habituellement. Le Tantra regroupe nombre de pratiques et de méthodes physiques visant à ajuster notre condition énergétique, mais aucune n'est utilisée comme fin en soi.

Dans le Soutra, le but est de progresser vers le vide : il peut donc être utile de s'imposer certaines limitations au niveau de la réalité physique pour y trouver un reflet du vide.L'ascétisme et la renonciation y jouent donc un rôle important.

Mais comme le vide est la *base* du Tantra, la pratique du Tantra consiste à aller vers la forme, afin de ressentir l'unité du vide et de la forme. De ce point de vue l'hédonisme n'est pas un problème, ou, s'il l'est, alors l'ascétisme le sera également. Pour le Tantrika il y a hédonisme vide et ascétisme vide. Nous n'avons pas à renoncer à l'ascétisme ni à l'hédonisme pour pratiquer le Tantra – nous devons simplement reconnaître que le Tantra ne peut être enfermé ni dans l'un ni dans l'autre – ni être un compromis entre les deux.

Dans le Soutra, l'ascétisme facilite notre rupture avec la forme.

---

1   Les Pratiquants du Tantra

L'hédonisme est rejeté parce que sans l'expérience du vide, ce n'est qu'une façon de rester englué dans notre confusion. Dans le Tantra, l'ascétisme doit être reconnu comme un aspect de la forme, la discipline qui nous aide à reconnaître la nature vide de la forme.

Mais l'hédonisme doit aussi être reconnu comme aspect du vide nous encourageant à reconnaître spontanément les aspects de forme du vide.

Dans le Tantra, la sensation est le chemin. *Toutes* les sensations : froid et chaud ; douleur et plaisir ; aigu et émoussé ; agonie et extase ; espoir et peur. Aucun aspect de ces polarités n'est une fin en soi : le Tantra est simplement le *goût unique* de toute sensation. Pratiquer le Tantra c'est chevaucher l'énergie de la dualité.

Personne n'est un yogi, une yogini ou un Tantrika s'il ne peut reconnaître le goût unique de l'énergie qui existe dans l'expérience du plaisir et de la douleur. Mais attention, nous ne décrivons pas ici une expérience émotionnelle banale, fade et sinistre. Il ne s'agit pas de stoïcisme. Le Tantra ne cherche pas à contrôler ou manipuler de cette façon. Au contraire, le Tantra est intrinsèquement héroïque. Mais pas héroïque dans le sens d'une bravoure inspirée par une cause.

Il s'agit d'un héroïsme absolument sans cause. Le Tantra nécessite un héroïsme auto existant, un héroïsme complètement dénué de points de repères et d'envie de manipuler. Cet héroïsme auto existant se rapporte aux termes Tantriques de *pawo* et de *pamo*, de *khandro* et de *khandropa*.

Le *pawo* est l'expérience externe masculine (forme) de bravoure : la qualité guerrière de celui ou celle qui connaît intimement la mort.

Le *pamo* est l'expérience interne féminine de bravoure qui se manifeste extérieurement quand une pratiquante réalise son pawo interne.

Le *khandro* est l'expérience extérieure féminine (vide) spacieuse et inspirante où toute expérience devient le chemin et le *khandropa* est l'expérience interne masculine spacieuse qui se manifeste extérieurement quand un pratiquant réalise son khandro intérieur. La mort, pour les héros et héroïnes Tantriques, est à la fois cause et conséquence de la naissance ; tout comme la naissance est à la fois cause et conséquence de la mort.

Les héros et héroïnes Tantriques savent que cette alternance incessante de la naissance et de la mort n'est autre que l'énergie de la vie. Ils savent qu'ils sont une naissance constante et une dissolution constante dans le vide. Seule une telle personne peut revêtir le corps de visions.

Questions Réponses

Q Rinpoche, quand vous dites « pratiquer le Tantra signifie plonger dans le feu-sagesse », pourquoi utilisez vous l'expression « feu-sagesse » ? Pourquoi le mot feu ?

R Le feu transforme la solidité en vide et nous montre ainsi la nature du monde matériel. Le feu est un élément fascinant, il est tangible et intangible. Vous ne pouvez le ramasser mais vous pouvez ramasser ce qu'il brûle. Il est intangible mais il détruit ou dévore le tangible. Le feu est une manifestation visuelle brillante comme le *long-ku*, le *sambhogakaya*.[2] La passerelle entre l'existence et la non-existence. Il a un grand pouvoir de transformation de la substance, mais, simultanément, il paraît non substantiel. L'expression « feu de sagesse » signifie donc que la sagesse primordiale peut transformer radicalement notre manière de percevoir le monde. Le feu de la sagesse peut brûler nos illusions et réduire en cendres nos concepts matériels durcis et fixés.

Q Est-ce que le goût unique de toute sensation est le même que le goût unique de la forme et du vide ?

R Oui… mais il faut bien comprendre que le goût unique se révèle au travers de notre expérience de la forme et du vide.

Q Je crois que je comprends. Vous voulez dire que c'est l'expérience de la non-dualité qui nous permet de goûter à la « similitude » de toutes choses ?

R Oui, et, en même temps, la similitude de toute chose ne nous empêche en rien de percevoir l'unicité momentanée de tout phénomène.

Q Quand vous dites que le Tantra est à la fois complexe et très simple – j'en perçois la complexité, mais c'est la simplicité que je trouve assez…

---

2 La sphère visionnaire. Voir chapitre 2.

R Complexe ?

Q Oui !

R Les choses les plus simples peuvent paraître incroyablement complexes si elles n'ont pas de relation avec votre expérience concrète, votre situation immédiate. Prenez quelqu'un qui ne sait pas nouer ses lacets. Essayez de lui expliquer oralement comment le faire : ce serait incroyablement complexe ! Et pourtant, l'action en soi est excessivement simple. Donc, quand je parle de la simplicité du Tantra, je me réfère à la simplicité directe de l'énergie, la qualité crue du Tantra, *l'électricité de l'existence et de la non-existenc*e.

Avant de pouvoir comprendre le Tantra en tant que méthode ésotérique, il faut d'abord comprendre le Tantra comme étant lié à vos sous-vêtements, votre machine à laver, votre déclaration d'impôts, votre vie sentimentale, votre indigestion, votre quittance de loyer, vos goûts musicaux… Le Tantra n'en est pas séparé ; il est donc simple. Il est simple parce qu'il est direct et toujours là. Cette simplicité est donc une question de connaissance mais aussi d'expérience ; c'est quelque chose d'absolument direct et de brutalement immédiat.

Q Je peux admettre que quelque chose soit simple quand j'en ai la connaissance et l'expérience, mais cette idée de « quelque chose d'absolument direct et d'immédiat » m'est étrangère. Y aurait-t-il un moyen de comprendre cela avec ma connaissance et mon expérience actuelles?

R C'est très simple ! Arrêtez d'essayer de comprendre ! Cela n'aboutira à rien et ne fera que compliquer les choses. Essayer de rendre intelligible l'inconnu est créateur de complexité. Quand vous traduisez l'inconnu en mots, vous vous retrouvez simplement avec le langage de l'inconnu.

Arrêtez donc d'essayer ! Quand vous comprendrez qu'il est impossible d'interpréter le Tantra avec des critères intellectuels, il ne vous restera qu'un simple état non conceptuel. Et ça, c'est quelque chose d'absolument direct et d'immédiat. Vous vous retrouvez suspendu ; largué. Vous ne pouvez plus fuir, vous ne pouvez plus vous cacher. Vous ne comprenez rien à cette histoire de Tantra.

Il refuse d'être civilisé et de s'expliquer poliment. Le Tantra est simplement là, la texture de l'existence, une transmission visionnaire, un mantra ou formule de conscience, la relation avec le Lama, celui qui ne se conforme pas aux règles de la dualité. Vous vous retrouvez simplement suspendu dans l'instant ; et vous ne pouvez que goûter l'expérience. Vous pouvez l'accepter ou tenter de l'ignorer. Mais cela ne changera rien : l'expérience sera toujours là, comme si elle se moquait de vous.

Q1 Je ne comprends pas comment quelqu'un peut « ne pas se conformer aux règles de la dualité ». Comment pourrait-on interagir avec quelqu'un comme ça ?

Q2 Tu es en train d'interagir avec quelqu'un comme ça !

Q1 Ah… Oui… Bien sûr… [rires]

R Non, non. Sérieusement, si vous vouliez interagir avec quelqu'un qui ne se conforme pas aux règles de la dualité, il vous aurait fallu rencontrer un authentique maître réalisé tel que Dudjom Rinpoche.

Q Mais tous les lamas disent cela…

R Oui, mais moi je suis sérieux !

Q Mais ils diraient tous cela aussi !

R Eh bien, vous devrez vous contenter de moi. J'espère que l'expérience vous plaira.

Q Mais dans la pratique du Tantra n'est il pas dit que l'on doit considérer son maître comme indissociable du Bouddha ?

R Oui.

Q Mais alors…

R Cela, c'est pour vous. C'est pour votre pratique. Il faut considérer son maître comme un être éveillé pour être ouvert à la transmission – on ne peut recevoir de transmissions que d'un être éveillé. Vous ne pouvez recevoir de transmissions de Padmasambhava et de Yeshé Tsogyel que de Padmasambhava et de Yeshé Tsogyel. Donc, pour conférer une transmission, le Lama doit être capable de dissoudre sa propre expérience dans le vide et d'en ré émerger sous la forme d'être de conscience.[3]

A cet instant, le lama doit être considéré comme identique à l'être de conscience. Si quelque chose passe à travers moi, c'est uniquement grâce à la grande bénédiction de Kyungchen Aro Lingma.

Q Puis-je revenir sur le sujet de « ne pas savoir » ?

R Bien sur ! Personnellement, je ne sais rien du tout [rires]. J'ai l'esprit comme une culotte trouée… Que vouliez-vous savoir sur « ne pas savoir » ?

Q « Ne pas savoir », l'état où l'on est simplement dans la sensation du moment… N'est donc pas compliqué ?

R Exactement. C'est simple. Il est tout à fait normal de ne pas savoir, de ne pas comprendre l'expérience du Tantra. C'est pour cela que l'on pratique. Savoir que l'on ne sait pas est quelque chose d'absolument direct et de brutalement immédiat.

---

3   Etre de conscience : habituellement désigné comme « yidam », « être de sagesse », « déité de sagesse » ou simplement « déité » (voir ch 4)

Q Rinpoche, quand vous parliez du héros et de l'héroïne Tantrique, il y avait un sentiment de guerre ou de combat. En quoi est ce que cela s'accorde avec la qualité de paix, de recherche d'un état calme ?

R Cela n'a rien à voir. La paix et le calme sont un but quand vous existez dans la confusion. Si vous avez réalisé que tout est par nature vide, vous n'avez pas besoin de rechercher le calme et la paix. Il n'y a pas de guerre, pas de combat, et pourtant si. Il n'y a pas d'ego, et pourtant si. Il n'y a pas de non-éveil, et pourtant si. Comment est-ce possible ?! C'est la situation du Tantrika, l'alternance entre guerre et paix, le courant alternatif. Ce miroitement imprévisible de la vie et de la mort.

J'insiste vraiment là dessus : la puissance du Tantra ne rime pas avec le désir d'être calme. Il faut être prêt à chevaucher le voltage de la panique pure ! L'état de calme et de paix est le but du Soutra, parce que dans le Soutra nous ne connaissons que l'agitation et le conflit.

Mais dans le Tantra, nous avons déjà une connaissance du calme, de l'esprit sans contenu, l'état sans définitions, l'état vide. Quand nous reconnaissons l'état vide comme étant la véritable base de notre être nous pouvons faire face à la vie avec une compassion féroce ! L'esprit héroïque englobe ce vaste et tumultueux raz-de-marée de l'existence dans lequel la guerre et la paix, le calme et la panique alternent – et où les deux ont en fait le même goût.

Les chemins du Soutra et du Tantra sont très différents. Le Soutra est basé sur le besoin de *réaliser le vide*.

Le Tantra, par contre, est basé sur le besoin de *réunifier le vide avec la multitude des phénomènes qui en émergent continuellement*.

Et ces phénomènes qui émergent du vide : c'est *nous*. Entrer dans la vue, la méditation et l'action du Tantra nécessite donc de l'héroïsme plutôt qu'un besoin de calme et de paix.

Q Vous voulez dire que des affirmations faites au niveau du Soutra ne s'appliquent pas au niveau du Tantra ? C'est une distinction que je n'avais jamais rencontrée auparavant. Est ce quelque chose de spécifique à la tradition blanche de l'école Nyingma ?

R Il y a deux réponses apparemment contradictoires à cette question.

Ce n'est pas que les affirmations du Soutra soient inapplicables au niveau du Tantra, on ne peut pas dire ça, ce n'est pas si simple. C'est plutôt que le Soutra et le Tantra ont des *bases* différentes. Qu'est-ce que cela signifie ? Cela signifie que le Soutra voit l'individu comme ayant un niveau particulier d'expérience.

À ce niveau d'expérience, l'individu devra pratiquer d'une façon particulière pour acquérir une compréhension correspondant à une vue particulière. La base du Tantra sous-entend l'expérience acquise à travers la pratique du Soutra – à moins que cette expérience ne soit naturellement acquise. Les bases du Soutra et du Tantra sont différentes, mais ceci ne signifie pas que tous les aspects de leur pratique seront différents.

Cela ne signifie même pas que certains aspects de leurs vues ne seront pas les mêmes. Les vues peuvent simplement être exprimées différemment.

Il y a, en fait des affirmations du Soutra qui s'appliquent au niveau du Tantra et du Dzogchen.[4] Afin de comprendre la différence entre le Soutra et le Tantra il faut d'abord comprendre la différence entre leurs bases respectives.

---

4 Dzogchen (complétude totale) est le niveau de pratique ultime du Bouddhisme, cette pratique ne sera pas particulièrement évoquée dans ce livre.

Q Pourriez vous en dire un peu plus sur l'idée que la base du Soutra pourrait être « naturellement » acquise ? Il serait possible d'avoir une familiarité innée avec l'expérience du vide ? Je veux dire une familiarité consciente, sans avoir à faire d'efforts ? Et si c'est possible, comment ou pourquoi serait-ce vrai pour certains et pas pour d'autres ?

R Eh bien, la réponse à la première question est « oui », et la réponse à la seconde est simplement que nous avons tous eu des vies antérieures dans lesquelles nous avons accumulé toutes sortes d'expériences.

Si l'on considère cette vie seulement, alors il n'y a pas de réponse à cette question, à part une sorte de sélection naturelle ou un favoritisme de hasard provenant d'un dieu créateur. Mais pour en revenir à la question du calme… La base du Tantra est le vide.

Le Tantra consiste à revêtir le corps de visions. Pour que ce soit possible, l'état « calme » de vide est considéré comme fondamental. C'est pour cela que le langage du Tantra n'insiste pas particulièrement sur le calme. Mais ce n'est pas strictement particulier à la tradition blanche de l'école Nyingma. Je parle seulement du Tantra en utilisant le langage du Tantra, plutôt que de parler du Tantra en utilisant le langage du Soutra.

Q Pourquoi quelqu'un parlerait-il du Tantra en utilisant le langage du Soutra ?

R Pour la même raison que l'on peut parler d'amour en termes biologiques. On peut parler en termes purement factuels, ou en termes poétiques. Mais on peut aussi parler du Soutra en utilisant le langage du Tantra – et, c'est crucial de le comprendre – les enseignements du Bouddhisme sont suprêmement fluides.

Le Soutra, le Tantra et le Dzogchen sont simplement les connaissances communiquées provenant du *trül-ku*, du *long-ku* et du *chö-ku* – les sphères de la forme, de l'énergie et du vide.[5] Vous pouvez vous servir du langage, c'est-à-dire de la vue, de chacun de ces chemins pour parler des autres.

Q Mais pourquoi ferait-on cela ?

R Mais pour causer le plus de confusion possible voyons ! A votre avis?

Q Afin de… je ne sais pas. Je n'ai vraiment aucune idée.

R Quelqu'un d'autre a t-il un idée ?

Q Afin de présenter les vues des différents véhicules ?

R Oui, en partie. Vous pourriez aussi dire que cela aiderait à dresser le tableau le plus complet possible de chacun des véhicules. Mais en fait ce n'est pas la raison principale. Vous pourriez aussi dire qu'il s'agirait d'établir un pont entre les véhicules afin de montrer leur continuité. Fondamentalement c'est un acte de pure éloquence. C'est une façon de s'adresser à la condition exacte de n'importe quel individu.

C'est une conséquence naturelle de la puissance de l'enseignement : pouvoir communiquer de manière précise et élégante avec n'importe qui. Pour un pratiquant du Tantra il ne serait peut être pas bon de rétrograder et de se retrouver dans un contexte soutrique. Mais il peut être indispensable que certains éléments de la pratique soient expliqués ; et le Soutra pourrait en être le véhicule et le langage idéal. Un enseignant pourrait aussi, afin d'être plus clair, choisir de présenter le Soutra dans la perspective du Tantra. Aussi, chaque Lama adopte une manière d'enseigner qui lui est propre, et celle-ci déterminera le langage employé.

---

5   Trül-ku, long-ku et chö-ku seront expliqués au chapitre 2.

Un Lama enseignant essentiellement dans la perspective soutrique abordera généralement les autres niveaux d'enseignements selon cette même perspective.

Q Alors ça dépend si le Lama est un Lama Soutrique ou un Lama Tantrique ?

R Il s'agirait plutôt de savoir selon quel véhicule le Lama enseigne.

Il semblerait que ce soit une répétition de ce que vous venez de dire, mais il y a une différence subtile, importante à comprendre clairement. Sinon, on entre dans des jugements fallacieux et artificiels à propos de la façon d'enseigner de différents Lamas.

La réalisation d'un Lama n'est aucunement définie par son mode d'enseignement. Ce n'est pas parce ce qu'un Lama enseigne le Soutra et un autre le Tantra, voir le Dzogchen, qu'on peut en déduire leurs capacités respectives.

Un maître tantrique pourrait très bien se manifester comme un enseignant du Soutra, afin d'être le plus utile possible à ses élèves.

Un maître Dzogchen peut se manifester en tant qu'enseignant du Tantra pour la même raison. Vous devez également comprendre que tous les niveaux du Bouddhisme sont égaux, il n'y a que des niveaux plus ou moins « élevés » de pratique. Pour des « pratiquants du niveau soutrique », le Soutra est le chemin le plus haut. J'espère que vous comprenez ceci, parce que sinon c'est la porte ouverte à toutes formes de dogmatisme sectaire et de bigoterie.

Q J'ai toujours un problème avec cette idée de pratiquants plus ou moins « élevés ».

Je comprends que ceci concerne les pratiquants plutôt que les véhicules du Bouddhisme, mais pourquoi les gens doivent-ils être décrits selon les critères « élevé » ou « inférieur» ? Pourquoi ne peuvent-ils pas simplement être différents ?

R Tout d'abord, il ne s'agit pas d'un jugement de valeur. On pourrait dire « plus rapide » ou « plus lent ». Mais rappelons tout de même que nous sommes tous à la fois égaux et inégaux.

Nous sommes tous égaux parce que nous sommes tous fondamentalement éveillés. Nous sommes tous inégaux en ce qui concerne notre expérience de clarté et de confusion. Notre égalité est une caractéristique du vide, notre inégalité une caractéristique de la forme.

Nous sommes tous d'une valeur égale, mais certains ont plus de clarté ou plus de capacité à entrer en « processus court ». Pour aller quelque part vous pouvez soit utiliser un vélo, conduire une voiture, ou bien réaliser que vous y êtes déjà : Soutra, Tantra et Dzogchen.

Evidemment, vous ne pouvez conduire une voiture que si vous avez appris à le faire, et si vous avez passé votre permis.

Dans la sphère ultime de l'existence, il n'y a pas de différence entre les gens. Cependant au niveau relatif, il y a des différences relatives. Mais ce n'est pas un problème. Qu'en pensez vous ?

Q Je comprends. Mais la façon dont les gens se traitent en se basant sur l'inégalité… cela me semble un problème.

R Effectivement. Mais en même temps l'inégalité relative pourrait fonctionner de façon utile, en termes de compassion active. Prenez le cas d'un enfant. Si celui-ci agit méchamment envers vous, comment réagissez vous ? Traitez vous l'enfant comme un égal ? Si oui, vous réagissez comme envers un adulte. Vous pourriez être franchement vexé et décider d'éviter quelqu'un qui se comporte ainsi.

Mais vous savez qu'un enfant a une capacité limitée à comprendre les conséquences de ses actes, et la façon dont ils sont interprétés dans le monde adulte.

L'enfant doit encore être éduqué, vous devez faire preuve de tolérance et de bienveillance, même en le grondant. Voici un exemple évident. Quand un enfant vomit sur votre moquette, il ne vous viendrait pas à l'esprit de lui en vouloir.

En revanche, si un adulte entre chez vous ivre mort et vous vomit dessus, il y aurait de quoi être déconcerté, même furieux. Alors pourquoi être furieux avec l'adulte et pas avec l'enfant ? C'est une simple question d'inégalité. Vous laissez votre compassion active fonctionner avec l'enfant parce que les enfants ne sont pas censés être responsables. Ce système fonctionne bien avec les enfants. Tout le monde le comprend.

Mais ce système ne fonctionne plus très bien quand nous sommes tous catégorisés comme adultes.

Adultes, nous sommes tous supposés être pareils, à moins d'être des malades mentaux. Je ne trouve pas ce système particulièrement compatissant. Cette forme d'égalité est une source de problèmes pour bien des gens. Si vous considérez quelqu'un comme inégal, vous pouvez faire des concessions, être gentil, tolérant. Vous pouvez pardonner.

Tout cela revient à comprendre que certaines personnes ont moins de capacités, moins de discernement, moins d'intelligence, plus de douleur, plus de confusion. Si vous savez que quelqu'un souffre plus que vous, vous pouvez abandonner toute animosité envers ses actions.

Q Ce n'est pas regarder les gens de haut ça ?

R Non, pourquoi? Oui si vous étiez arrogant, mais pas du point du vue d'un pratiquant.

Q Mais si quelqu'un était un pratiquant Soutrique et un autre un pratiquant Tantrique ?

R On ne peut pas faire cette distinction. Ce serait aussi absurde que deux personnes dans un restaurant : l'une disant : « je mange mon dessert, et l'autre n'en est qu'à son plat principal – alors je peux la regarder de haut »… Chaque partie du repas est valable. Mais il ne s'agit même pas vraiment de ça. C'est regarder les véhicules de façon trop linéaire, alors qu'ils s'interpénètrent complètement. N'en restons pas au Soutra et au Tantra ; comparons le Soutra et le Dzogchen.

On pourrait dire que le Dzogchen est complètement inaccessible du point de vue de l'élève soutrique. Mais le Soutra du Cœur dit « La forme est le vide, et le vide est la forme ». Affirmer que la forme et le vide sont non-duels est la base du Dzogchen.

Vous devez comprendre que ce n'est pas parce que votre pratique est basée dans un véhicule précis que cela empêche la pratique des autres. Nous avons tous une condition relative et les pratiques de tous les véhicules existent afin de nous aider selon notre façon d'être momentanée. Au Tibet personne ne pratiquait uniquement le Soutra. Tous pratiquaient des éléments des autres véhicules selon le style du Lama et de la tradition.

Q J'ai entendu des Lamas dire que le Tantra est dangereux, alors que d'autres enseignent le Tantra tout de suite. Je ne comprends pas. S'agit-il de différentes écoles ou s'agit-il, comme vous venez de le dire, de différentes manières d'enseigner ?

R Différentes manières d'enseigner.

Q Cette idée ne semble jamais être présentée.

R Je ne dirai pas « jamais ».

Q Dans mon expérience en tout cas.

R Ce n'est pas surprenant. Traditionnellement, le maître présentera l'enseignement selon le véhicule qui convient à l'énergie du travail de sa vie.

Q Et si le véhicule n'est pas le bon pour l'étudiant ?

R Alors il ira voir un autre enseignant dont l'enseignement correspondra mieux à sa capacité en tant qu'individu.

C'est un processus d'auto sélection, et c'est pour cela qu'il est important, au début en tout cas, d'étudier avec de nombreux Lamas. Je ne parle pas de promiscuité spirituelle mais de la recherche d'un « chez soi ». C'est nécessaire afin de commencer de manière à obtenir une base saine pour la pratique.

Cela ne sert à rien de chercher l'enseignement le plus « élevé », il faudrait plutôt chercher un enseignant qui semble vraiment capable de changer votre vie. Suivez son enseignement, et même si des enseignements plus élevés existent ailleurs, peut-être devriez-vous vous détendre et rester où vous êtes. Avoir une certaine connaissance de soi et de ses besoins est plus important que de courir après le plus élevé, le plus rapide, le plus avancé etc… C'est une perte de temps.

Q Pourquoi les enseignants n'enseignent-ils pas selon la capacité individuelle de chacun ?

R Cela arrive. Mais il existe un mandala d'étudiants et de disciples autour de chaque maître. Chaque Lama travaille avec un groupe de gens, et l'énergie de ce groupe doit être considérée. Ce groupe est appelé *gendün* (sangha en sanskrit), et il est vital que celui-ci soit cohésif. Le groupe ou la famille spirituelle autour d'un Lama aura une certaine personnalité et ses membres s'entraideront.

Ou, en tout cas, voilà ce qui *devrait* se passer. C'est l'idée. Il y aura bien sûr des élèves plus expérimentés qui étudieront des choses plus avancées ; mais celles-ci seront présentées de façon à correspondre avec le « niveau de vue » de l'ensemble du groupe. Voilà pourquoi le Tantra, par exemple, pourrait être enseigné dans le langage du Soutra.

Q Mais il semblerait qu'il y ait des contradictions sur le point de départ de l'enseignement.

R C'est possible ! Il y a toujours dans le monde des conflits à propos d'une chose ou d'une autre ! Une chose est invariablement vraie : là où il y a des gens, il y a habituellement des conflits.

Les gens semblent très intéressés à créer des problèmes entre différentes façons de travailler. Mais en fait ce qui est profondément pertinent ici c'est d'avoir confiance en la vue et le chemin que vous suivez. Essentiellement, chaque chemin se considère comme la base.

Chacun des neufs véhicules de l'école Nyingma a une base. Le propre d'un véhicule est d'avoir une base. La nature d'un véhicule est d'avoir une base. La signification de « base », c'est cela : là où vous commencez. C'est scandaleusement simple, non ? Bien sûr ! Cela signifie aussi que chaque véhicule contredit le niveau précédent ; mais ce n'est pas un problème.

C'est un problème seulement si vous n'arrivez pas à saisir la multiplicité des positions au sein de la vérité relative. Vous n'aurez pas de problème si vous comprenez que la nature contradictoire des chemins n'est due qu'à leurs bases différentes.

Elles sont différentes parce que la capacité relative des individus est différente : une méthode utile pour une personne pourrait se révéler un obstacle pour une autre.

Quand on comprend fondamentalement ceci, tout devient simple. Il n'y a plus de conflit entre les différents véhicules bouddhistes, et ceci vous permet même d'en venir à comprendre les méthodes de n'importe quelle religion. Et c'est là la vraie base de la tolérance – quelque chose de véritablement vital.

Q Toutes les religions mènent alors au même but ?

R Non. Mais on ne peut pas affirmer le contraire non plus.

Q Je croyais que c'était cela la tolérance.

R Non. La tolérance c'est laisser les gens en paix avec la méthode, quelle qu'elle soit, qu'ils choisissent d'employer.

La tolérance signifie aussi que nous n'avons pas à juger d'autres systèmes, surtout si nous ne savons pas comment ils fonctionnent en pratique. La tolérance ne signifie pas faire de grandes déclarations telles « toutes les religions sont une ». C'est vraiment très intolérant à l'égard des gens qui affirment que leur religion est la seule voie. C'est très intolérant à l'égard des gens qui clament que ce que j'enseigne est l'œuvre du diable ! Je ne suis pas d'accord avec l'idée que le Tantra consiste à adorer le diable, mais je défends le droit de ces gens à avoir cette opinion !

La tolérance ne consiste pas à dissimuler les différences ; il s'agit de voir les différences et de les laisser exister, sans juger et condamner. En fait, être tolérant c'est avoir vraiment confiance en soi.

Q C'est rafraîchissant. Mais quand on constate des différences, on devrait parfois pouvoir le dire? Non ?

R Oui. Ce n'est pas un problème.

Q Mais ça pourrait être une source de dispute ?

R C'est possible. Mais ce n'est pas un problème non plus. Personne n'a besoin de défendre son chemin au point de détruire quelqu'un d'autre ! Si vous pouvez apprécier ce qu'il y a de valable dans un autre chemin, nul besoin de trop se soucier des différences. Indiquer des divergences est seulement nécessaire dans le contexte maître / élève. Des vues divergentes peuvent coexister sans qu'il y ait d'hostilité.

Mais pour enseigner il est essentiel d'avoir confiance en sa propre voie. Si vous avez confiance en votre propre voie vous n'avez pas besoin de dénigrer les autres.

Vous n'avez pas besoin de vous faire valoir en rejetant d'autres systèmes, c'est juste inutile.

Q Vous ne critiquez jamais?

R Je ne le fais pas par impulsion névrotique d'être critique, ni pour me sentir supérieur en critiquant. Mais critiquer peut être utile, si tout le monde est trop « gentil » alors il n'y a pas d'ambivalence, pas d'acuité.

Il est bon de pouvoir débattre, mais le « perdant » n'a pas à être mis au bûcher pour autant. D'ailleurs, pourquoi faut-il qu'il y ait un « perdant » et un « gagnant » ? On pourrait très bien avoir un esprit amical de débat et le désir d'apprendre.

J'apprends continuellement en rencontrant des gens d'autres traditions. Cela me permet de voir la tradition Nyingma sous de nouveaux angles. Les perspectives nouvelles que j'en tire me permettent de mieux communiquer les Tantras Nyingmas en Occident.

Mais cela ne signifie pas pour autant mélanger ou synthétiser ou combiner quoi que ce soit. Cela signifie seulement être ouvert à l'évolution de sa propre tradition dans l'intégrité de son propre fonctionnement.

N'hésitons donc pas à être en désaccord avec certaines vues. Mais que cela ne nous rende ni colériques ni violents ! Reconnaissons surtout que nous ne croyons *pas* en Dieu (peu importe comment il ou elle ou ça est défini !). Mais ayons la bonne grâce de reconnaître le bénéfice qu'il peut y avoir dans les systèmes qui emploient ce concept. Nous pourrions approcher tout ceci avec douceur et humour.

Q Rinpoche, vous disiez que la pratique du Tantra signifie s'identifier totalement aux « formes les plus scandaleuses de ce que nous sommes vraiment ».

J'en déduis que vous parliez du yoga de déités : en quoi ces déités sont-elles « scandaleuses » ?

R Elles sont scandaleusement contradictoires de tous les points de vue conventionnels imaginables ! Elles sont charnelles, et pourtant simple jeu de lumière des cinq couleurs. Elles sont sexuelles, mais non physiques. Elles sont dynamiques, mais immobiles. Elles sont féroces, et pourtant pleines de compassion.

Elles sont ce que nous sommes, et pourtant ce qu'apparemment nous ne sommes pas. Elles sont scandaleuses.

Que pourriez vous dire d'autre d'une femme noire, nue, les cheveux enflammés, armée d'un couteau de boucher en cuivre dans la main droite et portant un bol fait d'un crâne humain écumant d'océans de sang menstruel dans la gauche ; sa langue dardant des éclairs ; ses yeux roulant follement ; une tête de porc hurlante émergeant du sommet de sa tête ; piétinant les cadavres de l'ego dépecé ; ornée d'ossements humains et vêtue d'une jupe en peau de tigre ; tenant ostensiblement dans son bras gauche un trident orné d'un crâne, d'une tête pourrie et d'une tête fraîchement tranchée?

Moi, je dirais qu'il s'agit de Tröma Nakmo, mais je dirais aussi qu'elle est scandaleuse. C'est radicalement opposé à la façon dont nous nous considérons habituellement. C'est une image si violente ; pourtant à travers elle la compassion se manifeste et l'adoration de soi est détruite.

Q Cala me transporte au-delà des mots. Je ressens quelque chose... Quelque chose de très inspirant...

R Les mots ne sont qu'un véhicule, et dans le Tantra en particulier on parle de *langue du crépuscule*, une passerelle entre le connu et l'inconnu. Quand on parle de Tantra, à un moment donné l'intellect doit être abandonné. Quand les mots sont utilisés de cette manière, on n'a pas d'autre choix que de ressentir le sens.

Le Tantra est une passion spacieuse, qui donne naissance à la poésie la plus puissante, la poésie sans poète.

En fait c'est une affirmation trop étroite – il s'agit de la poésie au delà du poète et du non poète – l'explosion instantanée du sens.

Q Ce « langage du crépuscule », et la façon dont vous le décrivez est très proche de l'expérience qu'on a en vous écoutant, Rinpoche. J'ai l'impression de savoir ce que je ne peux savoir, ou que je sais peut-être mais sans savoir que je le sais – quoique cela soit. Cette sensation de se retrouver momentanément en dehors de la réalité ordinaire. Est-ce comme cela que ce doit être, ou est-ce juste moi ?

R Un expresso de trop on dirait ! Mais oui. C'est comme cela que ce doit être. Vous entendez juste un écho de Chhi-'mèd Rig'dzin Rinpoche. C'est comme cela tout le temps avec lui, même quand il s'agit de choisir quoi manger.

Q Que vouliez-vous dire quand vous disiez que nous n'avions pas à être des bêtes de trait alourdies des bagages de l'intellect et de la philosophie ? Pourquoi l'idée de « bagage » ? L'intellect n'est donc jamais utile ?

R Si, bien sûr, l'intellect est très utile dans son domaine. Quand je dis que vous n'avez pas à être des animaux de trait c'est un peu ostentatoire – je voulais ainsi vous encourager.

Il arrive un moment où vous sentez que l'intellect devient une limite, et alors vous commencez à sentir que vous pourriez déposer ce fardeau dans certaines situations.

Je ne cherche pas à dénigrer la voie soutrique, c'est juste qu'à un moment exaltant, vous vous rendez compte que vous *pouvez* gravir la montagne.

Il vous faut évidemment d'abord arriver au pied de la montagne ; mais peut être y êtes vous déjà. Peut être pouvez vous même commencer tout de suite à la gravir.

Mais, au moment de commencer l'ascension, si vous êtes toujours lesté de tous les bagages dont vous vous êtes servi pendant la marche jusqu'à la montagne – vous n'êtes alors qu'une bête de trait. Il est impossible de grimper chargé comme un yak.

C'est pour cela que l'on parle des différents processus : le « processus long », le « processus court », le « processus sans processus », ou le processus immédiat. Le processus long c'est l'enseignement du Soutra. Il est long parce qu'on ne peut rien sauter, on doit progresser graduellement. C'est une méthode valable qui convient à beaucoup de gens. Ainsi vous devez tester en détail chaque aspect de la situation. Vous ne court-circuitez rien, vous ne pouvez rien accélérer d'aucune manière.

Le Tantra, en revanche, est le processus court parce que vous avez le Lama qui vous crie depuis le rebord juste au dessus : « vous pouvez y arriver ! ». Il faut évidemment un grand degré de confiance pour que cela fonctionne, ou une compréhension très fine de votre condition. Et enfin, il y a le processus immédiat, soudain ou instantané, qu'on pourrait appeler « le processus sans processus ». C'est le Dzogchen, là ou la voie et le but deviennent inséparables.

1

Danse Sans Limites

Le Tantra est continuellement présent, en nous, à travers nous et autour de nous, et nous laisse deux possibilités : nous pouvons soit l'accepter en saisissant les câbles à haute tension de l'existence et de la non-existence, soit essayer de prétendre, de toutes nos forces, que cela n'existe pas.

Bien qu'il soit impossible de pratiquer le Tantra sans l'expérience du vide, il est tout de même possible d'en ressentir le fil du rasoir. Au niveau fondamental, il est impossible d'éviter l'expérience Tantrique. Celle-ci existe qu'on le veuille ou non. Le Tantra est une danse, complexe, féconde et pleine de feu : celle de l'union extatique de la multitude de nuances de l'existence et de la non-existence. Il n'y aurait aucun sens aux explications qui vont suivre s'il était impossible d'entr'apercevoir cette expérience, d'être transpercé par la mitraille du Tantra. J'aimerais donc vous montrer non seulement qu'entr'apercevoir cette expérience est possible, mais que sa seule puissance la rend inévitable.

Voici notre situation. L'instant présent est le Tantra : un instant qui contient une énergie illimitée. La férocité et la séduction de l'instant sont sans compromis possible ; la simple puissance de ce que nous sommes gêne, provoque et dérange. Mais elle bien est là !

Si nous fuyons cette énergie, parce que d'une façon ou d'une autre nous la redoutons, le Tantra est quand même là. Il est impossible de se cacher de notre façon de nous cacher. L'énergie du Tantra est à la fois combat et fuite. C'est terriblement évident, mais nous sommes passés experts dans l'art d'ignorer ce qui se passe. Il nous faut continuer à l'ignorer afin de rester non éveillé. Pourtant, où que nos yeux se portent, le miroir de la réalité le reflète pour nous.

Alors nous clignons constamment des yeux et des sens pour ne pas voir notre reflet dans le miroir. Parmi les sens, c'est le conceptuel que nous « clignons » le plus – nous devons délibérément ignorer ce qui est là. Mais nous ne pouvons faire cela au hasard ; nous devons l'ignorer de façon systématique et déterminée. Cette « habileté » nous permet de gérer notre addiction à la forme, qui est notre unique source de sécurité. Cette habitude nous permet de rester non éveillés. Cette illusion affreusement commode nous permet de recycler constamment nos névroses en étant complices de notre confusion. Mais le miroir de l'existence et de la non-existence est toujours là, où que nous regardions et quoi que nous fassions, reflétant la connaissance de notre condition.

Le Tantra est continuellement présent, en nous, à travers nous et autour de nous: nous pouvons soit le reconnaître en saisissant les câbles à haute tension de l'existence et de la non-existence, ou essayer de toutes nos forces de faire comme si ce n'était pas là. Le Tantra *est ce qu'il se passe*. Le Tantra est à la fois la chaîne et la trame de la réalité.

Ces affirmations accroissent peut-être votre confusion. Peut-être pensez-vous : « C'est absurde. C'est du verbiage psychotique. De quoi parle ce cinglé ? Qui a décidé de publier cette insanité ?! ».

Ce sont des considérations sérieuses, l'ambivalence qu'elles suscitent n'a pas à être évitée, si nous nous intéressons vraiment à la pratique du Tantra. Nous ne pouvons nous permettre d'ignorer nos soupçons. Nous devons être vrais : qui, quoi, et comment sommes-nous ? Peut-être avez-vous maintenant envie de jeter ce livre à la poubelle. Ou peut-être qu'il vous inspire et alors vous voulez continuer à le lire sans vous arrêter. Peut-être ces deux options alternent elles.

Vous pouvez accepter cette ambivalence. Observer l'alternance de vos attitudes et de vos sentiments. Et demeurer dans cette énergie. Il est possible en lisant ces mots d'osciller entre compréhension et incompréhension. C'est peut être frustrant, ou irritant. Souvent, aucun mot ne décrit adéquatement le moment où compréhension devient incompréhension. Mais que se passe-t-il quand on cesse de vouloir mettre une étiquette là-dessus ? Que se passe-t-il quand on se dit : ce moment est plus puissamment *ce que je suis*, que le moment où tout semble maîtrisé ? La pratique du Tantra n'est pas pour les gens raisonnables et prudents. Elle n'est pas non plus pour les imbéciles ou les instables. Si nous relevons ce défi, alors le vide et la forme *dansent* pour devenir la configuration de nos personnalités.

Le vide et la forme sont les termes les plus importants pour tenter d'entrer en relation avec les aspects structurels symboliques du Tantra, en théorie et en pratique.

Sinon, les enseignements tantriques pourraient en venir à sembler denses et monolithiques, une ménagerie fantasmagorique, un ensemble de superstitions médiévales absurdes ou naïves.

Le vide et la forme sont notre expérience de la vie, et le Tantra nous propose de le redécouvrir. Le Tantra ne consiste nullement à tenter de fuir la dureté supposée de la réalité. Très pertinemment : ce ne sont pas des enseignements « anciens ». Peut-être ont-ils été pratiqués depuis plus de mille ans ; mais leur vitalité et leur efficacité viennent de ce que leur essence est au-delà des constructions culturelles. Le vide et la forme peuvent être expérimentés directement dans notre situation, dans l'environnement qu'expérimente notre être. Il n'y a pas de différence entre le pur environnement de l'être de conscience et le supermarché, sauf dans les limitations de nos perceptions karmiques.

En effet, le vide et la forme doivent devenir des concepts aussi larges que possible pour nous permettre d'interpréter nos vies. Ce sens doit être activement découvert dans la texture de nos vies. Sinon les aspects rituels et symboliques du Tantra pourraient devenir un simple passe temps ésotérique, dans une ambiance spirituelle et fleurie.

La forme peut être décrite comme « l'existence » et le vide la « non-existence ». Mais relater cela en termes « ordinaires » peut nous mener à un concept nihiliste selon lequel le vide serait l'oblitération. Nous devons examiner l'idée de « vide », et explorer ce que cela signifie en termes d'expérience.

Dans le bouddhisme, quelle que soit l'approche, le vide n'est pas simplement « rien ». Il faut éviter d'appréhender le vide comme un néant. Le vide *est une qualité d'existence*, tout comme la forme est *une qualité de non-existence*. Il est impossible de parler du vide sans aussi parler de la forme. Le vide ne peut être appréhendé qu'en termes de forme. De même, la forme ne peut être comprise qu'en termes de vide.

La qualité vide de l'existence est l'arène dans laquelle il se passe des choses. C'est l'espace vide qui permet aux phénomènes d'apparaître. C'est l'espace sans concept qui permet l'inspiration. C'est le vide subatomique dans lequel les particules apparaissent et disparaissent. Ce vide est donc un vide *créatif* ; un espace créatif. D'habitude, on n'associe pas le vide et la créativité. Nous imaginons qu'il doit y avoir là « quelque chose » dont la créativité se nourrit. En termes artistiques, c'est comme l'inspiration dans le processus créatif : si vous retracez le parcours d'une idée jusqu'à sa conception, vous ne trouverez rien. A aucun moment vous ne pourriez dire « cette idée est certainement venue de cette référence particulière ». Les références d'une œuvre d'art apparaissent comme un *khyil-khor*,[1] un environnement, autour d'une poussée d'inspiration initiale, informe et indéfinissable.

Le vide est cette qualité de la réalité qui permet à la forme d'apparaître. La forme n'existe que grâce au vide, c'est pour cela que le vide est souvent appelé « la Grande Mère », « la matrice de potentialité » ou encore « la Mère des Bouddhas ».

Sans cette qualité féconde du vide, la forme reste notre seul référent de sécurité. Parler de la forme signifie donc parler du vide, parce que la forme et le vide sont non duels : c*hacun est un aspect de l'autre.* Et dans notre expérience de tous les jours nous craignons le vide parce que nous l'imaginons être une expérience où la forme est perdue, peut-être à jamais.

Nous nous attachons à la forme en tant que sécurité parce que nous ne l'imaginons pas vide par nature.

---

1   Mandala en Sanskrit : un environnement physique / visionnaire / spatial. Le Khyil-khor est l'ambiance de l'existence et de l'être, dont on peut faire l'expérience au travers des dimensions physiques, visionnaires et spatiales de l'existence ; les trois sphères de l'être.

Et c'est ce qui provoque le sentiment d'insatisfaction de nos vies: nous recherchons constamment la forme, mais nous trouvons toujours le vide. La forme reflète toujours le vide et il est donc impossible de ne pas découvrir le vide au sein de la forme. La *danse illimitée* du Tantra renvoie sans cesse à ce reflet de la forme et du vide. L'un fait toujours écho à l'autre.

Pour mieux comprendre le vide, explorons ses reflets dans le miroir du monde de la forme. L'aspect vide de la forme, ce sont ces moments où notre expérience est transitionnelle ; une séquence d'évènements semble se conclure et le début d'une nouvelle séquence n'est pas encore manifeste.

Il y a là un trou, et ce trou c'est le vide. Si nous n'aimons pas ces moments, ce n'est pas parce que ces transitions sont intrinsèquement inconfortables. Si nous observons cette expérience pendant que nous la ressentons, nous remarquons que notre sens de nous-mêmes n'est pas forcément modifié par les circonstances. Peut-être alors nous détendons nous, peut-être aussi nous sentons-nous tendus, car nous voulons savoir ce qui va se passer ensuite.

Au théâtre, ce « trou » est excitant. Quelque chose va démarrer, il va y avoir une surprise. Mais dans la vie de tous les jours ce n'est pas pareil. Le théâtre nous fournit un cadre pour le vide. Une forme pour le vide. Le théâtre donne une forme à l'informe qui est de ne pas savoir ce qui va se passer ensuite. La vie, apparemment, non. Le théâtre et les performances théâtrales sont comme un arrière-plan structurel à l'incertitude. On accepte l'incertitude parce qu'on se définit comme un spectateur – on fait partie d'un public.

Mais que se passe t-il quand la performance théâtrale est la nature même de votre existence, le contexte de votre vie ?

Quand le rideau tombe pour marquer un temps avant un hypothétique prochain acte ? Que sommes-nous si nous ne sommes pas spectateurs, que le public n'est pas un public ? Si nous nous retrouvons témoins d'une pièce dans laquelle le public n'est qu'un ensemble de protagonistes qui écrivent leur propres scénarios n'ayant rien à voir avec l'évolution de la pièce telle que nous la souhaitons ? Nous faisons alors l'expérience du vide.

Le vide peut parfois être un soulagement. Le vide qui arrive à la fin d'une série d'événements traumatiques est le bienvenu. Si vous arrivez à la fin d'une période de captivité, la perspective de la liberté peut sembler grisante. Il est vital de comprendre que le vide n'est pas forcément menaçant. La forme aussi peut sembler à la fois grisante et menaçante. L'important est de comprendre la nature de notre relation avec les aspects vides de notre existence. De constater comment nous recherchons délibérément le vide quand la forme devient trop oppressante. Nous devons voir comment nous solidifions le vide et écrasons notre liberté en tentant de faire apparaître la forme trop rapidement.

Il nous faut essayer de rester dans l'incertitude, de permettre aux choses de rester non définies un peu plus longtemps, et faire l'expérience de cette texture.

Nous devons en venir à considérer la forme et le vide comme des perles sur le fil de l'énergie qui représente ce que nous sommes. À terme, la pratique du Tantra consiste à considérer toutes les expériences de notre vie comme le vide et la forme. Le mot « Tantra » (*Gyüd* en Tibétain) signifie « fil » ou « continuité », la continuité de la forme et du vide.

Qu'il s'agisse de forme ou de vide, l'énergie non duelle de notre éveil sans commencement est toujours là. C'est en réalisant ceci que nous pouvons commencer à accepter la multiplicité de définitions que la réalité engendre.

La réalité commence à *danser*. Nous nageons avec ces courants et nous reposons dans ces mares de tranquillité. Nous commençons à découvrir le goût unique du vide et de la forme, à *savourer* la tension dualiste plutôt que de la *subir* comme une espèce de victime. Cette tension dualiste créée par notre attachement à la forme et notre rejet du vide commence à être l'objet de la danse.

Un conte Tibétain illustre tout ceci. Il s'agit d'un homme qui veut toujours que tout aille mieux. Un jour, on frappe à la porte. Il y découvre une ravissante jeune femme qui lui demande le gîte. Elle se présente « Je suis la Dame Porte Bonheur : source de longue vie, de richesse, de santé, de célébrité et de bonheur pour quiconque me loge. » L'homme est ravi et l'invite à demeurer chez lui aussi longtemps qu'elle voudra. Puis, après réflexion, il lui dit que ce serait une bonne idée de se marier.

Elle s'installe donc chez lui, et il commence à en ressentir les effets. Il se sent très en forme et en grande santé. Ses affaires prospèrent, il embauche des gens, il devient quelqu'un d'important dans son village. Il épouse donc cette étonnante femme source de bienfaits et se dit qu'il vivra heureux jusqu'à la fin de ses jours.

Un beau jour, on frappe à la porte. S'y présente une vieille femme horriblement laide, apparemment malade, nauséabonde, vêtue de haillons. Notre homme a du mal à la regarder, et de plus elle sent vraiment très mauvais.

Il lui demande qui elle est. Elle lui répond : « Personne, en réalité. Je suis juste la Dame Mauvaise Chance, celle qui amène maladie, malheurs, infamie et pauvreté à quiconque m'héberge. » L'homme, horrifié, lui répond qu'il ne peut lui accorder le gîte, que sa maison est pleine, et qu'elle ferait bien d'aller voir dans le village suivant.

Mais la femme secoue lentement la tête et lui dit : « Vous êtes obligé de m'héberger. » L'homme, effrayé, lui demande pourquoi. Elle le fixe longuement et lui assène: « Parce que vous avez épousé ma sœur. »

La chance est à la fois vide et forme. Le malheur est à la fois vide et forme. Tout ce qui arrive est vide et forme. Et sauf dans les contes de fées, la chance peut rendre les gens aussi nerveux que la malchance ! Nous nous attachons souvent à la sécurité apparente de la médiocrité pour ne pas avoir à nous lancer dans des changements excitants mais parfois déboussolants.

Le vide et la forme se reflètent dans l'insécurité et la sécurité. La forme apparaît comme garantie de sécurité parce qu'elle nous fournit une référence cohérente pour notre existence.

Mais la forme est impermanente, elle finit par disparaître, et le point de référence également.

Dire que la forme est impermanente c'est dire que la forme est vide. Le vide, en revanche, ne semble fournir aucune sécurité. Nous ne pouvons nous rattacher à rien, nous n'arrivons pas à fabriquer des points de référence. Et pourtant, le vide est permanent. Le vide ne change jamais et est une source de sécurité indestructible. D'une certaine façon, le seul type de sécurité que nous puissions trouver est l'insécurité.

Ce type de raisonnement est fondamental dans le Tantra.

Pour en appréhender les enseignements et les pratiques il nous faut vivre, ou comprendre du moins, cette idée de danse infinie du vide et de la forme. Nous devons connaître toutes les polarités possibles, nous devons activement entretenir le paradoxe de l'expérience et de l'existence. Il nous faut être à la fois méfiant et sans méfiance, prudent et téméraire, crédule et sceptique. Fou et absolument sain d'esprit.

L'énergie du Tantra nous sera inaccessible tant que nous ne serons pas prêts à ressentir la texture de l'alternance erratique d'états opposés. Mais si nous réussissons à embrasser cette puissante énergie et à disparaître dans l'immensité féroce de tout ce qui se présente, alors nous saurons ce que c'est qu'être vivant. Soyons impeccables dans cette approche – soyons un tant soit peu scandaleux – et alors nous pourrons établir un véritable lien avec les pratiques du Tantra. Des pratiques qui transforment notre expérience en un feu de sagesse incandescent.

Questions Réponses

Q Rinpoche, quand vous dites que le Tantra « est simplement ce qui se passe », que voulez vous dire? Que l'on pratique le Tantra sans forcément le savoir ? Je ne comprends pas ce que cela peut signifier dans ma vie quotidienne.

R Considérons l'instant présent. Ici et maintenant. Nous pourrions dire que c'est cela le Tantra parce que j'en parle et en explique quelques enseignements. Mais ce n'est pas de cela qu'il s'agit : la signification du Tantra est bien plus vaste. On pourrait dire qu'être avec le Lama *est* l'expérience du Tantra ; ce serait vrai et nous devrons examiner cela à nouveau plus tard. Ce qu'il faut comprendre c'est que le Tantra est l'expérience de *ce qui se passe*. En ce moment, par exemple, vous vous débattez dans un ensemble persistant de paradoxes sans compromis qui semblent s'enchâsser comme les pelures d'un oignon ou des poupées russes. Faire l'expérience du Tantra c'est quand tout cela devient utilisable et intelligible. Vous avez l'expérience du connu et de l'inconnu, reflets de la forme et du vide. Vous posez une question : vous vous sentez à la fois à l'aise et mal à l'aise. En effet, vous exposez votre degré de compréhension et d'ignorance. Votre anxiété et votre confiance coexistent. Cette situation vous permet de ressentir l'électricité du paradoxe; de *chevaucher l'énergie de la dualité.*

Q Je ne comprends pas trop. …

R Cela veut dire que le plaisir et la douleur alternent… et peut-être que cette alternance vous permet de ressentir une électricité.

Vous la ressentez comme vous ressentez votre propre peau.

C'est le sentiment de n'être identifié avec aucune sensation particulière mais de les ressentir toutes en même temps. Il y a là une puissante *charge*; la charge de notre dynamisme personnel. Cela peut être crucial, vous savez.

Cette expérience électrique, cette charge de l'instant, peut être traitée de deux façons différentes: soit nous nous disons que c'est simplement « ce qui se passe », ou alors, dans la perspective tantrique, nous la considérons comme une formidable chance.

C'est aussi un signe que nous sommes encore dans le samsara : dans l'illusion, l'insatisfaction, victime de nos « passions » comme c'est souvent décrit. Personnellement, j'utilise le mot « passion » un peu différemment, avec une connotation positive. Je pense qu'il nous faut un peu de passion dans notre vie : de l'énergie, du feu au cœur et du courage au ventre ; de la vraie chutzpah. Sans passion, il est difficile d'avoir de la compassion. Sans passion comment pouvons-nous aspirer à vider le trou abyssal du samsara et à en libérer tous les êtres ? Je préfère utiliser le terme « névroses dualistes ». Mais nous nous éloignons du sujet.

Revenons au plaisir et à la douleur. Que se passe t-il quand nous alternons ces deux expériences ? Cherchons nous à minimiser la douleur ? Et si oui, *comment* le fait-on ? Cherchons nous à éviter une éventuelle douleur en évitant le plaisir ? Recherchons nous la douleur comme unique référence sur laquelle nous pouvons compter ? Quelle sera notre stratégie ?

Le Tantra n'a rien à voir avec ces stratégies, elles sont le fruit de nos névroses dualistes.

Le Tantra reconnaît simplement que le plaisir et la douleur existent et que ce sont des expressions duelles de l'état non-duel.

Réaliser ceci nous permet alors de faire l'expérience du « goût » unique de la douleur et du plaisir, ou, à minima, de tenter de comprendre notre expérience depuis cette perspective. Et nous voilà alors dans la sphère tantrique, que nous n'avons d'ailleurs jamais quittée !

Q Et si je n'y parviens pas? Cela paraît très avancé comme pratique.

R Avancé ? Peut-être. Mais pourquoi s'encombrer de ce concept? Pourquoi vous encombrer d'idées de succès et d'échec ? Gardez à l'esprit la vue tantrique quand le plaisir et la douleur alternent. Oubliez l'idée de réussite ou d'échec.

L'important c'est la motivation dans l'instant, de garder la vue aussi présente que possible. Même simplement se rappeler la vue est puissant. Il serait futile d'affirmer que vous puissiez immédiatement réussir à expérimenter ce goût unique du plaisir et de la douleur. Ce n'est pas parce que l'idée paraît bonne qu'on peut simplement l'adopter. Il est néanmoins possible d'en faire l'expérience à n'importe quel moment.

Nous sommes tous éveillés. Gardez simplement à l'esprit la vue la prochaine fois que le plaisir et la douleur alternent. Voyez ce qui arrive.

Cette vue n'est pas une solution miracle au samsara. Il n'y a pas de solution miracle, aucune, hormis l'instant présent.

C'est dans l'instant présent que vous pouvez faire l'expérience du goût unique.

Vous le perdrez probablement tout aussi vite, mais il est essentiel de considérer l'expérience comme possible. Si vous vous dites que c'est une pratique élevée, vous n'essaierez jamais et ne découvrirez jamais rien.

Q Vous voulez dire que même sans l'expérience du vide, il est possible d'entrevoir le monde Tantrique ?

R C'est une possibilité si vous êtes prêt à *vivre la vue,* à pratiquer la vue. Beaucoup de gens aiment écouter ces enseignements quand tout va bien. Ils aiment lire des livres là-dessus et en parler avec leurs amis. Mais dès que la vie devient « intéressante », ils oublient la vue. Une vieille malédiction chinoise dit « Puissiez vous vivre une époque intéressante ». Je vous souhaite donc tous de vivre une époque très ennuyeuse.

Mais si la vie devient « intéressante » restez tous avec la vue ! Elle seule permet de travailler avec l'ambivalence. De saisir les *câbles à haute tension* de l'espoir et de la peur pour ressentir le *voltage existentiel de la réalité.*

Q Rinpoche, vous parliez de notre tendance à toujours « cligner » des sens pour rester dans le non éveil. Pourriez-vous nous en dire un peu plus?

R Cela me rappelle ma première année aux beaux-arts. J'avais été invité à une soirée dans une grande maison luxueuse à la campagne. Devant l'entrée se trouvait un impressionnant escalier aux marches en demi-cercle, au bas duquel étaient garées un grand nombre de voitures et de motos.

Quelqu'un avait installé un stroboscope auquel les invités devaient faire face en montant les marches.

Quand on montait, l'éblouissement provoqué par la lumière faisait apparaître et disparaître les marches constamment !

La plupart des convives les montaient à quatre pattes. Ceux qui tentaient l'expérience debout chutaient. Alors j'ai eu une idée. Si je clignais des yeux au même rythme que le stroboscope, j'en éliminais la lumière éblouissante.

Il restait alors suffisamment de lumière ambiante pour gravir les marches sans encombre, et j'entrai donc facilement dans la maison. Les gens étaient ébahis. Il est très facile de ne pas voir ce que l'on ne veut pas voir.

Dans ce cas, c'était utile. Mais quand il s'agit de voir la nature de l'esprit, nous clignons au rythme où nos pensées surgissent pour ne pas voir l'espace.

Q Comment l'ambivalence fonctionne t-elle en relation avec la sagesse et la compassion dans la pratique du Tantra ?

R La sagesse et la compassion sont le vide et la forme; et ne sont donc pas distinctes. Le but du Tantra étant d'unifier le vide et la forme, l'ambivalence est forcément un aspect puissant de la voie.

Tant que l'apparence de la dualité persiste, l'énergie de l'ambivalence sera là : elle m'aime, elle ne m'aime pas, elle m'aime, elle ne m'aime pas… Ma pratique me donnera t-elle l'éveil ou juste mal aux genoux et aux chevilles ? Une histoire dit qu'un grand tantrika indien jeta son *teng'ar* (rosaire) dans les latrines dans un moment de colère après avoir pratiqué son *yidam*[2] constamment pendant douze années !

Voilà de l'ambivalence ! Et c'est à ce moment-là qu'il se retrouva à nouveau inspiré dans sa pratique; il devint par la suite un *mahasiddha*.[3] Quelque chose ne s'était pas encore produit jusque-là : la danse de la forme et du vide n'avait été que stagnation, il n'y avait pas l'électricité de l'ambivalence.

La sagesse et la compassion peuvent paraître de très jolis concepts.

---

2   Être conscience, déité de méditation. Cette pratique sera décrite au chapitre 4.
3   Il fut l'un des quatre-vingt-quatre mahasiddhas, ou grands maîtres accomplis.

Nous aimerions tous nous asseoir dans un lotus parfait, et irradier sereinement de la compassion envers tous les êtres, tout en baignant dans une « grande sagesse ». Mais ce n'est pas toujours comme cela, pas même pour les mahasiddhas. La sagesse et la compassion sont des câbles électriques à haute tension pour le tantrika. Vous les agrippez et la décharge d'existence/non-existence vous illumine comme le soleil ! Et seulement là, du fond de l'espace de sagesse vide de votre être, vous irradiez peut-être de la compassion.

Q Cette question du vide et de la forme semble très importante dans la pratique du Tantra ; mais cela semblerait impliquer un engagement à la vie à la mort…

R Pas « semblerait ».

Q Une participation frôlant la mort. (rires). C'est puissant, mais très difficile.

R C'est vrai, mais pas plus que ce que vous vivez à présent. Vous êtes déjà engagé à la vie à la mort afin d'être ce que vous êtes. Exister, c'est un engagement à la vie à la mort.

Q Il n'y a pas moyen de faire autrement ?

R Non.

Q J'ai un peu de mal à comprendre le vide.

Il semblerait que le vide soit un « rien » ; et je n'ai pas l'expérience de ça dans ma vie.

R Je suis persuadé que vous avez une grande expérience du vide dans votre vie. Le vide n'est pas simplement un concept abstrait, un état mystique ou une condition ultime. Le vide est une *qualité* de l'existence, tout comme la forme est une *qualité* de l'existence. Votre vie est la forme et le vide. Comment est-ce que cela se présente ? Le vide c'est avoir un mot sur le bout de la langue: un mot que vous connaissez et ignorez simultanément.

La forme c'est cette course folle parmi des piles d'autres noms pour retrouver le bon. Comme un chien qui cherche la parfaite crotte de mouton pour la manger. La forme, c'est voir le mot surgir du vide. On s'en souvient, comme ça, juste quand on a cessé de le chercher. Le mot émerge du vide au bord du savoir et du non savoir. Le mot est alors là, mais c'est un mot vide parce que vous ne faites plus d'efforts. Il est juste là. Vous avez le sentiment que quelque chose est apparu puis a disparu.

Le vide c'est le moment où vous vous réveillez ; juste avant que vous ne n'ayez conceptualisé d'être réveillé. Le vide c'est la crise d'identité. Le vide c'est le contraire du *déjà-vu* : c'est le *jamais vu*, la sensation de n'avoir soudain aucune idée d'où vous êtes ou de ce que vous faites. Le vide c'est le moment avant qu'une situation ne naisse. Le vide c'est l'incompréhension. Le vide c'est la stupéfaction ou l'émerveillement qui vous laisse sans mots. Le vide c'est la sensation que quelque chose n'est ni ceci ni cela. Tous ces moments sont des reflets du vide.

Q Rinpoche, pourriez-vous développer cette idée selon laquelle le vide ce n'est ni ceci, ni cela?

Il me semble en avoir déjà fait l'expérience, mais je ne sais pas quoi en faire en tant que pratique.

R Prenez la peur et l'exaltation. L'énergie est exactement la même, c'est juste une question d'interprétation. Un pilote de course ressent de la peur, mais celle-ci est interprétée en des termes positifs qui font d'elle de l'exaltation. Risquer votre vie peut vous rendre malade au point de vomir ou peut vous donner une puissante sensation d'être vivant. Tomber amoureux et paniquer : les symptômes physiologiques sont identiques. Voici donc comment vous pourriez vivre la vue. La prochaine fois que vous paniquez vous pourriez vous dire : « C'est magnifique, c'est juste comme tomber amoureux ! ».

Et, la prochaine fois que vous tombez amoureux, dites vous
« Peut être suis-je simplement en pleine crise de panique ! » Il y a
peut-être eu des moments où si vous vous étiez dit « c'est une
crise de panique ! », vous vous seriez épargné beaucoup de
problèmes !

Avoir une idée de l'aspect duel de chaque sensation est très utile
pour comprendre quelque chose de la qualité vide de la forme, à
travers la qualité de forme du vide.

Q Alors, pour vivre la vue, nous devrions voir de nombreuses
zones d'expérience que nous trouvons inconfortables comme
des opportunités de faire l'expérience du Tantra ? Du coup, on
ne pourrait plus se cacher de rien, il faudrait toujours être sur le
coup pour faire face à tout ce qui se présente. Il doit falloir
beaucoup d'énergie pour y arriver.

R Vous avez raison, sauf qu'il ne faut pas d'énergie. Créer un
cocon dans lequel on s'isole en faisant semblant de ne rien voir
nécessite bien plus d'énergie.

Maintenir l'illusion de la dualité nécessite une incroyable quantité
d'énergie. Si « être sur le coup » est un effort alors vous n'êtes
pas vraiment sur le coup. Cette façon d'être sur le coup est une
forme de tricherie. C'est comme essayer une voiture sans
intention d'acheter. Faire comme ça demanderait beaucoup
d'efforts. C'est comme être un hippie du week-end, ou un
bouddhiste du week-end, ou un Tantrika pour cinq secondes.

Q En somme, il faut abandonner tout espoir?

R Oui, il faut se lancer sans garanties. Tout est faux si vous
pratiquez le Tantra avec le filet de sécurité du samsara. La
pratique devient un simple passe-temps. Il faut être total.

Q Mais si vous débutez cela semble impossible. Que faire si l'on
n'a pas le courage d'être total?

R Pas de problème. Demeurez simplement avec cette sensation. Laissez cette peur d'un engagement total partager le même espace que votre fascination. La seule perte de temps, c'est de vous dire que vous êtes total alors que vous ne l'êtes pas. Être total signifie voir et accepter votre situation *exactement telle qu'elle est*. Être total c'est se passer du filet de sécurité de l'image de soi.

Approcher chaque situation exactement comme vous êtes, sans même prétendre être total ; ou spirituel d'ailleurs. C'est déjà pas mal d'être vrai. Si vous êtes vrai, il y aura déjà beaucoup d'ambivalence.

Q Pourquoi ne pas simplement tout oublier et s'amuser ?

R Allez y, cela pourrait être aussi simple.

Q Le vide et la forme comme sagesse et compassion et en tant que féminin et masculin semblent être des thèmes dans le Tantra. Je crois qu'il y a quelque chose d'important à comprendre…

R La forme et le vide sont les seules choses à comprendre. Il n'y a rien à comprendre au-delà de cela. La compréhension complète des cinq éléments en découle naturellement. C'est l'essence du Bouddhisme. La complexité du Tantra est simplement le vide et la forme, et la danse des cinq éléments.

Vous pouvez pratiquement diviser le dictionnaire en deux : en mots de forme et en mots de vide. N'importe quel aspect de ce que nous sommes est une manifestation du vide et de la forme. Nous avons un « instinct d'auto préservation » et un « instinct de mort ». Nous recherchons l'excitation mais aussi la détente. Nous nous sentons emprisonnés dans des rôles, mais avons des crises d'identité. Nous croyons que les gens ne nous apprécient pas à notre juste valeur, ou au contraire qu'ils nous considèrent bien plus que ce que nous sommes, les deux sont des expériences de vide et de forme.

Si vous étiez une rock star légendaire vous pourriez avoir l'impression de n'être qu'un fantôme qui hante une carapace créée par d'autres.

La forme et le vide comme masculin et féminin, compassion et sagesse, méthode et vision, donnent naissance à l'incroyable ensemble d'enseignements disponibles dans les Tantras bouddhistes.

Q Quand vous mentionniez la qualité de mandala du Tantra, j'ai eu l'impression que vous disiez qu'il était possible de faire l'expérience de la forme et du vide de nos propres vies en termes de mandala.

R En effet. Si vous arrivez à voir votre vie comme le jeu du vide et de la forme, alors vous pouvez vraiment commencer à apprécier la couleur et la vivacité du Tantra. En particulier si vous avez reçu une transmission d'un être de conscience. Recevoir une transmission de pouvoir est beaucoup plus qu'obtenir l'accès à un paysage intérieur ésotérique. Cela nous introduit à la vue et nous pousse à apercevoir notre dimension tantrique : la dimension absolument personnelle appelée khyil-khor. Le khyil-khor est notre profil tout à fait privé, mais complètement public, que nous ne pensions même pas avoir. Peut-être le soupçonnait-on, mais nous réussissions toujours à rester suffisamment occupés conceptuellement pour l'oublier. Nous générons une amnésie sélective ; puis, nous oublions que nous le faisons. La dimension Tantrique, khyil-khor, imprègne tout ce que nous sommes; et pourtant elle est presque complètement dissimulée par notre style de perception. C'est pour cela que nous devons apprendre à *voir*. Nous le faisons en *vivant la vue*. Nous devons découvrir comment les qualités de nos existences créent un modèle d'inspiration.

Le Tantra est une *danse illimitée*. La danse de nos sens avec les champs sensoriels correspondants, divisés mais indivisibles, séparés et pourtant non duels. Le jeu de la forme et du vide est l'étoffe même de l'expérience, le sang vital du Tantra.

2

Entrer dans la Sphère d'Energie

Nous existons dans un flux continuel. Nous touchons et sommes touchés dans la danse des apparences, dans cette matrice infinie de création et de destruction. Le perceptible et l'imperceptible semblent faire l'un de l'autre un mystère

Nous pensons être solides, pourtant notre existence nous rend craintifs. Notre monde nous paraît cohérent un instant ; puis l'étoffe entière de notre existence nous semble quelque peu illusoire l'instant d'après. Sans l'expérience de notre nature intrinsèquement spacieuse, cette alternance ne sera source que de douleur, d'inconfort, d'aliénation, d'ennui, de panique, ou d'insatisfaction.[1] Mais dès que nous commençons à pratiquer la méditation silencieuse et à faire face à ce que nous sommes, notre vie commence à nous poser problème. L'ambivalence évidente de notre situation commence à nous intriguer.

Les choses ne sont pas telles qu'elles semblent être, mais en même temps, exactement telles qu'elles paraissent. C'est ce qu'on appelle la plaisanterie tantrique, le sens de l'humour qui nous pousse continuellement à nous demander ce qui se passe. Pourquoi cette solidité est-elle si solide et insubstantielle à la fois ? Pourquoi suis-je consumé par tant de certitude et d'incertitude ?

---

1   Notre nature spacieuse ne cesse pourtant de scintiller : notre éveil est toujours présent et donne lieu à la joie, l'excitation, l'amour, l'amusement, la sympathie : toutes les émotions positives que nous ressentons en conjonction avec les frustrations du samsara.

La solidité nous apparaît parfois arachnéenne – notre réalité cesse de se comprendre elle-même, et il nous semble assister à un spectacle qui ne nous concerne pas. Notre expérience manque de force, et notre identité de substance. Nous avons envie de crier à notre corps, aux gens, aux choses et à la terre entière de disparaître. Quand cette solidité étouffante accapare notre expérience, nous aimerions pouvoir devenir transparent, amorphe, flou, et ne plus faire face à cette rigide intransigeance du monde qui semble se moquer de nos problèmes.

Le monde reste pareil et nous changeons. Nous restons pareil, et le monde change. Nous évoluons puis restons coincés. Des configurations fluctuent, des configurations gèlent. Des phénomènes internes rectifient des phénomènes externes; des phénomènes externes rectifient des phénomènes internes. Les réalités multiples de l'existence s'interpénètrent. Nous existons dans un flux continuel. Nous touchons et sommes touchés par la danse des apparences, dans ces dessins infinis de création et de destruction. Le perceptible et l'imperceptible semblent faire l'un de l'autre un mystère.

Notre perception est comme la surface d'un ruisseau : une surface inconsciente du lit de la rivière ou du mouvement qui constitue son flux. Essayez de vous considérer comme la surface d'une rivière: une conscience en deux dimensions. Que se passe t-il quand un caillou tombe dans l'eau ? Un poisson saute, que ressentez vous ? Peut-être serait-ce ainsi : un point apparaît. Il grossit rapidement. Puis il diminue, redevient un point et disparaît.

L'expérience s'est évanouie. Et avec elle toute compréhension. Qu'était-ce ? Une hallucination ? Etait-ce Dieu, ou le Diable ?

Peut-être était-ce une expérience spirituelle… Mais qu'est ce que ça voulait dire ? Que puis-je en faire ?

Dans la perspective du Tantra nous percevons en deux dimensions notre vision du monde et de notre être, alors que le tantrika, lui, vit dans un monde tridimensionnel, un monde d'aisance somptueuse. Les dimensions de ce monde sont les trois *sphères de l'être*, et les comprendre est indispensable dans la pratique du Tantra. Ces trois sphères sont appelées *chö-ku, long-ku* et *trül-ku*.[2] Ces termes sont d'une telle richesse qu'il est impossible de les définir par en seul mot dans une langue européenne, le vocabulaire n'est simplement pas adéquat. Mais comme point de départ nous pourrions les appeler le *vide*, *l'énergie* et la *forme*. Chö-ku, le vide, la sphère de potentiel inconditionné. Long-ku, l'énergie, la sphère d'apparence intangible. Trül-ku, la forme, la sphère de manifestation réalisée.

Chö-ku est le rien d'où tout ce qui est « quelque chose » émerge et dans lequel tout se dissout. Dans le passé (il n'y a pas si longtemps d'ailleurs) cette affirmation aurait été considérée par bien des occidentaux comme un paradoxe impénétrable ; encore une absurdité métaphysique orientale. Mais ce n'est plus le cas. Notre science matérielle occidentale a elle-même déconstruit l'idée du sujet objectif et il est donc culturellement acceptable d'examiner ce genre de choses. Au niveau de la matière, la science occidentale a découvert la même chose que le Tantra : *il n'y a pas* de constituant de base de la réalité.

La source de la matière est le rien ; et pourtant des choses apparaissent. Les choses sont évidemment existantes, mais apparemment non existantes en même temps. La science manie à présent aussi le paradoxe.

---

2   En Sanskrit, il s'agit de *dharmakaya* (chö-ku), *sambhogakaya* (long-ku), et *nirmanakaya* (trül-ku).

Je ne cherche en aucune façon à valider le Tantra sur la base des découvertes de la physique des particules. Tenter de valider la vue, la pratique et l'activité du Tantra serait ignorer que le Tantra ne peut véritablement être validé que par l'expérience personnelle, en étant guidé par un Lama qualifié.

Les gens qui intellectualisent trop cela finissent souvent par se perdre : c'est une préoccupation triste et épuisante. Les maîtres Tantriques parlent souvent de la compréhension intellectuelle comme un pansement, quelque chose qui finira un jour par tomber.

Chercher une validation de la vue tantrique, c'est se dissimuler que la vue doit être *réalisée*. Je mentionnais la physique des particules pour exprimer ma satisfaction que ces découvertes nous permettent d'aborder le Tantra comme quelque chose de pragmatique. J'espère en effet ne pas m'adresser uniquement aux « sensitifs » ou aux « mystiquement réceptifs ». J'aimerais m'adresser à tous ceux qui souhaitent s'attaquer, avec une gaieté féroce, aux questions de base de l'existence.

Le Tantra parle donc du vide comme *espace créatif*. Un espace source de toutes potentialités, matrice des phénomènes. Mais, à la différence de la physique des particules, le mot « phénomène » ne se limite pas aux seuls phénomènes matériels.

Il englobe aussi les phénomènes non substantiels, la nature même de notre être.

Nous aussi nous émergeons de l'espace créatif. La conscience apparaît et se dissout constamment dans l'espace primal de l'Esprit-comme-tel.

Un problème sémantique se pose ici quand nous parlons de « l'esprit ».

Le Tantra parle de l'esprit de façon très subtile : nous avons l'esprit « e » minuscule et l'Esprit « e » majuscule.[3] L'esprit petit « e » est l'esprit tel qu'il est défini dans la psychologie occidentale (incluant ainsi les fonctions du cerveau). L'Esprit « E » majuscule est la qualité spatiale ou vide de notre être. Il s'agit de la qualité primordiale, sans origine: l'espace dans lequel l'esprit petit « e » n'est qu'une manifestation passagère.

Prenez un océan et ses vagues. Le mouvement des vagues, le courant, l'écume qui animent la surface de l'océan – c'est l'esprit « e ». L'eau, le corps océanique, c'est l'Esprit « E ». Les aspects de l'océan, ses vagues, le courant, l'écume, existent parce qu'il y a une vaste masse d'eau constituant l'océan. Nous ne voyons les vagues ou ne les entendons s'écraser sur la grève que parce qu'il y a de l'eau. Bien que les vagues et l'écume soient de l'eau, elles ne constituent pas une définition de l'eau, seulement des définitions de différents aspects de l'eau. Les définitions de l'Esprit, en revanche, n'ont ni limites ni fin.

L'esprit est incapable de nous fournir une définition complète de l'Esprit. Tout concept décrivant l'Esprit, créé par l'esprit, n'est qu'un reflet d'une *qualité* de l'Esprit, l'esprit ne peut connaître l'Esprit.

Seul l'Esprit peut connaître l'Esprit, parce que l'Esprit est l'état de connaissance primordial. C'est pour cela que l'Esprit est décrit comme auto lumineux. L'auto luminosité comme description de l'Esprit signifie que sa connaissance ne dépend de rien, il s'agit de *pure connaissance*. Une vague est un aspect de l'océan, pas le champ entier de ses apparences.

Il y a des vaguelettes, des vagues et des tsunamis. Ainsi, l'esprit est une manifestation de l'Esprit, et pourtant, malheureusement, nous ne percevons habituellement que l'esprit.

---

3 *Sem* esprit, et *sem-nyid* Esprit (L'Esprit en tant que tel, la nature de l'Esprit) en Tibétain.

Künzang Dorje Rinpoche me raconta une fois l'histoire d'un tigre qui se prenait pour un mouton. Il s'était perdu tout petit et avait été élevé par des moutons. Le tigre s'identifia donc aux moutons et aux coutumes des moutons, il apprit comment être un mouton. Il bougeait comme un mouton, bêlait comme un mouton, et paniquait facilement. Un jour, un autre tigre passa par là et fut très perplexe en voyant le tigre mouton manger de l'herbe. C'était étrange: pourquoi ce tigre mangeait-il de l'herbe en compagnie de moutons alors qu'il aurait dû être en train de les manger ? Curieux, il s'approcha du tigre mouton et le salua d'un profond grondement : bonjour ! Le tigre mouton, terrifié, s'enfuit, et courut jusqu'à s'écrouler de fatigue.

Les êtres réalisés apparaissent souvent tels des tigres à ceux d'entre nous qui croient être des moutons. C'est certainement le cas avec Künzang Dorje Rinpoche. Sa présence étincelante, son être-là, est d'une férocité qui met à nu tout semblant. Si vous avez des arrières pensées en sa présence il est possible d'être en proie à une peur et à une nervosité intense.

Non parce qu'il *est* féroce en aucune manière, mais parce qu'il est très naturellement un tigre – et bien des personnes s'imaginent être des moutons.

Il parcourt les vastes étendues de l'Esprit alors que d'autres grignotent l'herbe à l'intérieur des champs clôturés de l'esprit. Je connais bien tout ceci parce que je fus l'archétype du mouton en sa présence pendant plusieurs années. Et pourtant, sa capacité à transformer les moutons est extraordinairement profonde.

Depuis ma rencontre avec Künzang Dorje Rinpoche j'ai découvert une partie de ma propre capacité à : gronder, rugir, battre de la queue, et poursuivre les significations qui chantent dans le vent. Maintenant il me semble qu'il est le summum de la chaleur et de la bonté.

Nous ne pourrons jamais sentir la chaleur luxuriante de la fourrure du tigre si nous restons pétrifiés par ses griffes et ses crocs ! Tels des moutons, nous ne pouvons que bêler piteusement.

Long-ku, l'énergie, est la sphère des apparences intangibles. Long-ku est l'*apanage primal du vide*, son déploiement spontané initial. Le mot « énergie » pourrait nous faire croire qu'il s'agit d'une charge ou d'une force : l'électricité ou, plus subtile, la lumière. Mais pour le Tantra ces formes d'énergies sont considérées comme substantielles. Quand nous utilisons le mot « énergie » dans le Tantra nous ne parlons donc pas d'énergie substance mais *d'énergie sans substance*. Cette énergie est l'apanage auto existant du vide ; l'essence insubstantielle du monde matériel.

Long-ku est la sphère de lumière et de son. Mais ces qualités de « lumière » et de « son » ne sont pas la lumière et le son tels que nous les connaissons habituellement, bien que la lumière et le son soient des méthodes à travers lesquelles nous puissions faire l'expérience de cette sphère.

Le sujet de l'énergie est difficile. Si cette information est source de confusion, ne vous découragez pas, laissez la simplement. N'essayez pas de la saisir avec les pinces de l'intellect. La seule façon de vraiment comprendre cette information est de pratiquer. Il faut commencer par trouver l'état sans pensées. Les pratiques comme le *shi-nè*[4] (la méditation silencieuse) sont assez connues. C'est en apprenant à laisser l'esprit se vider que toute une série de possibilités s'ouvriront à vous. La compréhension de l'énergie est peut-être la chose la plus précieuse résultant de l'état non référentiel de la méditation.

---

4   La pratique du shi-né est évoquée au chapitre 3.

Nous pourrions nous interroger sur la pertinence de parler de sujets avec lesquels la plupart des gens n'ont aucun point de contact. Pourtant cette connaissance nous est intrinsèque. Les explications peuvent donc toucher notre connaissance primordiale. Si ce n'était pas possible, ces enseignements seraient infiniment ennuyeux. Le discernement naît parfois d'une explication. Cette compréhension peut n'être qu'une étincelle. Elle persiste parfois brièvement en présence du Lama. Et de temps à autre elle change radicalement notre vie.

Ceci me rappelle les nombreuses fois au début de ma formation où j'avais de remarquables éclairs de compréhension.

J'écoutais et tout d'un coup j'étais submergé par une compréhension parfaite. C'était si merveilleusement complet que je me sentais presque hors de mon corps et en même temps solidement ancré dans le sol. Ces flashes d'une clarté si vive et d'une vivacité si forte me rendaient parfois extatiques ; et je courais les raconter.

Je ne pouvais m'empêcher d'offrir en cadeau à mes amis cette « chose absolument stupéfiante » que je venais de comprendre. Il me semblait impossible de ne pas la partager – c'était si évident ! Si clair ! Mais à ma grande surprise je butais sur les mots. Je recommençais plus lentement, mais à ma grande horreur je me rendais compte que je n'arrivais pas à l'exprimer. C'était invraisemblable ! J'avais entendu les mots, alors pourquoi ne pouvais-je pas les répéter ? J'avais perdu les mots exacts du Lama. Il y avait un dessin subtil dans l'ordre du monde que je ressentais toujours mais que je ne pouvais restituer.

Quelque chose m'avait échappé. Par quelque angle que je l'aborde, cela restait tout proche et pourtant hors de ma portée. Quelque chose avait bougé, le sens s'était enfui.

La perfection de l'explication s'était transformée en un simple amas de mots. Plus je cherchais à enfermer cette clarté dans du langage, plus elle m'échappait. Pour finir, l'expérience dégénérait en confusion, s'égarait dans mes tentatives brumeuses d'explication : je l'avais complètement perdue !

Ceci m'arriva jusqu'à ce que je comprenne qu'il me fallait juste rester assis en silence, et laisser ma compréhension se comprendre elle-même, dans l'espace de mon être. Je découvris alors qu'il y a de nombreuses façons de comprendre.

Il y a la compréhension qui disparaît au fur et à mesure que les mots défilent. (Peut-être est-ce en train de vous arriver juste comme vous lisez).

Il y a la compréhension qui reste un instant, puis s'en va ; la compréhension qui demeure mais qui ne peut être expliquée, la compréhension qui demeure et qui ne peut être expliquée qu'avec les mots par lesquels elle a été donnée ; la compréhension qui demeure et qui peut être expliquée avec vos mots à vous ; et puis, finalement, la compréhension qui peut être exprimée à travers les variations infinies d'une danse dont la nature dépend de la personnalité des partenaires.

Le pouvoir d'explication de Chhi-'mèd Rig'dzin Rinpoche a toujours été pour moi un exemple éblouissant. Il manie mots, tons, emphase, regards, gestes, circonstances, atmosphères, états d'esprit – et même le temps qu'il fait – avec une facilité déconcertante !

Il fait apparaître le concevable et l'inconcevable dans un rythme si parfait que je me retrouvais souvent hors de moi-même, à errer conceptuellement dans une multitude de champs sémantiques qui s'interpénétraient.

Je devenais l'enseignement. Je disparaissais dans l'espace de Chhi-'mèd Rig'dzin Rinpoche. J'entrais dans une réalité où toutes les autres réalités devenaient comiquement auto explicatives. Et puis tout disparaissait et je me retrouvais à marcher dans des ruelles indiennes, tentant d'éviter les excréments, les nerfs à vif, agressé par la cacophonie des avertisseurs et l'assaut incessant et tonitruant des films Hindi.

Trül-ku, la forme, est la sphère de réalisation manifeste. Le mot trül-ku est connu parce qu'il s'ajoute au nom de plusieurs grands Lamas.[5]

Chaque Lama reconnu comme la réincarnation d'un Lama passé (ayant atteint un haut niveau de réalisation et un certain contrôle du processus de mort) est appelé trül-ku. En dernière analyse nous pourrions tous, d'une certaine façon, être considérés comme trül-ku : car nous sommes éveillés depuis toujours. Mais, comme nous ne réalisons pas notre éveil, le mot ne s'applique pas souvent.

De façon relative, dans notre situation d'êtres qui se cachent délibérément de leur éveil, nous sommes des formes de conscience leurrées avec le potentiel de trül-ku.

Le trül-ku est celui ou celle qui émerge du vide en tant qu'énergie, et prend forme tout en étant libre et conscient dans ce jeu de la réalité. La tension qui empêche les gens d'être trül-ku vient de ce qu'ils ne peuvent se concevoir comme être d'énergie qui émerge de l'être de vide.

Le long-ku, lui, possède la connaissance implicite de son émergence de chö-ku et la capacité de se manifester comme trül-ku. Et le chö-ku, lui, est auto lumineux – traversé par la connaissance incréée de son potentiel illimité.

---

5 *Tulku* est l'orthographe phonétique de ce mot. Il est parfois écrit *trülku* mais en translitération directe il est épelé *sPrul-sKu*

Chö-ku, long-ku, et trül-ku sont un champ unifié, la quatrième sphère ou sphère indivisible de l'être. Elle est aussi appelée dorje-ku (sphère indestructible) ou ngo-wo-ku (sphère de l'essence).[6]

Chö-ku, long-ku, et trül-ku sont trois modes d'accès à l'expérience unitaire de la réalité. Mais l'expérience de la réalisation ne voit ni barrière ni divisions entre les trois sphères. L'intention éveillée émerge de cette expérience du champ singulier de la réalité et manifeste ainsi des méthodes de compréhension venues de notre impression d'être divisés.

Cette intention éveillée emploie la stratégie des sphères d'être apparemment divisées afin de communiquer la nature de la réalité à ceux que la division a embrouillés. Dans le Tantra, cette description de la division des sphères est un aspect des moyens habiles qui détruit la division. Le Tantra utilise la force même de l'illusion pour détruire l'illusion. Le Tantra fonctionne ainsi parce que l'énergie de la confusion n'est autre celle de notre éveil.

Le dorje-ku est la qualité absolument indivisible de l'état éveillé. C'est la sphère de complète liberté – plus d'inhibition – la sphère de réalité indestructible, dans laquelle les fixations dualistes n'ont plus cours. Tout ce qui apparaît dans cette condition devient un ornement de l'état éveillé, à l'instant même de son apparition. Dans la perspective multidimensionnelle du Tantra, pour actualiser cette vue, devenir trül-ku, il nous faut unifier le vide et la forme en entrant dans la sphère d'énergie.

---

6   *Vajrakaya* en Sanskrit.

Questions Réponses

Q Pourriez vous en dire un peu plus au sujet de trül-ku ? J'avais l'impression que le mot « trül-ku » signifiait qu'un Lama était l'émanation d'une déité, comme le Dalai Lama qui est l'émanation de Chenrezigs.

R C'est vrai. Mais il faut comprendre ce que cela veut dire ; il s'agit d'une expression visionnaire de cette réalité. Chenrezigs, la manifestation visionnaire de la compassion, est la *méthode* à travers laquelle Sa Sainteté le Dalai Lama (et d'autres hauts Lamas, comme Sa Sainteté le Gyalwa Karmapa, chef de l'école Karma Kagyüd) a *intégré* le vide et la forme. Chenrezigs est en fait la nature de votre propre Esprit éveillé ! Quand vous réaliserez ceci, vous aussi serez une émanation de Chenrezigs..

Q Et vous Rinpoche, vous êtes une émanation de qui ?

R Moi ? Une sorte de nounours j'imagine.

Q Non, Rinpoche, sérieusement ?

R Sérieusement ! Sérieusement, la seule chose que j'ai de spécial est que j'ai eu la très grande chance d'étudier avec quelques-uns des plus grands Lamas de ce siècle. Il serait plus intéressant que je vous raconte quelque chose à propos de Künzang Dorje Rinpoche. Lui est *très* intéressant. Künzang Dorje Rinpoche est connu comme une émanation de Dorje Tröllö, la plus courroucée des manifestations de Padmasambhava.

Trungpa Rinpoche l'appelait le Maître de la Folle Sagesse, la manifestation de Padmasambhava qui détruit les démons de nos pires confusions avec une férocité non duelle et un abandon sans limites.

Vous devez comprendre que les Lamas présentent les enseignements avec des personnalités très différentes.

La multitude des déités et d'êtres de conscience de la tradition Tantrique sont des méthodes de réalisation.

Les grands Lamas qui sont en vie aujourd'hui peuvent tous être caractérisés par l'expression visionnaire de ces êtres de consciences. Ceci ne veut pas dire qu'il y ait différents types d'éveils mais qu'il y a une multitude de méthodes que les Lamas peuvent employer pour communiquer efficacement avec les gens. Tout le monde ne peut pas forcément travailler avec un Lama courroucé !

Q Que voulez-vous dire par « courroucé » ? Comment est-ce une méthode d'enseignement ?

R Le courroux, ou la compassion courroucée, ou encore la férocité dans la méthode interactive du Lama, est une franchise absolue et une communication totalement directe. Il n'y a pas de compromis, pas de politesse : on parle sans euphémismes de la situation de l'individu.

L'aspect courroucé ou folle sagesse n'appelle pas des toilettes des « petits coins ». Mais ce n'est pas de la grossièreté dans le but de choquer les gens. Il y a une formidable dignité et une humanité fondamentale dans ce courroux.

La compassion féroce de Künzang Dorje Rinpoche consiste à être absolument total dans tout ce qu'il fait ou dit, lorsque c'est crucial.

Q Je ne vois pas en quoi la franchise absolue est « courroucée ». C'est idéal de constamment être face à la réalité absolue, même si c'est dur.

Mais le mot « courroux » semble impliquer une colère; ce qui n'est apparemment pas le cas ici. Peut-être pourrait-on dire « sans pitié » ? Je crois que je ne comprends pas bien le terme.

R Vous pourriez dire « sans pitié » aussi. Sans pitié pour les illusions qui causent des ennuis et de la souffrance à l'élève. Mais on utilise le mot « courroux » pour parler d'une formidable énergie. C'est la traduction du mot tibétain *tröwo*.

On pourrait en utiliser d'autres. Je dis fréquemment « féroce » ou « farouche ». C'est un peu comme la façon dont une tigresse se procure son dîner. Nous envisageons la possibilité de tuer les concepts et de festoyer dans le dharmakaya. Nous parlons de vitesse, d'avancer plus vite. Avec les méthodes courroucées l'élève avance plus vite mais c'est un voyage stressant ! Vous pouvez soit enlever lentement le plâtre ou l'arracher d'un coup !

Le courroux signifie simplement arracher le plâtre d'un coup. Je vais vous raconter une anecdote. Une dame dans la quarantaine avancée, élève de Chhi-'mèd Rig'dzin Rinpoche, l'avait invité chez elle. En l'accueillant elle aperçut son reflet dans un miroir et constata qu'il fallait qu'elle perde du poids. Chhi-'mèd Rig'dzin Rinpoche dit simplement : « Pourquoi donc ? Aucun homme ne voudra de vous, vous êtes trop vieille. »

À première vue, c'est quelque chose de fort impoli à dire à son hôte ! Mais tout dépend de pourquoi ce fut dit ; et de ce qui pouvait être accompli en le disant. Cette interjection aida la dame en question à voir quelque chose. Elle avoua par la suite que cela l'avait fait réfléchir à ce qu'elle faisait de sa vie en terme de pratique.

Elle pensait toujours pouvoir concilier deux mondes : le monde ordinaire de « marie-toi et vis toujours heureuse », et le monde du Tantra. La remarque de Chhi-'mèd Rig'dzin Rinpoche ne devait pas être prise à cœur par toutes les femmes de quarante ans et plus ! On ne peut même pas dire qu'il s'agissait là vraiment de l'opinion de Rinpoche.

C'était simplement une remarque personnelle instructive ; un maître aidant un élève à voir un aspect de sa mentalité de façon complètement nue et directe.

Ce ne sont ni les mots ni les concepts que Chhi-'mèd Rig'dzin Rinpoche utilisa qui sont importants. Ce qui compte c'est l'effet que ces mots particuliers eurent sur cette personne à ce moment précis.

Les mots ne furent que le véhicule d'une transmission, un choc à travers lequel une possibilité fut créée. Cela avait en fait peu à voir avec le sujet même.

Mais le courroux ne s'applique pas seulement aux mots, il s'agit souvent de situations. Chhi-'mèd Rig'dzin Rinpoche faisait souvent beaucoup travailler ses élèves, moi entre autres. Il crée une pression extraordinaire en faisant monter le niveau. Il orchestre les situations pour que l'on reconnaisse que l'on est à l'origine de notre propre impact sur la réalité.

Q Pourriez vous nous en donner un exemple, Rinpoche ?

R Oui. Un été, Chhi-'mèd Rig'dzin Rinpoche venait enseigner en Hollande pendant tout l'été. C'était au début de notre relation et j'essayais de passer le plus de temps possible avec lui. C'était une occasion à ne pas manquer, mais j'étais très pauvre à l'époque. J'avais assez d'argent pour prendre le bus jusqu'en Hollande, et c'était tout.

Je n'avais plus ensuite de quoi vivre. J'allais au restaurant de la gare centrale d'Amsterdam parce que j'avais remarqué que les gens commandaient un repas et partaient en courant prendre leur train après seulement quelques bouchées. J'arrivais donc comme un vautour tous les deux jours dans le but d'absorber suffisamment de nourriture pour tenir jusqu'à ma prochaine expédition de chasse. J'ai survécu ! Mais ça c'est seulement le décor de cette histoire.

Nous passions les journées à étudier et à pratiquer avec
Chhi-'mèd Rig'dzin Rinpoche. Mais il lui arrivait aussi d'aller aux
puces acheter des vêtements pour des orphelins tibétains. Il les
envoyait en Inde ou au Népal.

Pendant une de ces expéditions, Chhi-'mèd Rig'dzin Rinpoche
acheta un vieux projecteur à diapositives. Quand il revint, il me
dit de venir le voir. C'était un projecteur sommaire dont les
parties essentielles manquaient : il n'y avait pas d'objectif et plus
de chariot pour les diapositives. Chhi-'mèd Rig'dzin Rinpoche
me regarda et me demanda « Que penses-tu de ceci ? ». « Je ne
crois pas que l'on puisse en faire grand-chose, Rinpoche »
répondis-je.

À cette époque, il m'avait déjà appris à être direct et concis dans
mes réponses. J'avais un désir incroyable d'être aimé, et cherchais
donc toujours à dire quelque chose de plaisant plutôt que d'être
franc et causer du déplaisir. C'est alors que Chhi-'mèd Rig'dzin
Rinpoche me regarda de sa façon caractéristique. Un regard qui
me rendait toujours mal à l'aise. Je dis alors, « J'ai bien peur qu'il
ne soit d'aucune valeur, Rinpoche ». Il me regarda intensément
et dit « Il n'y a rien qui puisse être fait de ceci ? »

Je croyais avoir gagné à ce point et dis : « Jetez le, il ne servira à
rien, je suis désolé ». Il tourna alors la tête et dit « Ah oui…
Alors je gâche mon argent… » Ce fut ma perte. J'examinai
attentivement le projecteur et le branchai. Le ventilateur
marchait. Je dis: « J'imagine qu'on pourrait en faire un petit
ventilateur de bureau… » Chhi-'mèd Rig'dzin Rinpoche sauta sur
l'occasion : « Et tu pourrais faire ça ? »

Et voilà. Je venais de refaire une erreur fatale, et je le savais. Je
devais lui répondre oui, ou alors il m'aurait demandé pourquoi je
racontais des bêtises. Pour gagner du temps, je répondis qu'il me
faudrait des matériaux.

Mais Chhi-'mèd Rig'dzin Rinpoche dit immédiatement « Non. Tu ne dois pas dépenser d'argent pour ceci. Tu as dit que ça ne valait rien. Soit quelque chose peut-être fait ou non, mais il ne faut plus rien dépenser ». Heureusement, pensais-je, car je n'avais pas d'argent. Mais il me dit de faire le mieux possible avec le projecteur afin que tout ne soit pas gâché.

J'emmenai donc ce misérable objet en me demandant comment mener à bien cette étrange tâche que je m'étais infligée. La dame qui nous hébergeait n'avait pas d'outils ; je le dis à Chhi-'mèd Rig'dzin Rinpoche.

Je lui proposai alors de ramener le projecteur chez moi au Pays de Galles où j'avais des outils, d'en faire ce que je pouvais, et de le lui envoyer. Mais il n'en était pas question non plus, le coût d'expédition n'en vaudrait pas la peine. Il me dit que soit je le pouvais soit je ne le pouvais pas, et que cela n'avait pas d'importance. Mais j'eus soudainement le sentiment que cela avait beaucoup d'importance. C'était devenu vital.

Équipé d'un vieux couteau à pain et d'un tournevis, je me lançai pendant trois jours dans mon étrange entreprise. Je dus récupérer un vieux morceau d'armoire dans le jardin et y découper une forme qui rentrerait dans les gonds du projecteur. Je devais faire tenir le bois contre le mur du jardin avec mon pied. Je m'entaillai les mains à de nombreuses reprises, n'ayant ni les outils appropriés ni un étau pour travailler correctement.

C'était horrible. Je dus recouper la forme plusieurs fois, le bois s'émiettant sans cesse. Je me servis ensuite d'un couteau chauffé à blanc pour découper la partie en plastique du projecteur. Je perçai ensuite des trous de ventilation avec le tournevis, lui aussi chauffé à blanc. Je lissai le tout avec une vieille éponge métallique.

Bizarrement, après trois jours de sang et de sueur, j'avais fini et le ventilateur marchait. J'étais très fier de ma « grande réussite » et l'apportai sans tarder à Chhi-'mèd Rig'dzin Rinpoche. Il le brancha, vit qu'il fonctionnait, et dit de sa façon typique et neutre « Oui, bien ». Puis il le rangea dans sa valise. C'était tout. Pas un mot de remerciement. Pas une trace de plaisir ou de satisfaction. Je restai simplement là avec un sentiment de dépit.

Mais ça ne dura pas longtemps. J'éclatai de rire et dis « Je suis vraiment désolé qu'il soit si moche ! ». C'est alors qu'il me fit un large sourire.

Q Et ça vous a appris quelque chose, Rinpoche ?

R Oui. C'était une transmission puissante. Il ne m'a jamais refait la même chose. Après ça j'ai arrêté de chercher à me faire stupidement bien voir.

Et pourtant, ce petit ventilateur fut longtemps utilisé pour faire circuler de l'encens dans la salle de pratique…

Q Vous disiez que Künzang Dorje Rinpoche était un Lama courroucé. Avez-vous hérité de son style ?

R Non. Moi, je suis simplement le chaton de Dorje Tröllö. Künzang Dorje Rinpoche a toujours été très gentil avec moi. Il me terrifiait à une certaine époque mais c'était mon propre problème. Il en était très conscient et un regard de sa part était suffisant pour me rappeler à l'ordre. Je tremblais quand il me regardait d'une certaine façon !

Q Vous avez mentionné le dorje-ku… Est-ce ce qu'on appelle aussi le svabhavikakaya?

R Bravo! Je n'arrive jamais à prononcer ce mot. Il y trop de « a » en sanskrit pour moi. En tibétain se serait *ngo-wo-ku*. Mais j'utilise le mot *dorje-ku*, qui est interchangeable avec ngo-wo-ku, parce qu'en général les gens connaissent déjà le mot « dorje ». . .

Q Je n'ai jamais vraiment compris ce que signifiait les quatre kayas. Le quatrième kaya signifie alors que les trois kaya sont indivisibles dans l'expérience de l'éveil ?

R Il *sont* indivisibles. Mais sans une compréhension du niveau subtil de l'énergie, l'indivisibilité des trois kayas n'est pas toujours facile à saisir. En effet, sans compréhension de l'énergie ou du vide, il serait facile de dire que la réalité est unitaire. Mais c'est faux, c'est une incompréhension moniste, l'idée que « tout est un ». Un jour en Californie, j'ai éclaté de rire. La plaque de la voiture devant moi portait l'inscription   « w r all 1 », « nous sommes tous un »….

Q Je ne comprends pas bien. Cet enseignement sur la quatrième sphère de l'être ne signifie t-il pas que les trois sphères de l'être sont une illusion?

R Non. Les trois sphères ne sont pas une illusion, elles ne sont simplement pas séparées. Mais on peut en faire l'expérience *comme si* elles étaient séparées. C'est crucial. C'est comme dire que l'eau peut être de la glace, un liquide ou un gaz, mais ne cherchez pas trop à exploiter cette analogie.

Q On pourrait donc dire que chö-ku, long-ku et trül-ku sont des ornements de l'état fondamental dorje-ku ou ngo-wo-ku?

R Précisément.

Q Rinpoche, pourriez-vous nous parler des quatre fautes par rapport à sem-nyid ?

R Les « quatre fautes » ou les « quatre constrictions » comme je les appelle, sont les champs de rigidité dualiste (sem – l'esprit avec un petit « e ») dans lesquels nous nous cachons de sem-nyid, la nature de l'esprit.

La première de ces constrictions repose sur le fait que sem-nyid est simplement trop proche pour être reconnue. Elle a perdu de sa netteté. C'est comme essayer de voir son propre visage sans un miroir. Nous nous sommes retirés dans sem (qui n'est autre que sem-nyid fondamentalement), et sem a du mal à se regarder. L'esprit n'arrive pas à voir la nature de l'Esprit. Nous nous enfermons donc dans une myopie réconfortante.

La seconde constriction est la tendance à considérer sem-nyid comme trop vaste. Nous avons l'impression que notre compréhension est complètement submergée ; la profondeur et l'immensité de la signification de sem-nyid nous dépasse.

Il nous semble qu'apercevoir, même intellectuellement, sa pleine signification serait presque concomitant de sa réalisation, comme si c'était quelque chose de séparé. Ainsi, nous mettons sa réalisation à distance. C'est la seconde constriction.

La troisième c'est que sem-nyid est fondamentalement trop simple, trop facile à comprendre. Il suffit de demeurer dans la pureté primale de notre être. Ceci ne requiert en réalité aucun effort. Cette pureté primale est continuellement présente. C'est un peu comme marcher sur une planche qui reposerait sur le sol. Cela ne paraît pas difficile. Mais si la planche était très haut dans l'air, quand bien même elle serait trois fois plus large, on aurait peur de tomber. Alors demeurer dans la pureté primale, c'est aussi facile que de marcher sur une planche sur le sol de la salle de séjour – ou très haut dans l'air. Nous objectivons notre inaptitude inutile à demeurer dans l'espace de sem-nyid. C'est la troisième constriction.

La quatrième constriction c'est l'émerveillement. Il y a un sentiment de fascination absolu. Mais une fascination qui dépasse les limites de notre compréhension.

Nous avons l'impression de ne pouvoir approcher cette expérience bien qu'elle surgisse du continuum de ce que nous sommes. Nous générons ainsi une sorte de « rétraction choquée » qui nous paralyse et empêche l'épanouissement de notre dimension de liberté intuitive. Voilà les « quatre fautes ». J'espère qu'elles n'affectent personne ici !

Q Pourriez vous nous en dire un peu plus sur les niveaux de compréhension que vous avez mentionnés précédemment ? Comme cette compréhension immédiate qui est aussitôt perdue, et quand il y a une compréhension qui demeure.

Qu'est ce qui fait la différence ?

R La différence est simplement une question de *transparence*. La transparence vis-à-vis de vous-même, en termes de votre pratique. Un enseignement ne peut être compris que si le sens des enseignements plus fondamentaux a déjà été assimilé. Si l'on ne procède qu'intellectuellement, c'est à dire qu'on ne pratique pas, l'enseignement ne fera qu'apparaître brièvement sur l'écran vide de l'éveil, et c'est tout. Quand l'enseignement cesse, l'illumination cesse. La compréhension ne restera que si l'élève a la base d'expérience nécessaire. En fait, l'inspiration peut permettre à n'importe qui de réaliser momentanément n'importe quoi. Mais en termes relatifs, la réalisation ne restera accessible qu'en fonction de ce qui a déjà été réalisé.

Q Est-ce pour cela que les gens cherchent toujours d'autres enseignements et ne sont jamais satisfaits de ceux qu'ils ont reçus ?

R Oui.

Q Et les gens qui semblent se « droguer » aux enseignements sans que ça n'affecte leur vie en aucune façon… Est ce parce qu'ils pratiquent ou…

R Parce qu'ils ne pratiquent pas. Ils ne veulent pas se retrousser les manches et s'attaquer à la matière brute de ce qu'ils sont. Les gens préfèrent souvent continuer à absorber la spiritualité par intraveineuse, comme si c'était quelque chose qui pouvait être sniffé, shooté, avalé ou fumé. C'est triste quoique fort compréhensible. Mais je ne voudrais pas leur jeter la pierre : n'importe quelle connexion avec les enseignements sème une graine pour la libération éventuelle de ces personnes. Et, dans une certaine mesure, nous sommes tous ainsi. C'est une chose importante à comprendre.

Il est d'ailleurs toujours mieux de se considérer comme partie d'un continuum comprenant ces gens qui semblent si dysfonctionnels spirituellement. J'ai moi-même été très content de ne faire que demeurer dans un état de félicité ! Mais s'il existe une véritable dévotion envers le Lama, alors quelque chose de réel doit se passer en termes de pratique. Sinon, c'est une lamentable perte de temps.

3
Irridescence Primale

Si nous parvenons à entrer dans l'état vide, la complexité du khyil-khor remplace la complexité de notre obscurcissement. Les configurations torturées de notre frustration sont remplacées par le miroitement iridescent du khyil-khor. Au seuil de cette expérience, on comprend quelque chose d'extrêmement puissant : notre complexité n'est qu'une distorsion de l'énergie de notre éveil. Ainsi l'apparition du khyil-khor devient une expérience transformatrice.

L'idée d'existence et de non-existence est peut-être plus facile à comprendre que celle de sphère d'énergie. Etre ou ne pas être là est quelque chose de clair, de noir ou de blanc. Ou il y a quelque chose, ou il n'y a rien. Mais la sphère d'énergie – le champ d'iridescence primale – n'est ni noire ni blanche: son spectre lumineux est sidérant. Son origine est le vide, son apparence *l'essence non substantielle* de tous les phénomènes. Mais sans l'expérience du vide, la sphère visionnaire du long-ku ne peut être comprise – à moins qu'elle ne nous touche par notre inspiration.

Pourtant la connaissance de la sphère visionnaire de l'expérience est en chacun de nous. Nous pouvons y accéder grâce aux pratiques de shi-nè et de lha-tong. La sphère visionnaire est aussi appelée « sphère d'énergie » parce que le long-ku n'est pas seulement une sphère de vision intérieure mais aussi de sonorité intérieure.

Le mot visionnaire décrit ici un processus se déroulant hors des manipulations de l'intellect. Le long-ku est donc à la fois une sphère de sensations et de significations. La pratique du Tantra consiste à utiliser ces expériences énergétiques comme point focal de la pratique.

Le shi-nè est la première méthode de pratique spirituelle. Le mot « shi-nè » signifie « demeurer non-impliqué » – non-impliqué dans le processus de la pensée. C'est le moyen par lequel nous parvenons à comprendre que la nature de l'Esprit est autre chose que les pensées et impressions qui en émanent. Le Tantra est fondé sur l'expérience du vide, et le vide est le but de la pratique de shi-nè. Avant de recevoir des visions, de les expérimenter ou de les utiliser, il est essentiel de cultiver notre capacité à « voir », à demeurer dans l'état vide. Si nous ne pouvons demeurer dans l'état vide de l'Esprit, nous ne pourrons jamais devenir conscient de la nature visionnaire de la réalité. Le shi-nè est donc essentiel à l'approche de la pratique du Tantra.

Pratiquer shi-nè implique de lâcher les processus de pensée. Nous laissons nos pensées apparaître et disparaître sans les manipuler. *Nous laissons aller et nous laissons être* : nous abandonnons nos habitudes référentielles. Nous déprogrammons notre tendance à croire que « je pense donc je suis ».

Un des aspects fondamentaux de toutes les traditions Bouddhistes consiste à poser la question suivante : « Je ne pense plus, alors quoi ?

Quelle est cette expérience dans laquelle il n'y a pas de définition de mon être ? ». En persévérant nous découvrons une série de mécanismes cachés qui génèrent de la pensée afin de nous prouver que nous existons.

Le bourdonnement incessant de pensées que nous fabriquons constamment, avec leurs couleurs, textures, motifs et nuances émotionnelles, nous sert à créer une surface artificielle sur laquelle nous nous appuyons pour faire face à toutes les expériences qui surgissent.

La pratique de shi-nè nous permet de découvrir qu'il est possible d'abandonner cette habitude pendant un certain temps. Ce n'est pas facile du tout, mais ce n'est pas hors de portée de quiconque désire sérieusement appréhender la nature de l'expérience visionnaire.

Il n'y a rien de mauvais en soi dans la nature de la pensée – c'est notre addiction à penser qui est débilitante. La vitesse névrosée de la pensée crée une sorte d'écran qui nous empêche de voir. Nous nous accoutumons à cette vitesse et perdons ainsi notre capacité visionnaire. Nous croyons vraiment « je pense, donc je suis ». Nous devenons incapables de percevoir ce qui est hors du domaine de la pensée. Nous filtrons toutes nos expériences à travers la pensée, et nous nous empêchons de percevoir certaines choses. C'est un peu comme si nous étions dans un vaisseau spatial, avec la possibilité de voir des choses incroyables à travers les hublots. Mais au lieu de profiter de la vue, nous obstruons les hublots, et nous ne voyons plus rien.

Essayons une autre analogie. Supposons que ces hublots soient à double usage, servant à la fois de hublots et de télévisions : un interrupteur permet de passer d'une fonction à l'autre.

Nous aurions oublié l'existence de l'interrupteur : les « télévisions » de nos esprits nous occuperaient alors continuellement et nous aurions perdu la faculté de voir l'infini à travers les hublots.

La pratique du lha-tong, qui signifie « voir plus loin », consiste à percevoir au travers du hublot en mode « fenêtre », sans tenter d'en faire à nouveau un écran de télévision. Cette pratique permet de laisser les pensées (le contenu mental) ré émerger pour trouver la présence de notre conscience dans le *mouvement* plutôt que dans le *contenu*. Nous participons ainsi totalement à la vraie texture du moment. Ces deux méthodes nous ouvrent la sphère du Tantra, et nous approchons la possibilité de revêtir le corps de visions.

L'expérience du vide nous permet de recevoir une transmission d'un Lama qualifié. Un Lama qualifié est un être remarquable, capable de nous introduire à la nature de la dimension visionnaire. Cette introduction est indispensable pour actualiser cette dimension : c'est à travers la transmission qu'une connexion avec les nombreuses méthodes visionnaires s'établit. Mais avant de parler de la nature de la transmission et du mode de fonctionnement d'une communication aussi spectaculaire, nous devons comprendre le contexte qui rend possible la transmission de la vision.

Le contexte de la vision est le vide. Le vide primal de l'Esprit éveillé est la source de toute vision. Nous reviendrons encore et encore à cette idée du vide, sinon le concept d'expérience visionnaire peut être très mal compris. Selon le Tantra, la nature de la vision est issue des cinq éléments : terre, eau, feu, air et espace.

Ces éléments essentiels sont le jeu du vide : ils émergent du vide et s'y dissolvent à nouveau. La vision est l'interaction des cinq éléments, éléments qui se présentent comme la manifestation de la compassion et de la sagesse.

La sagesse et la compassion sont l'aspect humain du vide et de la forme. Le vide est la sagesse et la compassion active la forme.

Le vide et la forme, nature essentielle non duelle, sont la *danse de la réalité*, et constituent le matériau brut, la source primale, de la vision. Le vide engendre le jeu des éléments. Chaque configuration qui émerge spontanément de cet espace est une communication, une méthode auto existante à travers laquelle notre nature intrinsèque peut être appréhendée. Une telle configuration des éléments peut être appelée une image de conscience : un reflet nous permettant de faire l'expérience de l'espace illimité de ce que nous sommes.

Nous parlons ici de chaos et d'ordre. Quand nous parlons de configurations qui surgissent spontanément de l'espace, nous parlons de symbole. L'image de conscience, ou l'être de conscience, est un symbole : l'ordre se manifestant à partir du chaos, la configuration surgissant de l'espace primordial. La nature de la pratique Tantrique est de percevoir cette émergence de configurations d'éléments à travers le médium du symbole, car les symboles utilisés émergent eux-mêmes spontanément. Un symbole est communicatif et instructif parce que sa nature même nous parle de sa manière d'apparaître.

L'espace primordial est la source de tous les phénomènes, on le reconnaît comme le jeu des éléments.

Ce jeu des éléments est le long-ku, la sphère d'énergie, la sphère de vision ; elle est le pont entre le vide et la forme.

C'est l'énergie de leur séparation apparente, et l'énergie de leur danse non divisée. Quand nous entrons dans cet état et rallumons la transmission que nous avons reçue, alors la transformation devient possible. La nature puissante et subtile de la vision nous permet de dissoudre notre conditionnement dans le vide.

Quand nous entrons dans la sphère d'énergie à un niveau expérimental interne, nous entrons dans un monde de flux de lumière et de son, dans lequel il existe un potentiel de changement personnel profond. Cette expérience peut bouleverser notre façon habituelle de comprendre le monde.

En termes de pratique, la sphère visionnaire rend la séparation entre l'état éveillé et non éveillé de plus en plus ténue. Il n'y a en réalité aucune séparation, la division apparente provient de nos subtiles habitudes de manipulation. C'est là la véritable puissance du Tantra : nos habitudes manipulatrices sont entraînées dans des régions de l'expérience où elles ont de plus en plus de mal à se maintenir. Ces régions constituent le spectre multicolore de la vision intérieure, dont la splendeur annihile nos concepts personnels habituels. Nos concepts dualistes se dissolvent dans la splendeur des visions dont nous nous revêtons. Nos habitudes perceptuelles sont temporairement incapables de maintenir une existence cohérente devant la beauté sidérante des visions Tantriques.

C'est pour cette raison que le langage utilisé pour décrire les visions est souvent appelé « langage du crépuscule ». Les explications du Tantra ne peuvent être que poétiques.

Le langage conventionnel n'arrive pas à contenir la signification de l'expérience Tantrique. C'est pourquoi cette pratique est si puissante et traitée avec un si profond respect par les Lamas qui pratiquent et enseignent ces méthodes.

Il est en effet impossible d'approcher le Tantra comme une simple marchandise du supermarché spirituel. Les méthodes du Tantra émanent toutes d'un contact direct avec la sphère long-ku de l'expérience. Et le Lama en est le guide indispensable si vous voulez éviter la folie.

Examinons à présent la signification de *khyil-khor*, un des aspects du Tantra qui a été très mal compris. Le khyil-khor, l'iridescence primale ou mandala, est le jeu des cinq éléments. L'idée de mandala est assez connue, ce qui peut faire obstacle à la compréhension. Les gens voient là une sorte de cercle magique ou de dessin géométrique complexe fait de carrés et de cercles concentriques. D'habitude, les mandalas sont soit considérés comme un mystère insondable soit simplifiés à l'extrême, devenant de simples « aides » à la méditation.

Ces deux perspectives ont été maintes fois explorées, et, quelle que soit l'érudition de leurs auteurs, cela n'a fait qu'aider les gens à passer complètement à côté. Il est vain de vouloir échapper à la complexité des mandalas en les considérant comme un mystère. Les pratiques Tantriques qui utilisent des khyil-khors complexes nécessitent, il est vrai, l'effort d'une étude approfondie. Mais il est également inutile de simplifier artificiellement les mandalas en en faisant une sorte de divertissement visuel pseudo spirituel. La simplicité ne peut être atteinte ainsi.

Les pratiques du Tantra n'utilisent pas toutes des khyil-khors complexes. La simplicité ou la complexité dépendra des besoins de l'individu qui pratique, mais aussi de la tradition à laquelle il appartient. Quelle que soit leur complexité apparente, ces khyil-khors représentent toujours le jeu des cinq éléments.

La complexité n'est en fait que le reflet de la complexité de ceux qui les pratiquent, notre complexité d'êtres non éveillés.
En entrant dans l'état vide, la complexité du khyil-khor remplace la nôtre. La configuration torturée de notre frustration est remplacée par le miroitement iridescent du khyil-khor.
On comprend ici quelque chose d'extrêmement puissant : notre complexité n'est que la déformation de l'énergie de notre éveil. Ainsi l'apparition du khyil-khor devient une expérience transformatrice.

L'apparence *est* la méthode. L'apparence est la nature libérée de ce que nous sommes. Quand nous devenons cette apparence en laissant de côté notre propre version de ce que nous croyons être, nous nous ouvrons à des possibilités infinies. Le khyil-khor est la base à partir de laquelle toutes nos potentialités émergent. Cette base est la couche auto lumineuse de la créativité. Une matrice de créativité composée des cinq éléments surgit spontanément du sol vide de l'existence, exposant ainsi les qualités illimitées de l'éveil.

Le temps et l'espace apparaissent avec les éléments. Des coordonnées se mettent en place dès que des choses apparaissent dans l'espace primal: « Ceci est ici, cela est là. Je regarde ceci puis je regarde cela. Je vois ceci devant cela. Je fais l'expérience des choses en séquence. »

Quand rien n'émerge de l'espace primal alors le temps et l'espace cessent d'exister. Ces termes n'ont alors plus de sens. Ce sont donc les éléments qui créent les directions – chacun des cinq éléments selon sa propre nature. Le temps, lui, apparaît grâce à leur diversité interpénétrante.

Dès que les différences existent, les configurations aussi, comme interrelations entre les différents champs qualitatifs.[1] Ces champs qualitatifs sont la présentation naturelle des éléments, la source intangible de tous phénomènes tangibles. Le temps, dans cette perspective visionnaire, est un flux qui relie entre eux des points focaux d'expérience tangibles et intangibles. Une configuration fondamentale se dessine.

Cette configuration est l'irradiation des qualités manifestes des cinq éléments.

---

1   Le mot « qualité » dans ce contexte signifie caractéristique, attribut, ou élément. Un champ qualitatif est donc un ensemble d'attributs.

Chaque élément, dans l'expérience visionnaire, est manifesté à la fois comme direction et comme période temporelle. Ces qualités communicatives émergent spontanément selon la nature aspectuelle de cette performance fondamentale.

L'élément espace apparaît à la fois en position centrale et périphérique. Il peut sembler étrange que l'espace, l'élément qui permet aux éléments de se manifester, soit lui-même un élément. Mais c'est là un aspect crucial de l'enseignement du Tantra. L'espace apparaît en tant qu'élément au sein de lui même, et ceci est la base de l'être. Nous existons en tant qu'espaces de conscience individuels, l'espace de l'Esprit au sein de l'espace de la réalité.[2]

Ceci est la réalisation Tantrique. En tant qu'êtres, nous sommes des espaces individuels au sein de l'espace primal. Les éléments animent la danse indivisible de la réalité à l'intérieur de ces espaces. Il existe deux khyil-khors, le khyil-khor d'espace intérieur et le khyil-khor d'espace extérieur.

Entre les deux s'opère un échange d'énergie continuel : l'énergie de notre éveil ou la friction apparente de notre confusion. Dans la condition duelle, les khyil-khors intérieurs et extérieurs paraissent divisés et nous semblons séparés du monde phénoménal. En réalité il est impossible de parler du khyil-khor extérieur comme si le khyil-khor intérieur était quelque chose de différent : cela ne se passe pas en dehors de nous; cela semble seulement ainsi dans une perspective duelle. Dans la condition duelle, l'iridescence primale ne semble être que le monde solide des formes. Quand l'iridescence primale de notre être reste cachée au sein du monde matériel, elle engendre une expérience dérangeante. La danse du monde phénoménal n'est plus ludique, tout semble dense et impénétrable.

---

2   Chö-ku ou dharmakaya – le potentiel vide de l'être, et Chö-ying ou dharmadhatu – le potentiel vide de l'existence.

Une histoire de Jétsun Milarépa, le grand yogi poète du Tibet, illustre bien ceci. Un « grand » professeur défia un jour Milarépa en un débat intellectuel. Il lui laissa le choix du sujet de débat. Milarépa lui répondit de choisir le domaine qu'il voulait, le sujet importait peu.

Milarépa n'excellait dans aucun thème particulier, sa connaissance était unifiée avec l'espace ; et dans ce cas, choisir un sujet de débat n'a aucun sens.

L'érudit en conclut qu'il vaincrait facilement Milarépa au moyen de la philosophie Madhyamika, philosophie qui établit la nature vide de tout phénomène et la nature vide du soi.

L'érudit commença ainsi: « Ce rocher a t-il de la solidité ? » (les érudits posent souvent ce type de questions, jugeant ces choses importantes). Il imaginait que Milarépa ignorerait l'analyse logique se rapportant à ces questions.

Il fut donc légèrement surpris et quelque peu déconcerté quand Milarépa lui répondit : « Non ». L'érudit ne se découragea pas : « Mais c'est absurde ! Voyez vous-même ! » et il tapa le rocher avec son bâton pour prouver qu'il avait raison. Milarépa, lui, passa simplement la main au travers du rocher comme s'il n'était pas là et répondit : « Je n'ai aucune raison de croire en l'existence de ce rocher. »

L'érudit fut très frappé par les pouvoirs de Milarépa, mais son arrogance reprit vite le dessus et il conclut que ce devait être un trucage. Il passa sa main dans l'air et demanda « Cet espace a t-il de la solidité ? ». Milarépa répond « Oui », et frappe l'air si violemment avec le bâton du professeur que l'homme dut se couvrir les oreilles pour se protéger du bruit assourdissant. L'érudit se rendit compte qu'il avait fait erreur en défiant

Milarépa dans un débat intellectuel. Il fut d'autant plus impressionné que Milarépa ne semblait n'accorder aucune importance au fait d'avoir « gagné ». Pour un yogi tel que Milarépa il n'y a pas grand intérêt à « battre » un adversaire, ni d'ailleurs à débattre, pour commencer.

Le siddhi de « n'avoir rien à prouver » est souvent la démonstration la plus impressionnante de réalisation.

Chhi-'mèd Rig'dzin Rinpoche a des capacités extraordinaires, mais elles sont rarement visibles. Il ne fait jamais l'étalage de ses phénoménaux pouvoirs de mahasiddha, à moins de pouvoir ainsi aider des gens. Sa capacité de contrôle des phénomènes météorologiques est bien connue, mais je ne l'ai vu l'utiliser ses pouvoirs que si des gens en ont besoin. Sa clairvoyance est évidente, il sait ce qu'il se passe dans différentes parties du monde et l'a démontré à maintes reprises.

Quand des bagages étaient perdus lors de nos retours d'Inde, il savait invariablement comment orienter les recherches. Lorsque quelqu'un fait un commentaire sur ces pouvoirs il répond toujours « ceci n'est pas moi, c'est la bénédiction de Padmasambhava. » En ce qui le concerne il n'y a vraiment aucune barrière à la perception en termes de temps et d'espace.

Les yogis de sa stature sont rares dans le monde d'aujourd'hui. Lorsque j'enseigne, je me souviens toujours que je lui dois mon pouvoir d'expression.

La base de tous siddhis, ou pouvoirs, est la capacité de laisser nos khyil-khors intérieurs et extérieurs s'unifier. Si nous comprenons ceci, la démonstration de Milarépa n'a rien de miraculeux. En partant de la base d'expérience de notre pratique il n'y a rien que nous ne puissions comprendre. Nous existons au sein de ce continuum. Rien ne nous sépare des grands yogis et yoginis, à part nous-mêmes et notre étrange idée de séparation.

La configuration d'un khyil-khor comprend couleurs, directions, qualités et temps. L'élément terre apparaît au sud, l'eau à l'est, le feu à l'ouest, l'air au nord, et l'espace au centre et à la périphérie.

Chaque élément a sa couleur : la terre est jaune, l'eau blanche, le feu rouge, l'air vert et l'espace bleu. Ce sont les couleurs prédominantes dans l'imagerie de conscience tantrique. Ces peintures appelées *thangkas* sont maintenant bien connues en Occident. Qu'elles dépeignent les attributs complexes de khyil-khors ou les formes également complexes d'êtres de conscience, il s'agit en réalité toujours du jeu primal des cinq éléments à travers la couleur, la forme et le dynamisme du style symbolique.

Cette quintuple nature de l'enseignement tantrique est reflétée à tous les niveaux du Bouddhisme. Dans les enseignements soutriques il s'agit des cinq skandhas. Dans les Tantras extérieurs il s'agit des cinq familles de Bouddhas. Dans les Tantras intérieurs il s'agit de la danse des khandros et des pawos.

Dans les enseignements du Dzogchen il s'agit des cinq éléments. Les cinq familles de Bouddhas et les cinq pawos et khandros sont des méthodes visant à nous transformer au travers de la nature de la réalité visionnaire.[3] C'est ce processus que j'appelle revêtir le corps de visions.

---

3   Les cinq skandhas sont l'approche soutrique de la compréhension de notre condition dualiste. Cette approche fonctionne au niveau de l'intellect. Les cinq éléments sont l'approche dans l'enseignement du Dzogchen. Cette approche fonctionne directement par la nature des éléments eux-mêmes.

Questions Réponses

Q Rinpoche, pourriez-vous nous dire à quoi sert le khyil-khor, comment il opère dans notre vie de tous les jours ?

R Merci de cette question. Il est important d'avoir une interface entre la vue Tantrique et le monde de tous les jours. C'est là que commence la pratique.

Le khyil-khor est un moyen d'orientation. Il s'agit d'être connecté à l'environnement et conscient des subtilités et des nuances de votre situation. Le phénomène du khyil-khor est d'ailleurs présent que vous le perceviez ou non, que cela vous plaise ou non. Mais la magie du khyil-khor commence à opérer au niveau de vos sens quand le principe est reconnu: vous commencez alors à vous sentir vraiment vivant ! L'arbre sous lequel nous sommes assis est vivant ; ses feuilles font de la photosynthèse en ce moment même. Cet arbre est ici depuis longtemps, il connaît la terre. Nous sommes ici en ce moment, prêtant attention à tout ceci et existant en la présence de tout ce qui se passe. Il ne s'agit pas d'hypersensibilité ou d'omniscience, c'est plutôt que nous commençons à sortir du cocon de notre auto orientation.

Le khyil-khor c'est aussi l'impression que tout peut être vu comme la radiance de notre perception, et que nous participons simultanément à la radiance de tout le reste. Par une sorte de vacillement, nous pouvons instantanément passer de l'existence à l'inexistence. Cet arbre peut être le centre de l'univers et nous-mêmes pouvons être le centre de l'univers : les deux perspectives sont à la fois justes et illusoires.

Le principe de khyil-khor disparaît complètement lorsque nous vivons à l'intérieur de notre crâne, le corps servant de sonde spatiale collectant des informations et les ramenant au cerveau ; une sorte de bureau central d'ajustement administratif. C'est pourquoi la forme du khyil-khor n'est pas rigide : le centre et la périphérie changent de place tout le temps. « Là dedans » et « là dehors » n'est qu'un style d'orientation – de plus, très contraignant.

Q Comment faire? Comment permettre ce changement entre centre et périphérie ?

R Il s'agit surtout de se détendre. Ce n'est pas très difficile. La pratique de shi-nè est la meilleure façon de laisser ce changement se produire ; mais en même temps, soyez conscient qu'il y a une alternative possible : votre propre position n'a pas toujours besoin de dominer. Essayez de faire l'expérience de vous même en tant que périphérie de ce que vous percevez. Regardez cet être en forme de mouton là bas... voyez comme tout semble irradier autour de *lui* plutôt qu'autour de *vous*. Puis observez comment *il* est un aspect du monde dont *vous* êtes le centre. Puis... faites des allers retours.

Q Mais ça ne serait pas un peu bizarre ?

R C'est à espérer !

Q Non, je veux dire, ça ne rendrait pas la vie dans le monde un peu difficile ?

R C'est ce que nous pensons...

Q Et ce n'est pas vrai ?

R Qu'en pensez vous ? Pourquoi pensez vous que cela rendrait votre vie dans le monde difficile ?

Q C'est que... Je ne sais pas comment commencer...

R Peut être est-ce un sentiment ?

Q Oui.

R Alors vous devez trouver la philosophie ou les spéculations cachées derrière ce sentiment.

Q Comment ?

R Vous êtes psychologue non ?

Q Oui…

R Alors je suggère que vous demeuriez avec ce sentiment.

Q (Rires) Oui, je suppose que ce serait une bonne idée.

R Demeurez avec ce sentiment un moment et dites moi quelles impressions apparaissent.

Q …Eh bien, il semble y avoir l'idée de ne pas être vraiment dans mon corps, de perdre contact avec le sol. L'impression qu'on pourrait prendre le pouvoir sur moi ou quelque chose… cela n'a pas beaucoup de sens en fait. Il semblerait que j'aie peur d'entrer dans une réalité dont je ne puisse m'échapper.

R Cela ne vous pousse pas à poser une autre question ?

Q Si, mais elle n'est pas très intelligente…

R Elle n'a pas besoin d'être intelligente !

Q Bon, tant mieux alors… mais est ce que cela peut vraiment arriver ?

R C'est déjà arrivé ! C'est la signification de *khor-wa* ; l'état non éveillé. Si cette idée de vacillement ne vous rendait pas un peu nerveux, vous auriez un problème, dans la perspective où vous vous croyez non éveillé. Quand nous nous engageons dans une pratique qui menace notre sentiment d'orientation individuelle, une impression de peur apparaît. Ainsi qu'un certain ébahissement intellectuel, en ce qui concerne les occidentaux ; mais ça c'est en fait un avantage…

Q Pourquoi est-ce un avantage ? L'ébahissement n'est il pas une caractéristique de la névrose associée à l'élément espace ?

R Oui, c'est vrai. J'utilise le mot ébahissement pour décrire ce type de névrose. Mais dans ce contexte là, je l'utilise pour parler de méprise à l'égard de notre nature primale : notre ébahissement primal si vous voulez. Mais ici je parle du bon vieil ébahissement de tous les jours, lorsque nous pataugeons dans une zone trop vaste pour l'intellect. Ce genre d'ébahissement nous aide à apprécier les enseignements, car il nous montre clairement que l'intellect est très limité. Et qu'il doit être abandonné à ce moment-là.

Q Comment pose t-on des questions alors ? Quand je cherche à mettre mon sentiment en mots, et à découvrir ma philosophie sous-jacente, vous me demandez bien d'utiliser mon intellect, non ?

R Bien sûr. Et ce n'est pas un problème. L'intellect est une fonction que vous avez, et c'est lui qui génère votre sentiment de malaise à propos de la perte d'orientation. Cependant, laisser l'intellect fonctionner n'est pas forcément la même chose qu'être capable de comprendre ce qui se passe ! L'intellect n'est pas toujours capable de se comprendre lui même. Il génère beaucoup de choses, y compris des paradoxes – et parfois des absurdités.

Mais nous pouvons travailler avec, cela permet d'explorer la sensation d'exister moment par moment, si nous sommes en situation d'enseignement.

Q Et si on ne l'est pas ?

R Vous l'êtes toujours de façon ultime. Mais de façon relative, quand vous ne l'êtes pas – alors faites bien attention !

Rappelez-vous seulement que l'intellect est un outil : un outil très utile mais qui ne peut pas résoudre de problèmes en dehors de son champ d'application. Et son champ est assez limité. Il peut pointer ce qui le dépasse, mais en ce qui concerne les enseignements, il ressemble plus à une clé à molette qu'à quelque chose nous permettant de découvrir notre clarté innée.

Si vous comprenez ceci, vous saurez vous rendre compte des moments où l'intellect est dépassé. Vous pourrez donc vous servir de l'intellect comme d'un plongeoir, et vous envoler dans le ciel de l'expérience.

Q Pourriez vous en dire plus sur le khyil-khor et la direction des couleurs ? Dans le Bardo Thödröl[4] le blanc apparaît dans la position centrale et le bleu à l'est. Cela semble différent de la façon dont vous le décrivez.

R N'importe quelle couleur peut être en position centrale. Cela dépend de l'être de conscience principal de la pratique. Comme je l'ai dit, le khyil-khor est fluide, ce n'est pas une structure fixe. Souvenez-vous, le khyil-khor est un *moyen* de pratiquer et pas une affirmation de la réalité ultime. C'est un moyen par lequel la réalité ultime peut être expérimentée.

La configuration que j'ai décrite, avec le bleu au centre, est la configuration fondamentale des éléments utilisée dans l'enseignement du Dzogchen. Dans le Tantra, en revanche, on trouvera un être de conscience ou une déité de méditation spécifique à chaque pratique. L'agencement des couleurs du khyil-khor dépendra donc des associations élémentaires qui concernent cet être de conscience. Par exemple, si c'est Seng-gé Dongma, l'agencement sera celui que j'ai décrit. Seng-gé Dongma est bleue, et le bleu sera donc au centre du khyil-khor.

---

4   Le livre Tibétain des morts.

En revanche, s'il s'agit de Guru Drakpo, une forme de yidam courroucée de Padmasambhava, rouge, il sera au centre et le rouge étant la couleur de Guru Drakpo, le bleu la remplacera à l'ouest du khyil-khor.

Dans le Bardo Thödröl, le principal être de conscience du khyil-khor est blanc et le blanc se trouve donc au centre du khyil-khor. Ainsi, le bleu, habituellement au centre, se retrouve à l'est.

C'est simple : n'importe quelle couleur centrale, à part le bleu, pourra changer de place avec le bleu.

Le bleu est la seule couleur qui peut être trouvée dans n'importe quelle position du khyil-khor. L'espace est bleu et l'espace est partout. Les couleurs verte, rouge, blanche et jaune apparaîtront dans leurs directions cardinales, ou seront au centre.

Q Donc… quand une de ces couleurs migre vers le centre, le bleu prend sa place ?

R En effet. Pas si compliqué tout compte fait.

Q Oui… mais j'ai une autre question – j'espère que ça ne vous dérange pas ?

R Pas du tout ! Tout le plaisir est pour moi.

Q La déité blanche n'est elle pas en général en haut du mandala ? Au nord plutôt qu'à l'est ?

R Oui, ça c'est la tradition tibétaine. Les Tibétains mettent l'est vers le haut du plan alors que nous y mettons le nord. J'utilise en général le système occidental, c'est plus familier.

Q Mais cela ne serait pas une bonne idée que les gens apprennent les directions telles qu'elles sont données dans les enseignements ?

R Pourquoi ?

Q Pour casser notre habitude conceptuelle des directions cardinales ?

R Cela pourrait être un bon exercice de se réorienter ainsi. Mais ce n'était pas l'idée au Tibet. L'idée était d'utiliser une réalité connue. L'idée était que le khyil-khor se reflète dans tout : dans l'ordinaire et dans l'absolument non ordinaire.

Il serait donc complètement inutile de tenter de se réajuster au concept tibétain des directions cardinales. Si ces enseignements doivent s'établir en Occident, je pense que l'on peut se permettre quelques petites modifications… Et surtout, avoir l'air en haut et la terre en bas semble mieux marcher qu'avoir l'eau en haut ! Mais peut être que non !

Après tout nous sommes dans le Pays de Galles et il pleut souvent ici !

Je suggère que vous utilisiez la méthode que vous trouvez utile. Ce qui est important c'est que vous puissiez vous en servir. Cela doit devenir personnel et vous devez pouvoir le voir dans votre vie de tous les jours. D'une certaine façon cela doit devenir extrêmement ordinaire. Si cela ne devient jamais ordinaire cela ne peut jamais devenir profond.

Le profond doit devenir ordinaire afin que l'ordinaire puisse devenir profond. Ainsi, tout devient ordinaire, et tout devient profond. L'ordinaire devient profondément ordinaire, et le profond devient naturel – ordinairement profond. Nous avons notre propre culture ici; et elle n'a rien de si terrible qu'on ne puisse en conserver la position des points cardinaux !

Q Je peux comprendre que le feu soit rouge et l'espace bleu, mais je ne comprends pas la signification des autres couleurs. Vous pourriez expliquer?

R En fait… il n'y a rien à comprendre. En fait si vous tentez de comprendre vous trouverez tout cela assez vide.

Q Vide ?

R Oui.

Q Hein ?

R Vous devez toujours vous rappeler de la danse du vide et de la forme. C'est fondamental. Si vous n'interagissez avec le Tantra qu'à travers l'intellect, vous ne l'aborderez que par l'aspect de forme de votre perception. Si vous oubliez la partie vide, l'aspect intuitif, le Tantra manifestera son aspect vide sous forme d'incompréhension.

En revanche, si avez une relation ouverte avec le Tantra, sans être fixé par une forme particulière, le Tantra manifestera sa forme comme signification directe ! Ou pour le dire autrement, ce symbolisme n'est pas une structure codifiée avec laquelle vous devez interagir. Il n'est pas important de comprendre le Tantra intellectuellement.

Cela n'aurait aucune importance si l'eau était rose ou l'espace vert. Ce qui compte c'est que cette matrice symbolique provient de visions.

Personne n'a inventé le Tantra. La nature de ce symbolisme n'est même pas créée de façon spirituelle. Il émerge spontanément dans le continuum éclairé de l'Esprit. Il émerge de l'Esprit de grands maîtres tels Padmasambhava et Yeshé Tsogyel. Ce symbolisme est auto créé. Il se crée lui même, de lui même. On ne peut donc pas l'étudier.

Aucun texte ne vous permettra de découvrir la raison pour laquelle l'air devrait être vert. Il n'y a pas de réponses à ces questions.

Quand nous parlons des éléments, leurs équivalents physiques n'en sont qu'un aspect. La réalité concrète de la terre, de l'eau, du feu, de l'air et de l'espace sont seulement un niveau de réalité.

Les éléments existent au niveau de nos corps, de nos émotions, de notre intellect et en tant qu'essences intangibles.[5]

Pour ce qui est de l'élément air qui est vert, on peut trouver d'autres correspondances. Dans un style dualiste réduit, l'air est connecté à l'envie, la suspicion, la jalousie. Ne dit-on pas être vert de jalousie ? Et l'élément eau est connecté à la colère, ne dit-on pas que les gens sont blancs de rage? Il y a bien évidemment une certaine corrélation à ce niveau là. Mais il est futile de tenter de valider le Tantra de cette façon. Cela n'a pas de sens.

Q Merci, c'est vraiment clair maintenant. Mais est-ce que cela s'applique aussi aux déités, cette idée de ne pas tenter de comprendre ?

R Avant d'entrer sérieusement dans la pratique du Tantra il faut avoir l'expérience du vide, l'état non conceptuel.

Sans cette expérience vous ne pouvez qu'essayer de comprendre. Mais dans l'état libre de concepts, les concepts de comprendre ou ne pas comprendre n'existent pas. Si vous essayez de comprendre vous avez quitté l'état vide. Vous êtes revenu dans le domaine de l'esprit conceptuel.

La transformation ne peut fonctionner que si elle se déroule dans l'état vide.

Q Rinpoche, que voulez vous dire quand vous dites que l'apparence des déités est spontanément communicative ou instructive à cause de la façon dont elles apparaissent?

R La nature d'un symbole, ou d'un être de conscience, est d'apparaître spontanément. Ce qui apparaît spontanément n'est pas conditionné par la dualité. Ainsi, ces symboles, ces déités ou êtres de conscience, communiquent la qualité de non dualité.

---

5   Thig-lés en Tibétain, Bindu en Sanskrit. Les essences intangibles des éléments. Dans la pratique Dzogchen du Togal, nous découvrons le niveau d'expérience où ces essences énergétiques manifestent sous la forme de l'essence des éléments.

C'est un peu comme être avec quelqu'un qui est heureux. Il n'a pas besoin d'essayer de vous rendre heureux pour que vous commenciez à l'être aussi. Naturellement vous devez y être ouvert, tout comme vous devez abandonner les concepts afin que la vision de l'être de conscience puisse émerger au sein de votre expérience.

Q Vous avez dit qu'entrer dans la sphère de vision pouvait être une expérience choquante en termes de transformation personnelle, et changer la façon dont nous concevons habituellement le monde. Pourriez-vous donner un exemple de ce type de changement ?

R Ça n'aurait pas beaucoup de sens. Un exemple devrait être précis, donc il faudrait que j'invente quelque chose. Je pourrais raconter l'expérience d'un de mes disciples, mais ce pourrait être inutile en ce qui concerne votre propre réalité.

Je ne puis que parler du cadre abstrait dans lequel le processus se déroule. Si vous pouvez relâcher vos points de référence et vous identifier complètement à l'être de conscience, alors cette expérience va naturellement transparaître, même quand les structures habituelles de votre dualité reviendront. En fait, vous devriez pouvoir vous voir un instant tel que l'être de conscience vous verrait. Vos pourriez apercevoir l'absurdité monumentale de vos structures dualistes. Un changement serait inévitable. Ce serait comme trouver votre partenaire au lit avec votre meilleur ami, cela changerait sans doute votre relation.

Donc... se voir en train de générer sa propre confusion au moyen des configurations absurdes du samsara changera votre rapport avec celles-ci.

La configuration de votre confusion aura une certaine *transparence* dans les dernières lueurs de l'expérience visionnaire, rendant alors certains changements inévitables ; vous ne pourrez plus prendre ces tendances habituelles tout à fait au sérieux.

Q Vous avez parlé de la possibilité de devenir dérangé à travers la pratique du Tantra si nous n'étions pas guidés par un Lama… Que voulez vous dire par là ?

R Dérangé… (rires) Oui, c'est une possibilité réelle. Mais bon, dans un sens, nous sommes déjà dérangés ; mais nous sommes dérangés selon les paramètres conventionnels de la vision karmique de cette partie du vingt et unième siècle.

Avec le Tantra nous pouvons soit générer de la fierté vajra, soit une sorte de psychose.

La fierté vajra ne consiste pas à entrer dans un monde de fantasmes grandioses, elle est la sensation évoluée de réaliser son potentiel infini à travers les qualités qu'inspire l'apparence de l'être de conscience. Et quand vous êtes guidés par un Lama il y a toujours une gratitude et une dévotion intense, parce que vous savez que tout ce qui arrive est dû à la réalisation de votre Lama. Ainsi, vous ne devenez pas arrogant.

Et parce que cette fierté vajra est avant tout liée à votre capacité à libérer tous les êtres du cycle vicieux du dualisme, vous ne vous coupez pas de votre environnement. La sensibilité à l'environnement et au lama vous permet de garder les pieds sur terre.

Le danger c'est quand vous vous dirigez seul, c'est à ce moment-là qu'il y a une possibilité de psychose ; ou bien une incapacité à fonctionner dans le monde ordinaire. Fondamentalement, ce que j'entends par être dérangé, c'est un état d'esprit où nous « spiritualisons » toutes nos incapacités et imaginons qu'il s'agit de signes de notre « avancement ».

Mais pour vivre dans cette illusion, nous devons nous couper des autres, parce qu'ils nous rappellent sans cesse que nous devenons dysfonctionnels.

Q Pourriez vous nous en dire plus sur la fierté vajra, sur la façon dont ça marche? L'idée que notre nature éveillée puisse être décrite avec une apparence, celle de Padmasambhava ou de Yeshé Tsogyel ?

R La fierté vajra c'est faire l'expérience de nous même *en tant* qu'être de conscience. Cette apparence ne nous conditionne pas.

L'apparence visionnaire de Yeshé Tsogyel est une *communication*, une fenêtre multi-sensorielle sur ce que nous sommes. Vous ne devenez pas Yeshé Tsogyel physiquement, mais son apparence visionnaire devient une clé pour devenir ce que vous êtes réellement.

Vous développez également la capacité à devenir Yeshé Tsogyel pour le bénéfice d'êtres enfermés dans les cycles auto créés du dualisme. Yeshé Tsogyel et Padmasambhava sont des corps de visions que vous pouvez revêtir. Moi, je peux mettre un imper, un Levis et des bottes de cow-boy, mais ces choses ne conditionnent pas pour autant mon apparence. D'une certaine façon tous les êtres de conscience sont pareils et leur essence est identique. Ce sont des méthodes de réalisation. Ils utilisent simplement différentes méthodes de communication au bénéfice d'êtres qui souffrent d'une diversité infinie de formes de confusion.

4

Visualiser

Nous nous interrogeons tous sur notre vie à un moment ou un autre, c'est inévitable. Notre éveil infini scintille continuellement au travers des obscurcissements, c'est irritant car nous avons envie de nous demander ce qui se passe. Cela arrive à différents carrefours de notre vie, et nous sommes alors confrontés au sentiment inconfortable de n'être qu'une sorte de symbole de nous mêmes ; nous ne sommes pas tout à fait certains d'être « vrai »

Revêtir le corps de visions c'est *retourner*; retourner de la singularité du vide à la multiplicité de la forme. Notre pratique de shi-nè nous a permis de sauter dans la vacuité : nous avons abandonné le monde de la forme où nous étions attachés à la multiplicité. Le mot « multiplicité » se réfère à l'expérience de l'interaction avec tout ce que contactent nos sens ; un engagement qui peut être dualiste ou non dualiste. Dans cette expérience, nous nous orientons au gré de nos relations, explorations, de notre créativité, et d'infinies variations possibles.

La « singularité » concerne l'expérience où nous n'interagissons plus. Les champs sensoriels fonctionnent, mais sans commentaire. Le cinéma est ouvert, le film est projeté, mais il n'y a pas de public.

Dans la pratique du shi-nè, on est comme une fusée qui a décollé et doit s'arracher à la force gravitationnelle de la terre. La « fusée » est notre être et la gravité de la terre la force de nos tendances habituelles.

Parler de visualisation sans avoir atteint l'objectif du shi-nè ne sert à rien.

Ce serait comme évoquer les problèmes de réentrée d'une fusée dans l'atmosphère avant d'avoir développé la technologie nécessaire au décollage. La « technologie personnelle » qu'il nous faut pour réussir notre décollage n'est pas facile à acquérir, c'est du travail. Une fusée à besoin d'énormément de carburant.

Un être humain, lui, a besoin d'une quantité importante de méditation silencieuse. Mais une fois le décollage réussi, l'entrée dans la condition vide se produit tout simplement. Quand nous sommes capables de lâcher prise assez longtemps et arrivons simplement à *être*, alors notre gravité personnelle ainsi que le monde de la forme diminuent d'eux-mêmes. Quand ce miracle se produit nous nous rendons compte que *nous* sommes responsables de la gravité qui nous garde cloués au sol.

Étant entré et resté dans l'état vide, il nous faut ensuite revenir au monde de la forme. Nous n'avons pas le choix : le fonctionnement implicite de la réalité fait que la forme émerge spontanément du vide. La forme n'est pas quelque chose de « mal ». Mais ce retour n'est pas sans problèmes si nous revenons également à notre condition dualiste. Même si nous avons appris à nous passer de points de référence, nous continuons, quand nous revenons à la forme, à avoir des problèmes avec elle.

Il y a quelque chose d'apparemment inextricable dans notre rapport à la forme comme perception conditionnée et à la forme comme simple forme. Nous avons appris à lâcher prise, du point de vue de la forme – du monde de la forme. Mais comment appréhender la forme du point de vue du vide ?

Il n'est ni possible ni utile de se réfugier dans l'état vide : ce n'est que fuir la réalité un certain temps, comme dans une cryogénisation pseudo-spirituelle.

Nous grimperions à bord du vaisseau spatial « corps humain » et filerions dans le « vide » interstellaire. Là, nous entrerions dans la chambre de cryogénisation, où nos facultés sensorielles resteraient en suspension, gelées jusqu'à la fin du voyage. Si cela était possible, nous ressortirions exactement dans le même état que quand nous sommes entrés. Ça va si on est prêt à attendre deux cents ans que les conditions changent. Si on veut investir tout notre argent là-dedans dans le but d'en obtenir des intérêts importants. Si on veut changer de façon radicale et fondamentale, il doit se passer autre chose.

Dud'jom Rinpoche racontait l'histoire d'une petite bête tibétaine qui s'appelle « tsi-tsi gomchen ». « Tsi-tsi » signifie rat, et « gomchen » signifie « grand maître de méditation ». Le tsi-tsi gomchen est une marmotte qui hiberne la moitié de l'année. La marmotte pénètre dans son petit trou, mais quand elle ressort six mois plus tard, elle n'est toujours qu'une marmotte. S'isoler dans une grotte de retraite n'a donc rien d'extraordinaire, même une marmotte peut le faire. Si vous entrez en retraite selon la méthode de la marmotte, vous en ressortirez six mois plus tard inchangé.

C'est pareil pour l'état vide. Sans clarté dans l'état vide – sans la présence – tout ce que vous obtenez c'est de vous reposer.

Si vous ne faites que bloquer le processus de pensée, vous tomberez probablement dans un état appelé « shi-nè somnolent ». C'est-à-dire absence de pensées mais aussi absence de conscience : un peu comme un coma. C'est très relaxant mais cela ne vous aide pas à faire face aux phénomènes de votre vie.

Dès que vous retournez dans le monde de la forme (dès que vous quittez la méditation pour revenir à la vie de tous les jours) vous retrouvez vos réactions conditionnées habituelles ; la méditation et la vie quotidienne restent séparées.

Il ne s'agit plus vraiment de méditation mais d'une simple technique de relaxation. Ce n'est pas si terrible, mais il y a des façons plus simples de se détendre. Si votre but est seulement la relaxation comme on la comprend habituellement, alors le shi-nè est la méthode la plus difficile imaginable.

Le shi-nè apporte une relaxation très profonde, mais au prix d'une grande persévérance. Le fruit ou résultat de shi-nè est appelé *né-pa*, ce qui signifie « absence avec présence ». C'est cette absence de pensée, ou de contenu mental, accompagnée d'une présence de conscience, qui marque le début du Tantra. C'est de cette dimension sans références que nous émergeons sous la forme de l'être de conscience.

La forme d'un être de conscience est une méthode de réalisation remarquable et très inhabituelle. Une diversité incroyable de méthodes de visualisation appelées « *yidam* » existent dans les écoles de Tantra tibétain.

« Yidam » peut être traduit par « être de conscience », « être de sagesse », « déité de méditation » ou juste « déité ». Reprenons notre analogie de la fusée pour comprendre la fonction de cette pratique.

Considérons le problème du retour dans l'atmosphère. Comment le vaisseau spatial y retourne-t-il ? Nous avons réussi à partir dans l'espace ; pas de problème pour surmonter la friction ; c'est de moins en moins difficile au fur et à mesure: l'atmosphère se raréfie et la résistance s'amoindrit. La puissance nécessaire au décollage n'est plus nécessaire, car nous avons pris de la vitesse. Mais l'expérience opposée se présente quand nous revenons vers la terre : la friction augmente au fur et à mesure que nous rentrons dans l'atmosphère. Quelque chose doit être fait pour éviter que le vaisseau brûle.

Sinon la chaleur à l'intérieur de l'habitacle serait insupportable pour un être humain. La solution, pour les navettes spatiales, fut la mise au point de tuiles en céramique spéciales qui absorbent la chaleur croissante de la friction.

Le yidam est notre version de ces tuiles en céramique. La forme du yidam absorbe la « chaleur » des points de référence possibles. La « chaleur » est notre tendance habituelle à nous accrocher à des points de référence dès que nous quittons l'état vide.

La forme du yidam nous donne la possibilité d'entrer dans le monde de la forme en *étant* le yidam. Ceci se passe à un niveau intérieur, en méditation. Mais cela se passe aussi en vivant dans le monde selon la « vue » tantrique. C'est ce qu'on appelle *vivre la vue*. Vivre la vue c'est faire perdurer le sentiment d'être le yidam dans tout ce que nous faisons.

Nous faisons ainsi l'expérience du monde comme dimension réalisée du yidam.

Nous *devenons* le yidam pour entrer dans le monde de la forme, en revêtant le corps de visions.

Nous faisons ainsi l'expérience de notre monde visuel comme étant le khyil-khor du yidam. Nous faisons l'expérience du spectre complet des sons comme la formule de conscience du yidam.[1] Notre monde devient la dimension libérée du yidam et nous transformons nos tendances habituelles grâce à la puissance de la *créativité primale*.

---

1 *Ngak* (Tibétain) ou *mantra* (Sanskrit)

Cette créativité primale existe au niveau de l'énergie non duelle : l'efflorescence naturelle de la réalité, l'espace illimité de l'être et l'espace illimité de l'existence.[2] En nous ressentant comme le yidam nous générons un sentiment appelé *fierté vajra*, nécessaire pour que le dynamisme du Tantra soit efficace.

C'est un moyen extraordinairement puissant d'aller au delà des limites étroites de ce que nous pensons être. Une façon d'entrer en résonance avec la grande compassion, l'énergie et la sagesse qui sont la base de notre être.

Comprendre les aspects plus profonds de cette pratique nécessite une compréhension de la nature du symbolisme et du rituel. L'apparence du yidam n'est pas simplement une méthode qui guérit notre addiction à tout ce qui est référentiel.

La forme du yidam est *essentiellement instructive*. En revêtant cette forme nous faisons l'expérience de nous-mêmes dotés de capacités infinies.

La nature infinie de nos capacités infinies est décrite par les nombreuses formes différentes de yidams qui peuvent être pratiquées. Chaque forme représente une approche particulière de l'expérience de l'éveil.

Chaque approche fonctionne selon nos personnalités propres.

Les formes de yidam sont infiniment variées, et de nouvelles formes émergent sans cesse des visions intérieures de grands maîtres tantriques. Chaque forme est dotée d'une signification somptueuse, chaque couleur, expression et nuance expliquée de manière incroyablement détaillée. Chaque image est un portrait merveilleusement complet de l'état éveillé.

---

2   L'espace de l'être est *chö-ku* en Tibétain, (*dharmakaya* en Sanskrit), l'espace de l'existence est *chö-ying* en Tibétain (*dharmadhatu* en Sanskrit).

La puissance de ces images vient de leurs qualités aux facettes nombreuses et exubérantes, constituant la gamme stupéfiante des fonctions du yidam.

Deux formes de confusion prédominent quand on parle de symbole et de rituel. Ils fascinent ou ils repoussent. Quand le symbolisme fascine, il est « collectionné », sans lien avec la pratique spirituelle, ou alors on lui accorde une fonction salvatrice naïve. Ce n'est pas un problème uniquement occidental, les Tibétains en sont victimes aussi. À l'inverse, ceux qui rejettent le rituel et le symbole le font soit parce qu'ils préfèrent une position ultime « au-delà des symboles et des rituels », soit parce qu'ils ne s'intéressent pas particulièrement à la spiritualité. Le symbole et le rituel resteront toujours extérieurs à ceux qu'ils fascinent. Ils tendent à devenir de simples collectionneurs d'objets, d'idées ou de techniques spirituelles.

On m'a un jour raconté l'histoire d'un homme qui collectionnait des épées parce qu'elles étaient le symbole de Jampalyang, l'être de conscience incarnant la qualité éveillée de la sagesse.

Cet homme avait dit qu'en s'entourant de ces rappels puissants de la nécessité de trancher l'illusion, cela l'encouragerait à le faire.

Ce n'est peut-être pas complètement inutile, mais combien d'épées vous faut-il au mur? Doivent-elles être rares et chères ? Une seule ne suffirait-elle pas ? Un couteau suisse ferait peut-être l'affaire ? Mais ce ne serait sans doute pas aussi exotique ou chic !

Les gens naïfs dans leur relation au rituel et au symbole risquent de développer une addiction au soutien offert par leur forme extérieure. Ces pratiquants deviennent de grands perroquets de méditation, récitant de longs textes en tibétain sans l'expérience du vide qui rend possible leur pratique.

Chhi-'mèd Rig'dzin Rinpoche appelle ceci la « méditation du cochon », parce qu'il ne s'agit que de grognements, la tête courbée dans une auge de papiers.

Le problème de ceux qui préfèrent l'attitude ultime ou non duelle—ni rituel ni symbole—est que s'ils ne parviennent pas effectivement à entrer dans la condition ultime non duelle, leur vie spirituelle se meurt. La position non duelle est très bien pour des gomchens, ou pour ceux dont la pratique leur laisse suffisamment entrevoir la condition non duelle. Mais souvent on s'aperçoit qu'en fait ces pratiquants emploient également symboles et rituels. Tant que nous demeurons dans la condition relative nous avons besoin de moyens relatifs pour découvrir notre condition ultime.

La condition relative est la manière d'être qui nous permet d'apercevoir la condition ultime ou non duelle de la réalité ; mais sans pouvoir y rester.

Dans la condition relative, samsara et nirvana sont séparés, l'éveil et l'illusion du non éveil sont séparés.

Les « moyens relatifs » sont des façons de s'en sortir au niveau d'expérience où nous sommes des symboles de nous-mêmes. En ce sens, le non éveil est un symbole de l'éveil. Les moyens relatifs ou symboliques sont « indirects », mais opèrent très efficacement lorsque des moyens directs ne sont pas disponibles. Les moyens directs peuvent être employés seulement quand nous pouvons facilement trouver la condition non duelle ou ultime.

Mais de nombreux gomchens qui pratiquent les moyens directs du Dzogchen emploient également des méthodes relatives lorsque nécessaire.

Les moyens symboliques deviennent souvent nécessaires parce que nos circonstances externes interagissent avec nos circonstances internes. Nous affectons notre monde et sommes affectés par lui. Notre condition relative ne peut jamais être parfaitement contrôlée, mais nous pouvons la travailler de bien des façons.

Le problème de ceux qui ne s'intéressent pas au symbole et au rituel est clair : ils se coupent de méthodes potentiellement utiles. Mais il leur arrive de s'ouvrir davantage et de reconsidérer le bien fondé de méthodologies symboliques quand ils questionnent leurs vies. Nous questionnons tous notre vie à un moment ou un autre, c'est assez inévitable.

Cela arrive dans différentes conjonctures, et alors nous sommes confrontés au sentiment inconfortable de n'être qu'un symbole de nous mêmes ; nous ne sommes pas tout à fait sûrs d'être authentiques.

Nos vies sont pleines de symboles et de rituels, que nous le reconnaissions ou non. Notre structure conceptuelle est un système de symboles codés à travers lequel nous vivons le rituel quotidien de nos vies.

Chaque fois que nous répétons une action, elle devient un rituel. Chaque fois que nous saluons quelqu'un, nous prenons part à un rituel. Si nous examinons notre conduite, nous découvrirons qu'il est impossible de faire quoi que ce soit sans une certaine ritualisation. Nous pouvons tenter d'être spontané, mais y parvenons nous ? Est-ce spontanéité ou simplement impulsion ?

Que nos actions soient répétées bien à l'avance ou qu'elles viennent d'une impulsion immédiate et momentanée ne change pas grand chose en termes de spontanéité. Un acte vraiment spontané ne peut venir que du vide.

La spontanéité n'est pas simplement l'absence de considération pondérée.

Une telle « spontanéité » ne serait que témérité, impulsivité irréfléchie ou réflexe automatique. La vraie spontanéité ne vient que de la vraie liberté. La vraie liberté n'existe que si notre rapport à l'existence ne passe pas par un système de perception codifié à l'avance. La spontanéité est une communication extrêmement directe dans laquelle il n'y ni barrières ni formules préétablies ou d'attentes.

La spontanéité c'est agir dans le moment, avec ce qui existe dans le moment. Sans oublier toutefois de prendre en considération les conséquences futures de nos actes. Parce que la vraie spontanéité est compatissante par nature, les conséquences de tous les actes qui en découlent sont toujours parfaites. Même si le résultat semble imparfait du point de vue de la logique conventionnelle (dans le cas d'êtres piégés dans le dualisme), la réalité est toujours compatissante.

C'est une des choses les plus difficiles à comprendre en ce qui concerne l'activité du Maître Tantrique ou Maître Vajra.[3] La spontanéité est la clarté vide qui accepte tout ce qui est perçu sans en être conditionné.

Notre situation humaine est composée de « symboles » et de « rituels » du non éveil. Que pouvons-nous y faire ? Comment saper les conditionnements qui nous piègent ? Comment atteindre un état où l'activité rituelle est entièrement absente, et où nous pouvons vraiment être spontanés ?

Ironiquement il semblerait que le symbole et le rituel du Tantra soient une méthode idéale pour atteindre à la spontanéité. Comment est-ce possible ?

---

3   La nature de la relation avec le maître vajra est discuté aux chapitres 5 et 6.

Nous rejetons normalement toutes restrictions et règles prédéfinies pour être libres. Comment envisager le Tantra si nous voulons être libres ?

L'approche doit être fondée sur l'expérience du vide. La phrase suivante n'aura de sens que si nous connaissons le vide: *La nature symbolique du Tantra est le reflet de la créativité spontanée inhérente à la nature de la réalité.*

Aucun aspect du Tantra n'a donc été produit par les manipulations de l'intellect. L'imagerie tantrique a été spontanément réalisée et communiquée pour que tous les êtres puissent revenir à leur condition authentique. Tous les aspects de l'imagerie de conscience du Tantra viennent de la *passion spacieuse* de la vision. La « passion spacieuse » est l'expérience non duelle de la sagesse et de la compassion (le vide et la forme), et cette qualité de communication active est indissociable de l'expérience du vide.

Le mot « spacieux » renvoie à la qualité vide ou illimitée de l'état non duel.

« Passion » renvoie à l'énergie qui émerge spontanément du vide, en une infinie variété. Cette infinie variété est à la fois l'apparence de la réalité et de l'état réalisé. L'expression « infinie variété », et l'idée qu'elle décrit à la fois réalité et état réalisé, n'est pas facile à saisir. Il en est de même pour « réalité » et « état réalisé ». Mais sans compréhension de ces expressions, il devient difficile de comprendre comment les aspects internes et externes de l'existence se reflètent.

En termes de « réalité », « l'infinie variété » s'applique aux phénomènes non conscients de notre monde : tout ce qui ne peut pas toucher, goûter, sentir, entendre, voir et penser.

C'est le monde concret dont nous faisons l'expérience au travers de nos sens. Il y a quelque chose de magique dans ces mots : l'infinie variété parle de la nature transitoire et illimitée de la forme, de la façon dont la forme émerge du vide, puis y disparaît. L'infinie variété suggère que rien dans la façon dont la forme émerge ne peut être prédit selon une perception dualiste.

« L'infinie variété » de l'état réalisé évoque la multitude de phénomènes sensibles, la conscience des êtres. À l'instar des phénomènes extérieurs surgissant du vide et s'y dissolvant à nouveau, les phénomènes internes non physiques eux aussi surgissent et se dissolvent dans la conscience. La seule différence entre les êtres sensibles et les phénomènes non sensibles est que les premiers ont une conscience intrinsèque qui imprègne ce mouvement. La conscience imprègne les êtres comme expérience indivisible du vide et de la forme.

La passion est donc infinie variété : cet aspect de l'existence qui est activement et naturellement compatissant.

La réalité et l'état réalisé se reflètent mutuellement ; en devenir conscient au niveau de son expérience est le but de la passion spacieuse. L'espace sans passion n'a aucune possibilité de compassion en tant que qualité interactive. La passion sans espace devient aveugle et obsessionnelle, une vue claustrophobe qui génère des activités limitées et limitantes.

Quel est donc le contexte qui permet à la passion spacieuse de la vision de générer de l'imagerie de conscience? Il faut un être éveillé ayant réalisé le mouvement spontané de son énergie non duelle. Celle-ci aura été réalisée grâce aux phénomènes purs de son expérience interne. Un tel être communiquera des méthodes découlant directement de ses visions sous forme d'imagerie et de sons vajra.

La signification fondamentale de ce contexte visionnaire est que les méthodes qui en proviennent sont *inconditionnellement transformatrices*.

La nature de tout symbole est de servir de pont entre le relatif et l'ultime. On pourrait aussi dire qu'il s'agit d'une interface vivante entre la nature ultime de la réalité et l'espace d'Esprit d'un être culturellement localisé. Un être éveillé sera une source continuelle de méthodes visionnaires, et ce, où qu'il vive et quand. Comme la vision est naturellement communicative (pour ce qui est de réintroduire les êtres à leur nature éveillée) les méthodes provenant d'un être éveillé adopteront une infinité de styles perceptuels. Ces styles varieront en fonction de l'époque, des conditions géographiques, climatiques, et des cultures. Un être éveillé expérimentera et transmettra ses visions dans un style qui permettra à ceux qui l'entourent d'en tirer le bénéfice maximum dans leur pratique.

Les formes que ces visions prendront seront compatibles avec l'époque et le lieu, de la façon la plus dynamique et efficace.

Cette capacité spontanée des êtres éveillés est un aspect de leur compassion illimitée. Une si grande compassion est inséparable de l'état éveillé. Elle va naturellement et directement vers tout être prêt à relever le défi de se connecter à son propre éveil. Ainsi, les visions du Tantra sont une réaction spontanée des êtres éveillés qui s'adresse de façon fabuleusement précise aux conditions spécifiques de ceux qui restent piégés dans la dualité.

La plus grande source de ces pratiques visionnaires est Padmasambhava. Padmasambhava (aussi appelé Pema Jung-né, Guru Pema ou encore Guru Rinpoche) est le second Bouddha, le Bouddha des Tantras.

Le Bouddha Sakyamuni avait prédit avant de mourir qu'un Bouddha d'une capacité encore plus grande que la sienne apparaîtrait, qui aurait le pouvoir d'enseigner les Tantras. Il s'agissait de Padmasambhava, le Bouddha né du Lotus, sans doute la personnalité la plus extraordinaire que le monde n'ait jamais connu. Le Bouddha Sakyamuni lui-même enseigna le Tantra en secret aux quatre-vingt quatre mahasiddhas [4] qui le transmirent ensuite à Padmasambhava

Les êtres de conscience peuvent revêtir une multitude d'apparences. L'énorme panthéon de yidams ou de pratiques d'êtres de conscience du Bouddhisme tibétain en témoigne. Le yidam pourrait être Padmasambhava lui-même ou une des nombreuses apparences qu'il manifesta pour libérer les êtres.

Le yidam pourrait être sa parèdre éveillée Yeshé Tsogyel, ou une des émanations visionnaires de celle-ci. La pratique du yidam ou de l'être de conscience requiert que nous ayons d'abord été symboliquement introduits à notre nature éveillée. Pour pratiquer la méthode de l'être de conscience, il faut d'abord nous « dévêtir ». Nous devons nous dévêtir des idées que nous pouvons nourrir à propos de notre identité tangible. Nous nous dissolvons, ainsi que notre monde, dans le vide.

Nous devenons « rien », ou rien de particulier. Nous devons nous autoriser à entrer dans la dimension ouverte de notre être, la dimension sans références. Dans cet espace ouvert, nous pouvons alors réapparaître sous la forme du yidam. Dans cet état de nudité, nous pouvons revêtir le corps de visions.

Cette capacité nous est intrinsèque, mais doit être réveillée par le Lama.

Le Lama est la personne qui nous apprend à *visionner.*[5]

---

4   Les quatre-vingt-quatre yogis et yoginis de grande réalisation de l'Inde ancienne. Chhi-'mèd Rig'dzin Rinpoche est l'incarnation d'un des ces mahasiddhas, Humkara.
5   Visionner est introduit à travers la transmission Tantrique, évoquée au chapitre 7.

Quand le Lama nous a communiqué la configuration d'une vision particulière, nous sommes prêts à *devenir* l'être de conscience. Sa forme peut être paisible, joyeuse ou courroucée. Les formes que revêtent les yidams sont toujours une variation de la forme humaine : ce sont des symboles anthropomorphiques de l'éveil. Nous pourrions avoir à nous visionner avec de nombreux bras ou têtes, et ces têtes peuvent parfois avoir des aspects visionnaires d'animaux. Mais la référence humaine sera toujours là. Cela fournit un point de départ relatif à partir duquel nous pouvons progressivement étendre nos concepts de ce qu'est l'existence humaine. D'habitude, nous avons des idées fixes sur ce qu'il nous est possible d'être.

Il est souvent plus confortable de se limiter à une version étriquée de nous-mêmes : les frontières sont ainsi bien délimitées et nous sommes rassurés. Mais le Tantra nous offre la possibilité d'étendre notre notion de nous même au delà de l'horizon. Le Tantra nous emmène au delà de ce que nous considérons habituellement. La vision Tantrique est sans limites.

Les formes paisibles, joyeuses et courroucées des êtres de conscience sont liés aux trois formes de distraction : l'attraction, l'aversion et l'indifférence.

Ce sont les tendances engendrées par la condition duelle. Nous faisons l'expérience de la dualité, ou de l'illusion de la dualité, dès que nous nous attachons à la qualité de forme du vide.

Quand nous interagissons avec la forme comme si elle était séparée du vide, nous créons un processus cyclique : nous essayons sans cesse de ressentir la permanence de la forme, mais faisons continuellement l'expérience des qualités vides qui lui sont inhérentes : l'insubstantialité, l'impermanence, l'indistinction, la discontinuité, et le manque de définition.

Nous examinons constamment notre horizon perceptuel à la recherche de preuves de notre existence dans le monde de la forme. Notre mode de perception devient biaisé : comme la forme apparaît et perdure un certain temps, nous découvrons que nous nous y attachons pour nous mettre en sécurité à l'abri du vide. Mais parce que le vide et la forme ne sont pas séparés, en cherchant la forme, nous faisons immanquablement l'expérience du vide.

Quand nous nous engageons dans cette lutte perdue d'avance pour séparer le vide et la forme, nos réactions se limitent à l'attraction, l'aversion et l'indifférence.

Le défaut fondamental de notre relation à nous-mêmes et à notre monde est l'espoir de trouver la sécurité dans la forme du vide.

Pour maintenir l'illusion d'y parvenir, nous nous contentons de constamment manipuler notre réalité. Nous nous attachons à la forme du vide. Mais cet attachement est une menace grossière pour notre réalité concrète. Ce processus, c'est *l'attraction*. Ressentir le vide de la forme nous amène à le fuir. Mais ainsi nous y projetons les attributs de la forme et le ressentons comme une menace objective. C'est *l'aversion*.

Tant que nous tentons de valider notre existence en termes de dualité, nous nous tourmentons par des manipulations continuelles et tout devient encore plus compliqué.

C'est sans espoir parce que les manipulations dualistes finissent toujours par s'effondrer.

La douleur de l'existence humaine vient en partie du fait que ces manipulations dualistes mettent un temps imprévisible à se détruire. Si leur durée était toujours identique, nous soupçonnerions vite ce qui se passe.

Mais comme nos cycles de manipulations ont des durées indéterminées, nous gardons toujours espoir, nous disant encore et encore que cette fois, on va y arriver. Quand nous perdons nous pensons pouvoir en tirer un enseignement, mais c'est difficile d'apprendre cette leçon, parce que les circonstances de la fois suivante sont toujours un peu différentes. Nous essayons de manipuler notre propre façon de manipuler et cela devient encore plus compliqué. Nous espérons qu'un jour nous apprendrons les règles de l'existence et que nous serons enfin heureux. Pourquoi ne pas tenter d'apprendre quelque chose des expériences de la vie ?

Mais évitons d'en tirer des conclusions en béton dans l'idée que la prochaine fois ne sera pas aussi frustrante, douloureuse ou déprimante. Tenons compte de nos expériences passées, mais ne soyons pas non plus gouvernés par celles-ci.

Dans un contexte perceptuel plus ouvert nous commençons à voir le jeu de la forme et du vide. La forme pourrait être notre souvenir d'expériences passées et le vide la liberté vis-à-vis du passé.

Ce n'est pas une position facile me dit-on, mais les alternatives ne le sont pas non plus. Soit la vie est dure soit elle est dure, soit elle est facile soit elle est facile.

En entrant dans la pratique de la vue tantrique nous découvrons qu'opter pour ce qui semble facile rend la vie dure, et qu'inversement, opter pour ce qui semble dur rend la vie facile. Je n'encourage personne à rechercher consciemment la difficulté. Je ne pousse pas au masochisme. Délibérément rechercher la difficulté n'est qu'une autre formule, une façon de plus de s'attacher aux qualités de forme du vide. Le Tantra nous pousse plutôt à embrasser l'ambivalence de chaque situation.

Tant que nous restons dans le cadre des manipulations dualistes, nous ne pouvons éviter de ressentir la vie en termes des huit réalités dualistes, appelées conventionnellement dans le bouddhisme les « huit dharmas mondains »: espoir et peur, gloire et honte (ou louange et blâme), gain et perte, rencontre et séparation. Quand nous évaluons la qualité de nos vies en fonction de ces critères nous faisons l'expérience de *l'attraction*, de *l'aversion* et de *l'indifférence*.

Et si nous n'en questionnons pas la nature, nous ne pouvons nous empêcher de continuer à générer l'illusion de la dualité. Et cette illusion gouverne notre existence.

Nous passons notre temps à surveiller notre horizon perceptuel et à catégoriser: soit les choses confirment notre existence en termes de dualité (c'est l'attraction), soit elles la nient (c'est l'aversion), ou alors elles sont neutres et ne présentent aucune possibilité de manipulation (c'est l'indifférence).

Nous ne pourrons jamais nous sentir en sécurité en restant dans l'illusion que la dualité fonctionne. D'une certaine façon, l'éveil est la compréhension constante que la dualité ne fonctionne pas. La dualité est l'illusion sous-jacente à l'attraction, l'aversion et l'indifférence.

Si quelque chose apparaît sur notre horizon perceptuel et semble prouver notre existence cela nous attire. Si cela semble nier notre existence nous le repoussons. Ce qui ne nous confirme ni ne nous mine nous *l'ignorons* ; cela suscite un ennui languide et disparaît dans un arrière plan incolore.

Les êtres de conscience joyeux, courroucés et paisibles de l'imagerie tantrique sont des corps visionnaires que nous pouvons revêtir pour nous débarrasser de ces maniérismes perceptuels maladroits.

Padmasambhava assume en lui-même ces trois aspects et est donc considéré (surtout au sein de l'école Nyingma) comme incarnant toutes les pratiques visionnaires. Padmasambhava est à la fois joyeux, courroucé et paisible. Il est joyeux parce qu'il est en union avec sa *yum* ou conjointe. Dans sa forme Guru Nangsrid Zilngön – qui subjugue tous les phénomènes apparents – sa yum est représentée par le trident tantrique.

D'autres formes de Padmasambhava le représentent en union avec son épouse éveillée, Yeshé Tsogyel.[6] La différence est dans l'emphase sur l'aspect méthode ou l'aspect sagesse de l'unification.

Quand l'union est représentée par le trident, le trident est Yeshé Tsogyel symbolisant la sagesse de l'apparence manifestée de Padmasambhava. Quand Yeshé Tsogyel est physiquement présente, elle symbolise la qualité active (méthode) de l'interpénétration de la forme et du vide.

Padmasambhava est courroucé parce qu'il tient son dorje (sceptre de foudre) dans un geste qui subjugue les phénomènes apparents. Son pied droit est tendu dans une posture lui permettant d'entrer rapidement en activité. Il est paisible à cause de son expression radieuse, et du vase de longue vie placé dans le bol en forme de crâne qu'il tient dans la main gauche.

Les êtres de conscience joyeux sont habituellement en union avec un conjoint. Ce sont les *yab-yums*, ce qui signifie « père / mère », et se réfère à la forme et au vide, les aspects unifiés masculins et féminins de la voie. Les formes joyeuses sont brillamment colorées par l'énergie du désir sans limite ni réserve.

---

6   Yeshé Tsogyel, le Bouddha Tantrique féminin, revêt tous ces aspects elles-même. Elle peut aussi apparaître unifiée avec Padmasambhava. Les Nyingmapas disent que tous les êtres conscients sont des manifestations de Padmasambhava et de Yeshé Tsogyel, parce qu'ils ne sont rien de plus que le jeu de la forme et du vide au niveau de la libération.

Elles se livrent à la danse vibrante de la sagesse et de la compassion, qui est vide et forme, et en incarnent le désir immaculé et non duel. Leur communication sexuelle impeccable avec tous les aspects de l'existence transforme l'énergie de l'attraction.

L'attraction est aussi appelée « désir », mais la transmutation de cette distorsion de notre éveil ne mène pas à l'extinction de l'intérêt, de l'appréciation ou du plaisir. Nous ne transmutons pas l'attraction pour générer une neutralité médiocre et châtrée où le banquet sensuel de la réalité deviendrait mortellement ennuyeux.

La transmutation de l'attraction permet simplement à notre besoin névrotique de nous accrocher à des preuves possibles d'existence de se relaxer dans sa condition naturelle. Les êtres de conscience courroucés s'ornent des signes extérieurs de la rage et d'une violence déchaînée. Cette apparence terrifiante témoigne de la capacité du Tantra à tout transformer.

Cette colère est la colère indestructible non duelle de l'état éveillé. Elle est « indestructible » parce qu'elle n'est pas générée à partir d'une division de la forme et du vide. C'est une colère non duelle : sans sujet ni objet. Cette colère indestructible, ou rage vajra, est l'énergie immensément claire qui tranche nos confusions les plus horrifiantes et fait couler le sang chaud de la bienveillance dans les veines gelées par la peur et l'auto obsession frigide. Quand l'éclat de cette clarté scintille à travers l'étoffe de notre expérience, la compassion est naturellement libérée. Chaque énergie élémentaire éveillée sert à libérer les autres. Mais ici spécifiquement, la clarté est le vide et la compassion la forme. La rage vajra est l'aspect énergétique de la compassion.

Le Tantra est basé sur l'expérience du vide et cette expérience nous permet de découvrir que chaque état d'esprit négatif ou douloureux n'est qu'une distorsion de notre nature éveillée.

A travers cette impressionnante découverte, les êtres de conscience courroucés deviennent de fantastiques expressions de compassion, l'affirmation d'une profonde appréciation de l'énergie de l'existence.

Les formes courroucées transmutent l'aversion.

L'aversion est aussi appelée haine, mais ce mot est trop limité pour exprimer la multiplicité d'attitudes manipulatrices résultant du sentiment que la réalité nous lèse. L'aversion va du léger inconfort, de l'ennui, de l'irritation, et du ressentiment, jusqu'à la haine explosive et la manie destructrice. L'aversion est l'aspect de notre profil perceptif qui trouve la vie incommode ou épineuse. Nous préférerions nous laisser aller dans un vaste coussin qui nous protégerait des intrusions constantes de la réalité.

Il est choquant de réaliser que les atrocités les plus barbares font partie d'un continuum qui commence avec une légère irritation : un refus d'accepter la texture de la vie. Le refus d'admettre la tension superficielle de notre réalité contient le germe des pulsions génocidaires. Les « gens méchants qui font des choses méchantes » ne sont pas entièrement séparés de nous. Chacun est capable de malignité à l'échelle planétaire s'il y est poussé par les circonstances, et par une irritation ou un inconfort qu'il n'est pas prêt à admettre. Ceci ne signifie pas que nous ne pouvons vivre confortablement ou que nous devions porter un cilice : mais qu'il est important d'examiner notre tendance à toujours vouloir rendre les choses absolument confortables. Nous devons trouver d'où vient ce besoin – comment il apparaît.

Les êtres de conscience paisibles sont sereins d'apparence et ont généralement des poses statiques. Beaucoup les considèrent comme le summum de l'état éveillé. C'est une erreur : les formes paisibles représentent bien l'état éveillé mais pas plus que les formes joyeuses ou courroucées.

Les formes paisibles dépeignent la transformation de l'indifférence. L'indifférence est un état essentiellement statique ; c'est une condition dans laquelle on est émotionnellement inerte. L'indifférence c'est l'incapacité à se connecter, ou le refus de voir les connections qui sont infiniment présentes. C'est la fausse tranquillité de quelqu'un qui est coupé de la douleur des autres. C'est le « cool » bidon de quelqu'un qui éprouve un mépris auto satisfait pour son environnement. C'est l'insensibilité calculée de ceux qui croient pouvoir s'isoler de l'effet de leurs actions dans le monde.

Tous ces aspects sont transformés par la sérénité indestructible des formes paisibles.

Les formes paisibles nous montrent la dimension non duelle de l'indifférence. L'indifférence est aussi appelée « ignorance », mais ce mot peut être mal compris comme « ne pas savoir ». Il s'agit en fait de l'action délibérée d'ignorer. Dans cette perspective, la qualité statique des formes paisibles montre leur infinie volonté d'ouverture et d'acceptation : la volonté d'aller vers la douleur entière de l'univers sans jamais s'en dissocier. Quand l'attraction, l'aversion et l'indifférence sont transmuées, nous générons la capacité d'un engagement extatique envers tout ce qui apparaît comme le jeu du vide et de la forme.

Questions et réponses

Q Si on ne peut pas approcher le Tantra via l'intellect, pourquoi étudier ce que vous présentez ici ?

R L'intellect aussi est une expérience.

Q …

R Si l'intellect n'était pas une expérience comment l'appelleriez-vous? Rappelez vous que même au niveau de l'information, ce que nous étudions ensemble ne correspond pas forcément à la logique conventionnelle. Les aspects d'information du Tantra sont en eux-mêmes transformateurs. En étudiant les enseignements Tantriques vous vous ouvrez à la dimension visionnaire de l'expérience telle qu'elle peut être exprimée par des mots. Quand je dis que vous ne pouvez pas approcher le Tantra à travers l'intellect, je veux dire qu'apprendre cela ne correspond pas forcément à une expérience réelle. Vous pourriez, par exemple, obtenir un doctorat en Bouddhisme tantrique, mais cela pourrait ne vous servir à rien en termes de transformation. J'ai connu un homme qui devint encore plus égocentrique et inhumain par son obsession à devenir un expert du Tantra. Mais il est toujours possible qu'un jour cette personne s'ouvre et se rende compte que l'information n'est qu'une porte.

Une porte doit être franchie. C'est *comment* vous étudiez qui compte. Si vous êtes ouvert, le texte *scintille* un petit peu. Vous éprouvez un sentiment de sacré. Il faut s'immerger dans l'enseignement sans vouloir le posséder.

Vous devez être réceptif comme en écoutant de la poésie ou de la musique. Étudier le Tantra c'est bien plus qu'ingurgiter des informations détaillées sur le symbolisme.

C'est pour cela que Chhi-'mèd Rig'dzin Rinpoche ne donne que rarement des explications sur le symbolisme des êtres de conscience. Si on lui demande, il répond simplement : « Pratiquez et vous saurez ». Il sait quelle attitude adopter à l'égard du symbolisme. Si vous ne faites que collectionner de l'information, l'étude est futile. Mais si vous étudiez le Tantra comme des amants étudient chacun le corps de l'autre, alors une expérience très importante pourrait vous arriver.

Q Quand vous dites qu'il est impossible de séparer la forme et le vide, vous voulez dire que ça ne marche pas ? Que nous ne trouvons pas de sécurité dans la forme ? Je croyais que dans la condition dualiste nous faisions cela tout le temps, alors cela semble possible.

R Ha ! Très intéressant. J'ai une série de réponses apparemment contradictoires. Je dis en effet qu'il est impossible de séparer la forme et le vide. Mais je dirais aussi qu'il est possible de faire l'expérience du vide et de la forme *comme s'ils* étaient séparés. Vous avez absolument raison en disant que l'on ne trouve pas la sécurité dans la forme. Mais en fait on y trouve la sécurité – temporairement. S'il était tout à fait impossible de ressentir la sécurité dans la forme, nous abandonnerions. Pourtant, nous avons l'illusion qu'en nous débrouillant bien, avec les bonnes cartes, en ayant de la chance, en étant extrêmement habiles, nous pourrions ne pas mourir !

L'illusion de pouvoir trouver de la sécurité dans la forme est nourrie par le fait que nous y trouvons de la sécurité pour des périodes de durée variée: quand une personne, situation, sensation ou objet existe suffisamment longtemps, nous avons tendance à nous y habituer.

En s'habituant à ce qui semble sécurisant (c'est à dire solide, permanent, séparé, continu et défini), nous décidons activement de nous leurrer. Nous mettons des œillères afin de poursuivre un impossible rêve.

Mais le problème posé par ce rêve impossible, c'est que si nous y croyons trop, nous sommes obligés de le détruire nous-mêmes. Quand nous nous sentons tellement sûrs de nous que nous nous détendons complètement, un sentiment furtif de désolation et une impression grandissante d'absurdité s'installe; nous faisons alors l'expérience du vide à travers l'expérience de la forme. Le rêve impossible vaut le coup quand nous sommes sur le point de l'atteindre. Ensuite il n'y a plus que déception. La forme est le vide et le vide est la forme... C'est ce que nous dit le Soutra du Cœur.

Si nous nous attachons à la forme nous obtenons toujours le vide. Soit parce que la forme manifeste son impermanence ; soit parce que la permanence apparente facilite l'expérience de notre propre vide.

Q Est-ce la raison pour laquelle les gens qui ont une situation de rêve décident de la détruire en prenant des risques stupides ?

R C'est exactement ça. On a souvent du mal à expliquer pourquoi quelqu'un ayant une bonne situation décide de tout risquer pour ce qui ressemble à un moment de faiblesse puérile ou un avantage douteux. En fait, la sécurité devient étouffante. Il n'y a plus de friction, plus de but, et plus d'appréciation de ce que l'on possède. C'est ici que l'on voit à quel point la qualité vide est nécessaire. Nous pouvons regretter amèrement notre « bêtise », mais nous ne comprenons pas pourquoi nous avons agi ainsi.

Pourtant nous savons que sur le moment, cela avait un sens.

Nous jouons donc avec la forme et le vide. Nous sentant menacés, nous faisons tout pour établir de la sécurité. Mais quand nous nous sentons en totale sécurité nous ne pouvons nous empêcher de la mettre délibérément en péril. Seuls, nous voulons de la compagnie. En société, nous voulons de la solitude. Impliqués dans un projet, nous voudrions être libre. Libres, nous voudrions un engagement. Ignorés, nous voudrions être remarqués. Célèbres, nous aimerions être anonymes. Et ainsi de suite… Ce sont quelques exemples du jeu de la forme et du vide dans la vie de tous les jours.

Ces expériences duelles / non duelles de l'existence constituent en permanence le tissu de nos vies.

Q Je ne comprends jamais vraiment ce que vous voulez dire par « notre avidité névrotique se détend dans sa condition naturelle ». Pourriez-vous en dire un peu plus ?

R Quelle est la condition ultime de tous les aspects de notre être ?

Q … la non dualité ?

R Oui. Si chaque aspect de notre être existe de façon ultime dans la condition non duelle, que faut-il pour que nos névroses puissent être ressenties comme non duelles ?

Q Il faut… que nous cessions de les manipuler de façon référentielle ? Ah, donc c'est quand il n'y a pas de manipulation ! Si je ne lutte pas avec la névrose elle se relaxe dans sa condition naturelle ! Vous voulez dire que le combat lui-même est la force qui fait perdurer la névrose ?

R Bien sur ! (rires) Splendide ; merci beaucoup.

Q Quand vous utilisez le mot « visionner » est-ce la même chose que « visualiser » ?

R C'est la même chose. C'est un point important d'ailleurs. Le mot « visualiser » est utilisé pour des choses variées. Quand vous entendez un Lama l'utiliser vous pouvez être certain qu'il s'agit bien du processus que je décris. Le problème c'est quand les gens comprennent mal la nature du Tantra, et croient que c'est juste une autre forme d'imagination. C'est une très grave erreur.

Q Vous n'utilisez donc pas votre imagination pour obtenir une image mentale du yidam ?

R Non. L'imagination peut même être un sérieux obstacle pour visionner ou visualiser. Visionner n'a rien à voir avec des « images mentales ». Il faut faire la distinction entre ce qui apparaît au sein du continuum mental et ce qui surgit du vide. Nous parlons ici de ce qui émerge de la dimension de l'Esprit (la nature de l'Esprit).

Ce qui apparaît dans le continuum mental n'est rien d'autre que les machinations de l'intellect dualiste. La visualisation n'est pas une sorte de rêverie ou un processus d'imagerie intellectuelle. Nous parlons de *vision*, et la vision ne peut émerger que de l'espace ou vide de la nature de l'Esprit.

Q Alors comment la forme du yidam apparaît-elle ?

R Elle émerge du vide. Elle naît de notre impulsion naturelle vers la libération, ce qui n'est autre que l'énergie de l'éveil. Elle se crée à partir de la réalité intérieure du Lama qui confère la transmission.

Après avoir reçu la transmission de la pratique d'un être de conscience particulier, la forme de cet être de conscience apparaîtra naturellement quand vous entrerez dans l'état vide et pratiquerez.

La forme de l'être de conscience apparaîtra aussi dans vos rêves, peut être même dans la vapeur de votre tasse de café. Tout dépend de l'intensité de votre dévotion.

Q Comment est ce que cela arrive Rinpoche ? Quel est le processus ?

R Il n'y a pas de processus. Cela arrive naturellement parce que vous avez la clé : le texte tantrique ou la formule de conscience chanté pour provoquer cette apparition. Votre expérience du vide est le four dans lequel le pain de la vision cuit. L'état vide est l'environnement parfait pour des visions sans fin.

Q Que se passe t-il si une personne n'a pas l'expérience du vide ?

R Alors visionner n'est pas vraiment possible.

Q Alors que fait-on quand on pratique le Tantra sans avoir l'expérience du vide ?

R Vous vous entraînez à une pratique Tantrique. Vous êtes dans un processus d'imagination active.

Q S'agit-il d'une perte de temps ?

R Non, pas complètement. Mais ce n'est pas la pratique du Tantra à proprement parler, bien qu'elle n'en soit pas complètement séparée non plus. Il faut bien différencier « le Tantra qui arrive » du Tantra en tant que pratique. Ce dernier est le processus de visualisation et de récitation d'une liturgie ou d'un sort de conscience particulier.

Il peut être aussi la récitation d'une liturgie qui décrit la fonction éveillée de l'être de conscience en question.

« Le Tantra qui arrive » c'est votre expérience de la vue à n'importe quel moment. « Le Tantra qui arrive » arrive, que vous vous en rendiez compte ou non. Il le fait tout le temps.

C'est l'attitude de la personne qui pratique qui compte. Si la personne est très inspirée par l'apparence de l'être de conscience et la résonance de son mantra, il est probable qu'elle atteindra éventuellement un certain degré d'expérience dans la pratique.

Q Même sans l'expérience du vide ?

R Il y a vide et vide. Le vide peut aussi se manifester en tant que forme ; celle de la dévotion et de l'inspiration.

Avec suffisamment de dévotion pour le Lama et la tradition, le barrage de l'état vide peut céder. Mais il faut de l'énergie.

Être inspiré n'est possible qu'en cessant de nous accrocher à ce que nous croyons être. Pour être inspiré, il faut entrer dans une sphère d'expérience différente – là où notre identité est moins solide. La dévotion n'est pas possible quand nos propres considérations sont toujours prioritaires. La dévotion se rabougrit quand notre version de la réalité est la seule qui compte pour nous. La dévotion est absolument cruciale dans la pratique du Tantra. Sans elle l'expérience du vide pourrait être très difficile à atteindre.

Q Alors le vide n'est pas essentiel à cent pour cent ?

R Non… pas à « cent pour cent ».

Q Mais je croyais que le vide était la base du Tantra…

R Oui, c'est vrai, mais ça ne veut pas dire que vous ne pouvez pas approcher le Tantra. Le Tantra est éminemment approchable, incorrigiblement invitant !

Q Ca veut dire quoi « approcher le Tantra » ?

R (rires) Comment…. *pouvez vous*…. poser… cette…. question !

Q Alors… « approcher le Tantra » c'est… comment….

R Approcher le Tantra c'est ce que nous faisons en ce moment ! Le Tantra n'est pas distinct du flux de réalité que vous vivez. Surtout quand vous acceptez votre confusion, que vous la considérez comme une chose avec laquelle on peut travailler.

Q Est-ce la base pour visionner ?

R C'est possible. Ça dépend si le *feu* de votre dévotion arrive à consumer votre besoin de points de référence.

Votre dévotion doit être une véritable *force incendiaire*. Elle doit brûler vos habitudes référentielles.

Q J'ai l'impression que vous dites que la dévotion permet d'avoir accès à l'expérience du vide, mais qu'il faut une expérience du vide pour que la dévotion apparaisse. Peut-être que je ne comprends pas, mais il me semble qu'il y a là un paradoxe…

R Oui. Ce n'est pas que vous ne comprenez pas. C'est complètement paradoxal. Peut-être qu'une petite histoire pourrait vous aider. Quelque part en Turquie, il y a la tombe d'un maître soufi. Si vous l'approchez par devant vous ne pouvez y entrer: c'est une véritable forteresse, avec de lourds barreaux de fer.

Mais si vous la contournez, vous découvrez une entrée sur le côté : la tombe est tout à fait ouverte ! Vous pouvez entrer.

Cette tombe est ouverte, mais vous ne pouvez pas entrer par devant, l'entrée « logique » est fermée. Vous ne pouvez pas utiliser les règles conventionnelles.

Vous ne pouvez pas attendre du paradoxe une réponse qui ne se contredit pas. Vous devez effectuer une sorte de saut, mais comment ? Il n'y a pas de manuel d'instructions. Pourquoi passer par le côté de la tombe, alors que vous avez vu les énormes grilles sur le devant ? Vous supposez que les côtés et l'arrière seront tout aussi fortifiés.

Q Donc… le vide est la porte principale et la dévotion est l'entrée latérale.

R Absolument ! Ou l'inverse, ou peut-être même l'entrée secrète.

Q Cela semble facile à vous entendre…

R Oui. *All you need is love*. (rires) Mais cela ne veut pas dire que vous pouvez ouvrir un robinet pour avoir de la dévotion.

Ce n'est pas vraiment facile et il n'y a pas vraiment d'alternative: c'est juste *là*. Il faut être un peu fou, il faut avoir la capacité de prendre des tangentes inattendues dans votre vie – de grands risques. Il faut aussi être un peu naïf, ou un peu enfantin. On ne peut pas être trop raisonnable.

Q Comment établir vraiment la dévotion ?

R Vous devez arriver à un certain niveau d'expérience dans votre relation avec le Lama et la lignée qu'il ou elle représente. Cela n'arrive pas souvent la première fois qu'on rencontre une telle personne ou tradition. Il faut du temps. Au départ il doit y avoir de la curiosité, c'est crucial.

Il doit y avoir le sentiment que le monde est quelque chose avec quoi on peut travailler. Le monde ordinaire ne doit pas être considéré comme « samsarique », à rejeter. Les concepts de souffrance et d'insatisfaction du Soutrisme, c'est très différent. Vous ne pouvez pas approcher le Tantra comme si vous étiez une crevette dans le vindaloo de la vie.

Q Vindaloo ?

R C'est un curry très épicé. Vous ne pouvez pas approcher le Tantra comme s'il s'agissait d'un refuge hors du monde. Si vous n'arrivez pas à vous en sortir dans le monde avec un certain aplomb, alors il y a peu de chances que vous alliez très loin avec la pratique tantrique.

Q La crevette doit être forte?

R Bien sûr ! Elle doit avoir confiance en sa capacité à survivre au vindaloo, et peut-être même à en sortir d'une admirable couleur. La crevette doit faire l'expérience du *goût unique* du vindaloo et de l'Océan Pacifique.

Mais nous nous écartons du sujet. Nous avons dit qu'il fallait le vide comme base, ou la dévotion comme entrée cachée.

Il faut aussi comprendre que sans expérience du vide, la dévotion est improbable. En effet, sans un peu d'expérience du vide, nous ne sommes pas assez ouverts.

Il faut dépasser nos structures personnelles rigides pour que le voltage *scintillant* de l'énergie émerge. Il faut voir le Lama comme une immense *opportunité*. Il y a une sorte d'abandon réfléchi. Pour commencer vous devez *savoir* quelque chose. On ne décide pas d'avoir de la dévotion : elle apparaît en fonction de l'expérience qu'on a de la pratique. Il vous faut avoir trempé les orteils dans la piscine de la passion spacieuse.

Il faut avoir questionné la texture de votre existence, et décidé qu'il se passe là plus et moins qu'on ne le croirait. Il faut avoir testé la capacité du Lama à fournir des réponses en résonance avec votre expérience de la pratique. Il faut ce genre de communication pour que l'expérience ait la qualité d'une très audacieuse histoire d'amour !

Q Oui ! Je vois clairement cela dans ma relation avec mon propre maître racine. Mais je me demande de temps en temps s'il n'y a pas là quelque chose comme une toquade. Ce ne serait pas sain, n'est-ce pas?

R Oui, ce serait malsain, mais le Lama peut toujours travailler avec cela. Le Lama peut soit l'encourager, soit le décourager ou alors l'ignorer. Ces réactions représentent les aspects libérés de l'attraction, l'aversion et l'indifférence. Quoi qu'il en soit, la réaction du Lama servirait toujours à révéler la nature de votre capacité à pratiquer. Le Lama ferait aussi apparaître la nature de vos névroses. Le Lama est quelqu'un qui n'a pas besoin de dévotion ou de toquade. Il ou elle aidera simplement le disciple à ressentir sa propre énergie. C'est une communication extrêmement dynamique. En fait le Lama doit casser la toquade, bien qu'il s'agisse d'une forme puissante de motivation.

Parce qu'en définitive c'est un obstacle. Il faut voir au travers.
Une toquade n'est pas de la dévotion parce qu'on en attend
toujours de la satisfaction personnelle et l'agrandissement de
notre système de points de référence. Si nous confondons
toquade et dévotion nous serons gravement déçus. Cela finit
toujours par des larmes, de ce point de vue le Lama vous brisera
toujours le cœur, vous laissera toujours tomber.

Q C'est pour ça que la dévotion est soit impossible soit douteuse
si on s'imagine avoir des droits sur le Lama?

R Oui. La toquade est une fausse dévotion parce qu'elle est
manipulatrice. Ce genre de dévotion tente de séduire le Lama
pour en faire l'amant impossiblement parfait. C'est une dévotion
qui dit « Je vous aimerai tellement que vous ne pourrez jamais
être honnête avec moi ou me faire faire quoi que ce soit que je
n'aie pas très envie de faire. »

Q C'est donc une stratégie ?

R Bien sûr. Il faut comprendre comment elle opère au niveau de
la relation avec le Lama. La dévotion est l'énergie qui permet
d'être ouvert à la nature sans compromis de la relation Lama
Disciple. La dévotion est la capacité à continuellement mourir et
renaître dans votre relation avec le Lama.

Q Et si le Lama tombe amoureux d'un(e) élève ?

R Alors c'est ce qui arrive.

Q Cela peut arriver?

R Pourquoi pas? Le Lama est un être humain après tout.

Q Mais cela s'accorde-t-il avec ce que vous disiez de la toquade?

R Oui et non. Nous parlons de toquade, pas d'amour. L'amour
est quelque chose d'authentique qui peut arriver entre deux
personnes ; même entre un Lama et un(e) disciple. C'est très
différent d'une toquade.

S'enticher c'est tomber amoureux de l'idée de tomber amoureux ; tomber amoureux de ses projections ; de sa propre idée de la personne. Le véritable amour c'est quand vous voyez, entendez, sentez, touchez et reconnaissez la personne qui est vraiment là.

Un Lama doit certainement connaître la différence entre les deux. Mais un Lama pourrait néanmoins transformer la toquade de l'élève à travers sa propre expérience de l'amour... Un élève a toujours un degré de projection vis-à-vis du Lama, ce n'est jamais tout à fait blanc ou noir. C'est une situation très ouverte et qui dépend absolument des particularités de chaque individu et de sa condition spécifique, des besoins et des qualités du disciple.

Je ne parle pas ici d'enseignants qui couchent avec leurs élèves ; ça c'est assez banal.

Je parle de la possibilité de véritables relations. C'est différent, et tout à fait viable. Mais cela pose des difficultés dans cette culture-ci. Nous n'avons pas de cadre de référence pour cela, sauf dans le fonctionnement des monarchies ; c'est un peu anachronique ! Il faudrait donc faire un sérieux effort pour comprendre comment le mariage Lama disciple pourrait fonctionner chez nous, surtout en ce qui concerne les Lamas occidentaux. L'amour doit être ressenti et compris très clairement en termes de principes d'expérience tantriques. L'amour, en termes Tantriques, c'est avoir son *pawo* ou son *khandro* intérieur reflété par un autre être humain. C'est une expérience précieuse et hautement chargée de sens.

Q Etes vous déjà tombé amoureux Rinpoche ?

R Quelle question ! Je tombe amoureux tout le temps.

Q Je suis désolé Rinpoche. Je n'aurais peut-être pas du poser cette question.

R Bien sûr que si. Pourquoi pas ? Si je ne pouvais pas tomber amoureux, je ne serais pas capable de dévotion. Les femmes sont toujours un enseignement pour moi, qui qu'elles soient.

Si une femme a envie d'être avec moi, j'en suis d'habitude absolument ravi. Mais la dakini est là dans chaque facette de la réalité. Et pour la femme Lama, le daka est là dans chaque facette de la réalité. Mais la relation humaine avec le daka ou la dakini n'est pas toujours simple.

Les qualités de daka et de dakini sont présentes chez tous les êtres humains, mais, à moins qu'elles ne soient réalisées, elles se mêlent aux névroses habituelles que tout le monde possède en abondance. Quand ce miroitement daka / dakini arrive c'est une pratique merveilleuse.

Sinon, on est atteint de la maladie du daka et de la dakini. Alors ça aussi c'est une pratique ! Grande félicité ou fil du rasoir !

Quel goût unique! C'est un des plus grands potentiels de pratique en Occident. Je dis toujours à mes élèves que tomber amoureux—et en sortir—est une merveilleuse possibilité de vivre la vue ! Ce serait très utile d'examiner cela plus en détail et de voir comment cela s'applique à nos circonstances quotidiennes. Mais là, nous n'avons pas le temps. D'autres questions ?

Q Et si vous *avez* de la dévotion mais que la visualisation est toujours quelque chose de très difficile ? Que vous ne voyez rien avec clarté ? Que vous n'y arrivez même pas en utilisant votre imagination active ?

R (rires) Je me rappelle un monsieur ayant posé la même question à Chhi-'mèd Rig'dzin Rinpoche. Voulez-vous entendre la réponse ?

Q Volontiers.

R Il répondit : « Vous n'avez pas de dévotion pour votre maître ». Le jeune homme protesta et dit que ce n'était certainement pas le cas, à quoi Rinpoche rétorqua : « Ah ouais tiens ; comment est votre fantasme sexuel ? Vous voyez ce que vous voulez voir ? ».

Le jeune homme fut très embarrassé mais comprit exactement ce que Rinpoche voulait dire et apprécia la réponse. Rinpoche lui expliqua alors que quand il voudrait voir sa déité de méditation autant que d'autres choses, sa visualisation s'améliorerait incroyablement.

Q Il s'agissait donc là d'une dévotion douteuse ?

R J'imagine que oui. Voyez vous, si votre pratique ne fonctionne pas comme elle devrait, c'est que quelque chose manque. Ce n'est pas un tel mystère. Si le Tantra vous semble être une simple performance liturgique, alors le vide et la dévotion font défaut. Vous devez donc pratiquer plus de shi-nè. Vous devez aussi examiner votre relation avec le Lama. Ainsi vous vous rendrez peut-être compte qu'il s'agit de toquade plutôt que de dévotion. Si c'est une toquade, tôt ou tard cela tombera en morceaux. Vous pourriez même en vouloir au Lama. C'est important d'y penser. À chaque fois que vous en voulez au Lama à propos de ses relations avec un ou une étudiante, soyez certain qu'il y a eu beaucoup d'attente basée sur l'engouement.

Q Si on craint d'avoir eu le béguin, que faire ?

R C'est une question intéressante. Pourquoi le craindriez-vous? Hormis le fait que nous en parlons?

Q (pas de réponse)

R On pense toujours qu'on a *pu avoir* le béguin. On n'a jamais l'impression de l'avoir. On pense que c'est une toquade quand quelque chose ne se passe pas comme on le souhaiterait, et que l'on a envie d'en sortir.

Peut-être avez-vous raison, et avez-vous eu une toquade. Mais personne ne considère cela ainsi au moment où cela lui arrive.

Q Dans ce que Chhi-'mèd Rig'dzin Rinpoche disait au jeune homme, il semble y avoir une connexion avec le désir. Il semblait utiliser le mot « vouloir » dans le sens courant d'être démangé par l'envie de posséder quelque chose.

R Oui, et le problème est… ?

Q Eh bien, je pensais que vouloir, le désir, faisait partie de ce qui nous attache à la roue de l'existence cyclique, du samsara.

R Oui, et… ?

Q Ne devrait-il pas y avoir une méthode de parvenir à la visualisation plus…

R … Spirituelle?

Q Oui, ou bien moins…

R … Mondaine ? Réfléchissez à ce que vous dites. Qu'est ce que ça implique ? Qu'y aurait-il de vaguement suspect dans le fait d'utiliser le samara comme moyen de réaliser le nirvana ?

Q Ah, sinon… il y aurait dualité ?

R Pour le moins ! Quand on parle d'utiliser le désir, nous parlons de la fonction *d'énergie*. L'énergie intrinsèque du désir n'est autre que l'état éveillé. C'est ça la transformation ou la transmutation dans le Tantra. Pour être un Tantrika, il faut être un bon guerrier ; vous devez utiliser ce que vous avez à disposition en termes de ce que vous vous trouvez être.

Q Et si vous êtes égocentrique… ?

R Et bien vous devenez « enthousiasthocentrique ». Vous laissez votre Lama se moquer de votre égocentrisme et vous abandonnez votre tendance à être embarrassé ou défensif.

Votre ego, votre égocentrisme, devient alors un aspect de l'énergie que le Lama fait apparaître. Il n'y a rien que le Lama ne puisse utiliser si l'élève est prêt à s'accrocher, si l'élève est ouvert au processus.

Q Pourriez vous nous donner quelques conseils pour approcher la pratique de la visualisation ?

R La meilleure façon d'approcher cette technique est d'encourager le *ressenti* de l'être de conscience. C'est le style de l'anu yoga. Ayez la sensation de devenir Padmasambhava. Ou ressentez simplement la présence de Padmasambhava. Il faut bien sûr un sentiment inspiré de Padmasambhava, ou de l'être de conscience que vous pratiquez.

Q Vous parliez tout à l'heure de savoir faire fonctionner le samsara. Les textes disent toujours que l'aspirant au dharma doit développer une révulsion pour le samsara... non pas le faire fonctionner. Ne devrait-on pas le trouver non fonctionnel et vouloir s'en échapper ?

R (rires) J'ai une petite histoire à vous raconter. J'étais avec Lama Tharchin Rinpoche dans les montagnes de Santa Cruz et nous eûmes la visite de Son Eminence Dzongsar Khyentsé Rinpoche. C'était une grande occasion. Dzongsar Khyentsé Rinpoche est le fils de Sa Sainteté Dungsey Thinley Norbu Rinpoche et l'incarnation du Grand Jamyang Khyentsé Chökyi Lodrö – un très grand Lama. (Ceci est bien une réponse à votre question au fait !)

Nous avions beaucoup travaillé avant son arrivée, et les élèves de Tharchin Rinpoche s'étaient donnés beaucoup de mal pour que tout soit vraiment magnifique. Dzongsar Khyentsé Rinpoche est un jeune Lama (d'environ trente ans) assez dynamique.

Environ deux cent personnes étaient là pour le voir : des étudiants de Tharchin Rinpoche mais aussi ceux d'autres Lamas, venus de toute la Californie. Tharchin Rinpoche et moi étions assis de chaque côté de lui, face au public. Dzongsar Khyentsé Rinpoche leur dit qu'il n'enseignerait pas et ne ferait que répondre à des questions. Il me demanda si ma montre avait un chronomètre.

C'était le cas. Je la lui donnai. Il dit alors que s'il y avait une pause de plus de dix secondes entre des questions, il partirait et l'enseignement serait fini.

Il refusait de répondre à ce qu'il considérait comme des questions toutes faites, c'est-à-dire préparées à l'avance afin d'obtenir un enseignement sans rapport spécifique à celui qui les posait. Il ne voulait pas de questions intellectuelles.

Il voulait des questions « brutes » ; des questions qui venaient de l'expérience des gens plutôt que de ce qu'ils avaient lu. Au fur et à mesure que les questions se succédaient, le temps de pause passa à sept secondes, puis à trois. Avec ce genre de pression, de nombreuses personnes révélèrent la qualité véritable de leur expérience et leurs motivations pour la pratique. Il finit par leur dire: « Bon nombre d'entre vous ne sont mêmes pas qualifiés pour le samsara, et encore moins pour la recherche du nirvana, vous devriez aller chercher du travail. Si vous avez peur de vous coltiner le monde vous n'arriverez jamais à rien avec la pratique du dharma. »

C'était une remarque très pénétrante et très importante. Il est crucial de comprendre que c'est un *dédain* pour le samsara qui doit être cultivé, plutôt qu'une spiritualisation de nos incapacités.

On ne peut pas se réfugier dans le dharma de cette façon, ce n'est pas ce que « refuge » signifie. Le refuge signifie *placer sa confiance dans l'actualité.*

Notre mépris pour le samsara doit venir de notre capacité à le voir pour ce qu'il est. Nous devons ressentir du mépris pour les maniérismes de l'existence samsarique parce que nous avons compris à quel point nos succès à ce jeu sont trompeurs.

Si nous ne sommes que des ratages de l'usine du samsara quelle sera notre orientation dans la pratique – surtout celle du Tantra ?

C'est une erreur répandue de définir le samsara comme la société dans laquelle nous vivons. Nous pouvons certainement acquérir de la répulsion pour certains concepts sur lesquels beaucoup d'aspects de nos sociétés sont fondés, mais il ne faut pas que ça devienne une aversion basée sur le samsara pour des formes de société. Vous ne pouvez pas vous extraire du samsara en quittant la société. Cela ne marche pas. C'est pour cela que je n'approuve pas vraiment les gens qui quittent leur travail pour courir se cacher en Inde.

Ce qui est crucial pour moi c'est que mon enseignement puisse être intégré dans la société où nous nous trouvons. Je veux que ces enseignements prennent racine ici. Certaines personnes sont faites pour consacrer entièrement leur vie à la pratique. Mais ce ne sont pas celles qui trouvent la vie de tous les jours trop difficile.

Généralement, les gens qui fuient ce qu'ils définissent comme le samsara de la société trouvent le contexte spirituel tout aussi problématique. Ils découvrent qu'en fait c'est juste qu'ils ne sont pas très heureux.

Q Pourriez-vous en dire davantage sur la façon dont on fait l'expérience du vide dans la pratique du Tantra ?

R Principalement à travers la dévotion. Dans votre relation avec le Lama. En vivant la vue tantrique. Le vide est là quand on tombe amoureux.

Il existe quand on est inondé par la radiance de l'être de conscience. Il existe dans l'expérience de la transmission.

La puissance des pratiques Tantriques peut dissoudre les limites de nos raisonnements conventionnels. Il nous faut simplement prendre le risque et s'engager sur la voie. Cela commence avec l'inspiration. Puis, il faut nourrir cette inspiration de notre effort et de notre détermination à pratiquer. À certains moments, nous paniquerons, c'est certain. Mais dans ces moments-là on peut aussi pratiquer le Tantra.

Ces moments de panique sont ceux où l'on peut faire l'expérience du vide. Nous nous sentons dominés, désorientés, terrifiés à l'idée que notre vie puisse devenir un cauchemar. On pourrait avoir le sentiment de traverser une sorte de crise d'identité. A tous ces moments il y a le vide. Ce n'est peut-être pas le vide de né-pa, le fruit du shi-nè, mais ce n'est fondamentalement pas différent.

Quand je parle du Tantra, je parle souvent de la nature de la voie en dehors des pratiques formelles de visualisation.

La meilleure façon d'en faire l'expérience c'est en compagnie du Lama : dans l'interaction de chaque instant vécue comme pratique, en laissant le Lama interagir avec vos circonstances de vie, en appliquant les conseils du Lama.

Q Pouvez vous reparler de ce retour dans le monde de la forme après s'être visualisé en être de conscience ? Dans l'analogie du vaisseau spatial, pourriez-vous expliquer comment les « tuiles » absorbent la « chaleur » de l'habitude référentielle ?

R Dans la perspective du vide, le retour dans la sphère de la forme, de la multiplicité, est un peu problématique.

Si nous avons peu ou pas d'expérience de la forme depuis la perspective du vide, alors, dès que la forme réapparaît, nous perdons la perspective du vide; et ce particulièrement quand nous pénétrons dans l'environnement physique et tactile. Comment nous y prendre, comment faire face à cette situation ? Comment maintenir la perspective de la vacuité face à des vies innombrables d'addiction à la référentialité ? Il y a deux possibilités. Nous avons le véhicule de retour dans notre dimension personnelle ; notre identité telle que nous la percevons habituellement. Et puis nous avons la possibilité de revêtir le corps de visions. Selon mon analogie des tuiles qui absorbent la chaleur, la dualité apparaît comme la cause de la friction.

La forme de l'être de conscience, les tuiles, est une expérience non duelle ; une expérience de forme vide.

Si nous pouvons nous identifier complètement avec la forme de l'être de conscience, alors il n'y a simplement plus de friction dualiste ; nous ne créons plus de dualité à travers la forme. Ou peut-être voudriez-vous une autre analogie ?

Q Merci, ce serait utile. C'est comme si je comprenais presque ce que vous disiez, c'est une expérience étrange…

R Tant mieux. Alors ne parlons plus de tuiles, mais prenons une analogie plus spirituelle. La poêle en téflon… Si vous essayez de faire des œufs brouillés dans une casserole normale, les œufs restent collés sur les bords et il faut ensuite remplir la poêle d'eau savonneuse et la laisser dans le jardin pendant une bonne semaine avant d'essayer de la nettoyer! Alors qu'avec le revêtement en téflon, le nettoyage devient facile, un coup d'éponge suffit. Donc, quand vous émergez du vide sous forme « téflonisée », celle de l'être de conscience, les œufs brouillés du samsara glissent sur vous!

Plus besoin de la crème à récurer de la vertu calculée pour vous racler. Ni de la paille de fer de la discipline autoritaire et de l'ascétisme.

À vrai dire, vous êtes déjà dans la dimension de la forme quand vous apparaissez en tant qu'être de conscience. L'être de conscience est la dimension de la forme. Ainsi, il est inexact de dire que l'on entre dans la dimension de la forme en tant qu'être de conscience. Pourtant c'est bien l'impression que l'on a. Particulièrement au cours des activités quotidiennes. C'est alors que vous commencez à ressentir la fierté vajra : la pratique où l'on devient conscient de sa propre nature éveillée en s'identifiant avec l'être de conscience.

Q Serait-il donc important d'en savoir long à propos de Padmasambhava et de sa vie ?

R Pas vraiment. Vous ne pouvez pas approcher la visualisation de cette façon. Ce serait comme essayer de se conceptualiser en rock star, de se recréer en John Lennon.

Quand on visualise, il doit y avoir un sens non conceptuel de Padmasambhava, Padmasambhava comme source du Tantra. Ce sentiment naîtra des enseignements que vous recevrez de différents Lamas. Quand vous entendrez ces enseignements, il vous sera peut-être possible de vous connecter à la puissance de la lignée de Padmasambhava passant à travers les mots. Cette puissance s'exprimera directement par la présence du Lama. Avec un Lama comme Dud'jom Rinpoche c'est très apparent, mais avec un Lama comme moi, il vous faudra peut-être une aide optique : comme un microscope électronique !

Ma seule qualification est d'être soutenu par ma dévotion envers Khyungchen Aro Lingma, Yeshé Tsogyel et Padmasambhava.

La présence du Lama doit évoquer ce sentiment de façon aiguë. Ses enseignements doivent rendre vivant l'être de conscience sous sa forme visionnaire. Il doit y avoir un sentiment de grande dignité et de détente.

Une grande excitation sans anticipation, jugement ou distraction. Il n'y a pas de méthode pour parvenir à ce ressenti. L'image de Padmasambhava doit vous parler très directement. C'est quelque chose de *très* personnel. Par exemple, je ne peux pas vous dire comment aimer votre mari ou votre femme.

Je ne peux pas vous dire comment tomber amoureux de quelqu'un. Je ne peux que vous dire : mettez-vous en situation. Voyez ce qui arrive. Voyez si la lignée devient vivante pour vous.

Q Il m'est très difficile d'envisager l'idée de me visualiser sous une forme masculine, mais c'est important dans les pratiques qui m'ont été données. Serait-il possible d'avoir un équivalent féminin de ces pratiques ?

R Ah…. Eh bien tout d'abord je dirais que vous n'avez pas besoin d' « envisager l'idée » : c'est conceptuel. Dans la visualisation, l'idée n'a pas de sens – cela ne s'applique qu'au niveau de l'imagination créative. Vous visualiser comme être de conscience masculin ne devrait pas être un problème. Je me suis moi-même visionné sans difficulté en femme noire nue et courroucée pendant près de dix ans. Le genre, en termes d'êtres de conscience, n'a aucune importance. Oubliez cela et mettez-vous juste à pratiquer.

Avec une expérience du vide il n'y a pas de problème. Sinon, contentez-vous de générer l'enthousiasme nécessaire grâce à votre dévotion pour votre Lama. Mais, quoi que vous fassiez, ne tentez pas d'envisager l'idée !

Q J'ai entendu dire qu'éventuellement les déités prendraient une apparence occidentale au fur et à mesure que les enseignements tantriques s'intégreraient à la culture de l'Occident. Serait-il donc plus facile pour nous de nous visualiser dans des formes plus occidentales ? Est-ce possible ?

R La réponse est fondamentalement la même. Il serait plus facile de vous visualiser comme être de conscience sous une forme occidentale si vous deviez vous situer dans vos propres coordonnées culturelles. Mais dans le Tantra, il n'y a plus de coordonnées culturelles, dans l'état vide elles cessent d'exister. Vous n'avez besoin de coordonnées que si vous utilisez votre imagination active.

Ceci ne veut pas dire que les êtres de conscience ne prendront pas éventuellement une apparence plus occidentale.

Mais ce changement proviendra alors de la vision de Maîtres Tantriques occidentaux qui l'actualiseront en sympathie avec la culture dans laquelle ils sont nés. En termes de pratique, cela ne fera aucune différence. Cela facilitera peut-être l'approche initiale de la voie, mais sans l'expérience du vide ou une forte dévotion, la pratique de la vision restera difficile. Même si Chenrezigs ressemblait à un travailleur social, un thérapeute new age ou un hipster, cela ne ferait aucune différence. Vous auriez toujours les mêmes problèmes. Plus familière ou plus signifiante pour vous, l'image continuerait à vous faire des clins d'oeil ou à disparaître.

Chenrezigs ou Padmasambhava continuerait de se métamorphoser en personnage de bande dessinée. Il est important de comprendre que la pratique de la vision est complètement différente de celle de l'imagination active.

Même si le processus d'imagination active peut être une base utile pour la visualisation, ne vous causez pas un conflit supplémentaire en voulant des images culturellement proches. Ces images ne seraient pas plus utiles.

Un Tibétain accepterait facilement l'idée d'apparaître sous la forme d'un banquier londonien vêtu d'un pantalon rayé et d'un chapeau melon si l'idée lui était présentée par un Lama éminent ! Aucun problème !

En Angleterre, à la fin des années soixante, des prêtres bien intentionnés commencèrent à faire de la moto et à jouer de la guitare pour attirer l'attention des jeunes. Malheureusement ce n'est pas comme cela que ça marche. Ce n'est pas comme ça qu'on intéresse les gens aux enseignements.

Ce genre d'adaptation n'est qu'une manière de satisfaire des besoins psychologiques que les enseignements essaient justement de détruire. Il y a un principe très important : nous avons besoin de l'expérience du vide pour pouvoir pratiquer le Tantra. Ou alors d'une forte dévotion envers le Lama et la lignée. Il faut le vide ; ou le vide et la forme de la vraie dévotion.

Q Pourriez vous dire quelque chose à propos de Padmasambhava ? Il me semble que le caractère sacré de ses enseignements aille bien au-delà de ce qu'on croit généralement. Il semble y avoir un manque de compréhension de la façon dont Padmasambhava devrait être perçu, et de la façon dont ces enseignements devraient être pris à coeur en Occident.

R Padmasambhava est le Bouddha de notre temps ; voilà ce qu'il faut prendre à coeur. Padmasambhava est à la fois une relation personnelle et une vaste sphère de significations et d'expériences lumineuses.

Padmasambhava est le Bouddha dont les enseignements et les pratiques deviennent plus puissants à mesure que notre confusion s'intensifie. Pratiquer véritablement dans la tradition tantrique c'est comprendre Padmasambhava.

Comprendre qu'il englobe une profondeur de sens et d'influence qui dépasse de loin les limites de l'esprit rationnel. Sans avoir un sens de l'immensité qu'évoque son nom, il est impossible d'avoir une relation utile avec le Tantra.

Son influence est incroyablement puissante par la pure vibration qu'il communique.

L'héritage d'enseignements et de pratiques venant de lui s'est répandu à travers le monde à une vitesse incroyable depuis l'invasion chinoise du Tibet dans les années cinquante. L'Occident n'avait jamais connu une telle prolifération d'écrits sur une religion asiatique. Malgré la complexité stupéfiante du Tantra tibétain, de sa présentation non synthétisée et non adaptée, il a été reconnu comme répondant à un besoin profond. Le Tantra tibétain a provoqué cette extraordinaire réaction parce que l'essence de ces enseignements est au delà des cultures : l'héritage de Padmasambhava est complètement hors du temps et de l'espace. L'enthousiasme suscité par des pratiques dont la forme extérieure semble complètement étrangère à la vie occidentale en témoigne.

Malheureusement, malgré l'enthousiasme suscité par l'héritage de Padmasambhava en occident, un certain nombre de problèmes sont également apparus et doivent être résolus pour qu'un engagement à long terme puisse porter fruit. Il semble, par exemple, y avoir peu de compréhension de la fonction essentielle du Tantra comme moyen de transformation. En l'absence de certains principes vitaux l'enthousiasme pourrait stagner.

C'est une très grande responsabilité de tenter d'exposer les organes vitaux de cette tradition de réalisation, et je le fais avec une certaine hésitation.

Il est vital que les enseignements de Padmasambhava soient présentés de manière à répondre aux problèmes cruciaux de gens ordinaires. Mais il est important que le sujet ne soit pas banalisé par son accessibilité même.

J'ai toujours considéré qu'avoir reçu ces enseignements était un privilège immense. Je suis conscient que ma formation est une des opportunités les plus rares qu'un être humain puisse jamais avoir. Il m'est donc important de faire tout ce que je peux pour le rendre accessible à d'autres. Mais cet effort n'est pas sans problèmes. Au cours des années où j'ai enseigné aux États-Unis, en Europe et en Grande-Bretagne, je me suis rendu compte que mes présentations ouvraient les portes de la pratique pour certaines personnes, mais pour d'autres ce n'était qu'une occasion de plus de perdre du temps. Sans le sentiment du caractère sacré de la tradition, très peu de choses sont possibles.

Q J'ai été intéressé par ce que vous avez dit de l'impossibilité de vivre sans rituel ni symbole. Pourriez-vous en dire un peu plus, Rinpoche ?

R Certainement. Quand j'étais à l'école, par exemple, beaucoup d'activités symboliques nous occupaient tous de façon très excitante. C'était l'âge ou l'intérêt pour le sexe opposé naît, et avoir un petit ami ou une petite amie était la priorité numéro un. Jeune homme, pour inviter une fille à sortir on lui proposait d'aller au cinéma. Cela n'avait pas tellement à voir avec le film, en fait, l'espoir principal était qu'on n'en verrait pas grand-chose.

C'est ce que les jeunes faisaient à mon époque. Je ne sais pas ce qu'ils font maintenant, mais j'imagine que la découverte de l'amour est tout aussi symbolique.

Si la fille disait non, on n'en concluait pas qu'elle n'aimait pas le cinéma, seulement qu'elle n'avait pas envie d'y aller avec vous. Plus tard, après une sortie, on peut inviter l'autre à monter boire un café.

Ce sont des actes symboliques, des comportements rituels. Quand vous voulez devenir ami avec quelqu'un, vous l'invitez à manger chez vous. Ce n'est pas parce que vous pensez que cette personne a faim ou n'a pas de nourriture, mais pour faire connaissance.

Q Vous avez dit que les aspects « intérieurs » et « extérieurs » de l'existence se reflètent mutuellement dans l'expérience Tantrique. Pourriez-vous expliquer ceci un peu plus ?

R A un certain niveau et dans une certaine perspective, « intérieur » et « extérieur » signifient perception et champ de perception. Mais ces mots s'appliquent aussi à l'espace, l'espace de l'être et l'espace de l'existence.

L'espace de l'être est la vastitude du monde intérieur de l'individu : tout ce qui constitue la réalité au niveau de l'intellect, de l'émotion et de l'intuition, et tout ce qui constitue la réalité au niveau subtil des nerfs spatiaux, des vents spatiaux et des éléments spatiaux quintessentiels.[7] L'espace de l'existence ou monde extérieur c'est ce qu'il y a là dehors : New York, San Francisco, Londres, Cardiff, Bangor.

Ce monde extérieur est à la fois réel et irréel. Il est là, mais nous nous y référons par projection. Par « projection » je veux dire que nous voyons ce que nous avons envie de voir. Nous voyons ce qui nous intéresse en fonction du degré de confort dont nous avons besoin.

---

7 Tsa, rLung et thig-lé en tibétain

Nous interagissons avec le monde extérieur selon notre besoin d'affirmer notre existence à l'aide de points de référence. Le monde phénoménal est pour nous un système de maintenance nous permettant de vivre dans l'illusion que nous sommes solides, permanents, séparés, continus et définis.

Mais le monde extérieur n'existe pas pour cela ; il n'existe pour aucune raison. Le monde extérieur est simplement là. Nous sommes simplement là ; dans cette situation, dans cette danse ; dans cette exclamation d'interpénétration de ce qui est. L'espace de l'être et l'espace de l'existence sont à la fois séparés et non séparés, c'est pour cette raison qu'ils se reflètent. Ils se reflètent en tant que dualité ou non dualité ; en fonction de notre attachement à la forme ou de notre capacité à laisser les deux *danser*.

Q Quand vous parliez « d'infinie variété », vous disiez qu'il n'y a rien qui apparaisse qui puisse être prédit selon notre perception dualiste.

Diriez-vous que « l'infinie variété » peut être prédite selon la perception non dualiste ? Ou est-ce une question stupide ?

R Ce n'est pas une question stupide. Rien ne rend une question stupide à part l'intention de celui qui la pose. J'ai une définition particulière de la stupidité : la fermeture délibérée de l'esprit ; une incompréhension basée sur une sorte de suffisance cachée, ou de l'arrogance.

Une question qui provient d'une interrogation momentanée dans l'étude des enseignements n'est jamais stupide. J'insiste sur ceci parce que je veux que les gens se sentent libres de poser des questions.

Je préfère répondre à des questions plutôt que de présenter un ensemble d'informations.

C'est le style que mes maîtres Dudjom Rinpoche, Dilgo Khyentsé Rinpoche, Chhi-'mèd Rig'dzin Rinpoche et Künzang Dorje Rinpoche adoptèrent avec moi... Quelle était votre question ? (rires)

L'infinie variété n'est ni prévisible ni imprévisible dans la perspective non-duelle. Quand perception et champ de perception ne sont pas séparés on ne se soucie plus de la prévisibilité ou imprévisibilité des phénomènes. Tous les phénomènes sont unifiés dans la nature compatissante de leur apparition. Aucun besoin d'avoir des soupçons. Aucun plan n'a besoin d'être fait. Rien n'a besoin d'être pris en compte. L'apparition des phénomènes est simplement merveilleuse. Leur infinie variété est une surprise continuelle et stupéfiante.

Q Quand vous parliez de « phénomènes physiques externes » et de « phénomènes internes non physiques » je me demandais s'il y avait des « phénomènes externes non-physiques » et des « phénomènes internes physiques » ?

R Il peut y avoir des phénomènes externes non physiques, mais « l'interne » se réfère toujours au non physique. Sinon nous parlerions d'organes internes au niveau biologique, du sang, du liquide lymphatique etc...

Les « phénomènes internes » sont le fonctionnement de l'énergie non duelle au niveau du *tsa*, *rLung* et des *thig-lé*. Et d'un fonctionnement faussé des énergies à la fois distendues et tassées dans l'apparence illusoire de la dualité. Mais c'est un sujet difficile que nous n'avons pas le temps d'aborder.

Q Et les phénomènes externes non physiques ?

R Je ne pense pas que vous trouverez ma réponse très satisfaisante. J'hasarderai l'idée que les phénomènes externes non physiques pourraient être appelés anges et démons, et autres. Qu'ils existent ou non concerne peu notre discussion présente.

Q Vous pensez qu'ils existent Rinpoche ?

R Je pense que tout est à la fois existant et inexistant (rires). Comme le disait Chhi-'mèd Rig'dzin Rinpoche « Bien des choses sont possibles ».

Q Quand vous parliez des qualités vides de la forme et des qualités de forme du vide, vous disiez qu'en fuyant le vide nous le concrétisions, et que ce vide devenait alors de la forme. Je ne vois pas comment notre fuite peut transformer le vide en forme.

R Nous ne parlons pas d'alchimie… Il ne s'agit pas de la capacité supposée de solidifier quelque chose de façon externe. Nous examinons notre *relation* avec la forme et le vide.

Le vide, ou le reflet du vide, au niveau de notre perception, revêt simplement l'apparence de la forme dans notre relation avec elle. Rien ne change hormis le style de notre relation. Notre fuite du vide crée l'illusion d'un champ objectif. Nous ne pouvons pas fuir « rien ». Vous ne pouvez pas vous enfuir de l'espace. Si vous tentiez de fuir l'espace, vous feriez du sur place. Vous n'iriez nulle part.

Il faut un point de référence pour concrétiser cette sensation de fuite : il faut fuir « quelque chose ». On solidifie donc le vide pour pouvoir le fuir. La solidification *est* la fuite. Le samsara c'est courir de plus en plus vite dans une galerie de miroirs en essayant de ne pas voir son reflet…

5

L'Ami Dangereux

Le Lama est le personnage extatique, sauvage et doux qui court-circuite nos systèmes de référence. Le Lama est la seule personne dans notre vie qui ne peut être manipulée. Le Lama est cette invasion de l'imprévisible que nous invitons dans nos vies pour couper court aux convolutions interminables de nos processus émotionnels et psychologiques. Avec une compassion terrifiante, le Lama bat le jeu de cartes de la rationalité que nous avons soigneusement fabriquée.

Le Lama est le début et la fin de la voie du Tantra. Sans lui nous sommes soit dans une boucle fermée ou condamnés à une lente progression sur un nombre incalculable de vies. Sans le Lama la voie du Tantra ne peut fonctionner. Le Lama est source de sagesse et de méthode, une personnification de l'indivisibilité du vide et de la forme. Le Lama nous aide à comprendre la vue et nous présente les méthodes qui permettent de l'actualiser. La vue est l'aspect vide et les méthodes enseignées par le Lama sont l'aspect de forme. Le dynamisme de sa présence les unifie. Ayant lui-même actualisé la nature des enseignements, le Lama peut la faciliter chez les autres.

« L'actualisation » est la condition dans laquelle la vue devient un besoin aussi réel que le sommeil, la nourriture ou l'air. Le Lama est l'exemple vivant de la possibilité de cette actualisation et il montre comment l'actualisation est possible à travers la personnalité perceptuelle unique de chaque étudiant.

Le Lama connaît directement la nature de l'Esprit et comprend directement les distorsions créés par le besoin de maintenir l'illusion de la dualité. Grâce à ces facultés, le Lama comprend ainsi directement le style de perception de ses étudiants et établit un lien extrêmement personnel avec ceux-ci, même s'ils sont d'âges, d'origines et de cultures différentes. Le Lama perçoit les habitudes perceptuelles de ses élèves à un niveau non culturel.

Le Lama est une personne complètement ordinaire et complètement extraordinaire à la fois. Chhi-'mèd Rig'dzin Rinpoche parle aux gens de façon très ordinaire. Il n'a pas besoin d'orienter toute la conversation vers les enseignements : il est lui-même une manifestation des enseignements dans tout ce qu'il dit ou fait. Il est très simple et très naturel avec des gens qui n'ont pas d'intérêt particulier pour le bouddhisme. J'ai pu observer ceci quand il nous rendit visite et que le lord-maire de Cornouailles et son épouse vinrent le saluer. Chhi-'mèd Rig'dzin Rinpoche leur posa des questions sur leur rôle et fut vite en grande conversation avec eux. Il avait l'air vraiment intéressé par leurs propos, et semblait beaucoup apprécier leur compagnie. Quand ils s'en allèrent, il vint s'asseoir avec le groupe de Bouddhistes occidentaux qui étaient venus étudier avec lui et dit simplement : « Ces gens-là ont très peu d'ego. »

L'assemblée fut surprise par cette déclaration et quelque peu mal à l'aise.

Chhi-'mèd Rig'dzin Rinpoche connaissait les concepts de certains de ceux qui se croyaient ses étudiants, et savait qu'ils pensaient qu'il s'était gentiment moqué du Maire et de sa femme, un sympathique couple d'âge mûr. Rinpoche fut également charmant et naturel avec ma propre mère et celle-ci apprécia beaucoup sa compagnie.

Chhi-'mèd Rig'dzin Rinpoche peut aussi être taquin. Il demanda une fois à une jeune femme si elle était bouddhiste. Elle lui répondit que non et il lui demanda immédiatement pourquoi ; mais la réponse ne fut pas très claire. Il lui demanda alors « Croyez vous au naturel et à la gentillesse ? » ce à quoi elle répondit « Bien sûr ». Il lui dit « Vous êtes donc bouddhiste. » D'autres personnes présentes se considéraient bouddhistes et il leur posa la même question. Mais quand ils répondaient qu'ils étaient bouddhistes il leur demandait pourquoi. Leurs réponses étaient variées et Chhi-'mèd Rig'dzin Rinpoche était bien plus inquisiteur qu'avec la jeune femme. Les Bouddhistes s'étaient attendus à son approbation et la jeune femme à sa désapprobation. Ce fut un échange amusant d'où tout le monde tira quelque chose. Mais le plus surprenant fut le langage utilisé par Chhi-'mèd Rig'dzin Rinpoche : tout était dit très simplement et n'importe qui aurait pu comprendre. Il ne parla que de la vie de tous les jours. C'est souvent ainsi qu'il apprend à connaître les gens.

Pour connaître un étudiant un Lama n'a pas besoin d'informations biographiques. Même quand il pose des questions au sujet d'évènements passés, il ne fait pas particulièrement attention aux détails.

C'est leur présentation qui compte : le Lama perçoit alors les structures de perception et le cadre de référence conditionné de l'étudiant. Sans le Lama, nous ne pouvons échapper à l'expérience du renvoi infini. Dans le non éveil chacune de nos références en nourrit une autre. Ces « références autoréférentielles » forment des configurations compliquées interagissant avec d'autres configurations, qui nous semblent toujours différentes.

Nous explorons ainsi le monde intérieur de fabrication du « sens », mais il s'agit toujours de la même chose : une justification de notre besoin de maintenir une illusion grandiose. Cette illusion, c'est la dualité. Pour la maintenir nous devons prouver que nous existons, et, pour cela, devons croire en certaines caractéristiques inhérentes à l'existence : la solidité, la permanence, la séparation, la continuité et la définition.

Ce sont les qualités de forme du vide, mais ce n'est pas tout. Il y a aussi les qualités de vide de la forme, avec lesquelles nous sommes moins à l'aise : l'insubstantialité, l'impermanence, l'indivisibilité, la discontinuité (ou disjonction perpétuelle), et le manque de définition (être indéfini ou au-delà d'une définition particulière). Ce sont les aspects de l'existence que nous craignons et auxquels nous réagissons en créant des systèmes de référence infiniment complexes.

Ces derniers s'imbriquent les uns dans les autres en se donnant un sens mutuel presque parfait. Ils nous permettent de voyager plus ou moins longtemps dans différentes versions de notre confusion.

Tous ces voyages nous paraissent différents en substance et d'une façon signifiante et satisfaisante pour nous ; mais, en fin de compte, ils sont tous pareillement autodestructeurs.

Ils nous séduisent en nous faisant croire que l'on peut échapper à la douleur, à la frustration et à l'insatisfaction, mais ne font en fait que recycler la douleur et la maintenir. La fabrication de ces systèmes de référence nous fait entrer dans une version de la réalité où nous ne faisons que tourner en rond. La seule fonction d'une « version de la réalité » est de se donner à elle-même des preuves d'elle-même. Ces réalités s'auto entretiennent et ne font que générer encore plus de douleur, de frustration et d'insatisfaction.

Ce ne sont que des méthodes d'évitement, des tentatives de trouver une version dualiste de l'état non duel. Voilà ce qui signifie l'expression « non éveil ».

Le Lama est le personnage extatique, sauvage et doux qui court-circuite nos systèmes d'autoréférence. Le Lama est la seule personne dans notre vie qui ne peut être manipulée. Le Lama est cette invasion de l'imprévisible que nous invitons dans nos vies pour couper court aux convolutions interminables de nos processus émotionnels et psychologiques. Avec une compassion terrifiante, le Lama bat le jeu de cartes de la rationalité que nous avons soigneusement fabriquée.

Le Lama nous donne accès à une multitude de méthodes puissantes de réalisation. « Lama » signifie « enseignant ». C'est un mot que l'on peut comprendre de deux manières. Un enseignant enseigne en général un sujet particulier, ou permet d'acquérir une expertise.

Les enseignants que nous connaissons peuvent aller de l'instituteur de maternelle au professeur d'université. Mais leur fonction, si intelligents et talentueux qu'ils soient, n'est pas celle du Lama.

Les professeurs que nous avons rencontrés peuvent avoir l'esprit large ou étroit. Il y en a d'ennuyeux et de remarquablement brillants. Ils procèdent de façon individuelle et créative, ou comme si c'était un travail à la chaîne. Ils facilitent la découverte personnelle ou préfèrent l'apprentissage par cœur. Mais quel que soit leur style, ce ne sont pas des Lamas.

Les Lamas sont des enseignants au sens large. Ils peuvent adopter l'une des manières d'enseigner que nous connaissons mais ne sont pas limités ou caractérisés par ces styles. Les Lamas ne sont jamais conditionnés par le style qu'ils adoptent.

Ils utilisent des styles très différents en fonction des personnalités, capacités et circonstances de leurs élèves. Quelle que soit la méthode du Lama, elle transcende la fonction habituelle de cette méthode. Le Lama est dans une catégorie complètement différente. Si nous pensons approcher une telle personne, il faut être prêt à l'imprévu. Nous devons pouvoir questionner nos perceptions et nos réactions. Notre raison doit pouvoir être mise à l'épreuve. Le Lama a pour fonction de refléter notre éveil et de nous montrer qui nous sommes vraiment.

Si, à travers les méthodes que le Lama nous fournit, nous arrivons à nous ouvrir suffisamment, nous pourrions nous apercevoir, l'espace d'un instant, dans la brillance de notre condition véritable. Nous pourrions momentanément nous retrouver en dehors des barrières du dualisme.

Ou en proie à la panique pure. Tout dépend de notre confiance. Et parfois, la confiance se situe hors de la rationalité.

Le Lama est aussi le miroir de nos névroses, de nos obsessions et de nos systèmes psychologiques rigides.

Nous pouvons « faire de la lèche » avec des enseignants classiques et ainsi éviter d'exposer sans fard notre nature. Nous pouvons faire semblant de toutes sortes de façons, et nous en tirer. Mais avec le Lama nous sommes toujours confrontés à ce que nous sommes vraiment.

Nous ne pouvons pas faire semblant avec le Lama : nous sommes toujours ce que nous sommes avec lui. Mais le Lama pourrait aussi nous laisser faire semblant, nous laisser nous convaincre que nous avons réussi à le tromper, et au moment où nous pensons y être parvenu, nous retirer le tapis de sous les pieds avec aplomb pour nous confronter à nos artifices, sortis de leur sac et répandus sur le sol...

Le Lama ne sait pas toujours pour autant lire dans notre esprit ou évaluer chaque situation dans sa totalité. Le Lama n'est ni omniscient ni nécessairement voyant. Il est enfantin de considérer le Lama comme un être surnaturel doté d'un assortiment de pouvoirs magiques. On risque alors une grave déception.

Certains Lamas ont des pouvoirs miraculeux, mais ce n'est pas cela qui fait d'eux des Lamas. La présence ou l'absence de tels pouvoirs ne permet pas de juger de la qualité plus ou moins grande d'un Lama.

Beaucoup de gens ont des pouvoirs extraordinaires, et ils sont parfois complètement névrosés, et même carrément méchants et intéressés. Des pouvoirs ne garantissent pas que quelqu'un perçoit la nature de la réalité. Nous prenons souvent les pouvoirs comme des sortes de garanties; mais il est naïf de faire confiance à quelqu'un simplement parce qu'il peut faire des tours de magie avec la réalité.

Nous manquons de beaucoup de capacités en termes de ce qu'on peut faire avec la forme matérielle.

Nous courons moins vite que les léopards mais nous ne songerions pas à les prendre comme enseignants. Nous ne sommes peut-être pas très musclés, mais nous ne prendrions pas pour autant Monsieur Univers pour Lama. Ce n'est pas tellement différent avec les perceptions extrasensorielles. Il est vrai que l'entrée dans l'état non duel facilite le développement de *siddhis*, ou pouvoirs de toutes sortes, mais certains *siddhis* inférieurs peuvent apparaître à force d'efforts ou par simple détermination. Certaines personnes naissent avec des capacités particulières dues à des expériences de vies passées.

La manifestation de *siddhis* n'est pas forcément synonyme de réalisation chez un Lama. Une personne qui reconnaît son propre éveil doit l'intégrer dans chaque instant. L'éveil soudain n'existe pas dans les systèmes du Bouddhisme tantrique : ou alors il est invariablement suivi d'un non éveil soudain.

L'éveil et le non éveil *miroitent* pour les pratiquants. Les yogis et yoginis ont ainsi des expériences stroboscopiques où leur éveil et leur non éveil alternent plus ou moins vite. Certains sont complètement intégrés et manifestent tous les *siddhis*. Certains les cachent.

On ne peut donc pas mesurer la valeur d'un enseignant à ses *siddhis*. Si nous avons confiance en un Lama, ayant développé sa pratique et la vue, alors les *siddhis* dont nous pourrions être témoins ne seraient que la cerise sur le gâteau.

Chhi-'mèd Rig'dzin Rinpoche est en réalité un *drupchen*, un mahasiddha, un maître accompli possédant de nombreux pouvoirs miraculeux.

Mais il ne les montre que rarement, et seulement dans certains contextes. Il est indéniablement voyant et sait exactement ce que pensent les gens.

Il possède de nombreuses capacités remarquables, mais on ne s'en rend compte qu'après avoir étudié avec lui pendant un certain temps. Il n'exhibe pas ses capacités extra normales et nie être différent des autres. Il semblerait qu'il faille d'abord avoir aperçu sa propre capacité réalisée, à travers sa propre pratique, avant qu'il vous laisse voir ses *siddhis*.

Il ne faut pas s'attendre à ce que le Lama lise dans nos pensées – ce n'est pas la meilleure façon d'évaluer notre relation avec lui. Certaines personnes font ça dans les foires, ou les boîtes de nuit.

Cela peut être utile, ou parfois douteux. Si vous aviez cette capacité et ne pouviez l'éteindre, votre vie serait un cauchemar ! Il faudrait beaucoup de force et une profonde équanimité pour supporter cela !

Il faut compter sur le Lama pour autre chose : sa connaissance de la libération et le sens de la confusion. Le Lama voit la confusion et le potentiel libéré chez ses étudiants, et travaille avec.

Connaître le vocabulaire mental de quelqu'un n'est pas d'un grand intérêt face à cette capacité à reconnaître un potentiel d'éveil.

Il ne s'agit pas du genre de potentiel qui pourrait être repéré par un chasseur de têtes ou un journaliste, et cela ne peut être révélé par le coaching ou la thérapie. Le potentiel dont nous parlons est le point d'équilibre entre des formes opposées de séduction. Cette qualité pivotale est cruciale dans la façon dont le Lama interagit avec notre perception.

L'impression d'être partagé entre des polarités illusoires est un aspect fondamental de la dynamique tantrique : liberté séduisante d'une part, captivité apparemment rassurante de l'autre. L'équilibre entre le réconfort décevant et le changement. Entre le courage et la peur, l'acceptation et le déni, la détente et le stress, l'ouverture et la rétraction, l'anxiété et l'enthousiasme, la panique et l'abandon. Nos personnalités sont l'interface entre nos fonctionnements limités et les énergies inconditionnées de notre éveil. Le Lama voit cet équilibre unique et peut ainsi *faire de la magie avec*.

L'idée de moment de l'esprit est importante pour comprendre la façon très particulière dont nous fonctionnons.

La perspective tantrique nous voit comme des êtres éveillés qui créent l'expérience du non éveil pour obtenir un nébuleux sentiment de sécurité.

Le *moment présent de l'esprit* est la *gestalt* continuellement changeante qui nous compose : c'est la position centralisée à partir de laquelle nous rationalisons tout selon le concept principal du moment.

On l'appelle moment de l'esprit parce qu'il représente le « goût » conceptuel de notre réalité et la façon dont cela change d'instant en instant. Le contenu éphémère de chaque moment de l'esprit névrotique n'a pas tellement d'importance. Bien que nous attachions beaucoup d'importance, à nos moments présents de l'esprit, cela ne représente pas grand-chose dans la perspective des moments de l'esprit à venir.

Certains prennent le moment de l'esprit très au sérieux. Ils prennent des décisions basées sur la configuration du moment présent. Ils changent donc constamment d'avis et n'arrivent jamais à rien, même en termes d'activités mondaines.

D'autres sont accrochés au contenu conceptuel d'un moment particulier et répètent ainsi aveuglément une action. D'autres vacillent entre les dictats de moments de l'esprit opposés et sont torturés par l'indécision. Pour chacun de ces modes d'être, le Lama peut être un catalyseur puissant. Il peut nous aider à potentialiser ou à transcender l'insularité de ces instants, si nous arrivons à accepter que quelqu'un nous pousse au-delà de notre rationalité.

Il existe deux types d'enseignants dans les systèmes Bouddhistes du Tibet. Le premier est l'ami spirituel.[1]

---

1 *Gé-wa'i shé-nyen* (Tibétain), *kalyanamitra* (Sanskrit)

C'est l'enseignant au niveau du Soutra qui prodigue conseils et suggestions. Vous ne lui accordez pas le pouvoir de vous faire aller au-delà de votre rationalité et il ne vous y encourage pas. Il ou elle peut mettre en question vos structures conceptuelles et vos préjugés, mais vous avancez toujours à votre propre vitesse, vous gardez la responsabilité complète de vos opinions.

C'est une phase critique qui ne doit pas être évitée, sauf dans des circonstances très particulières.

L'ami spirituel est toujours bon et encourageant et s'accorde toujours avec la moralité et l'éthique du *vinaya*. L'enseignant est un moine ou une nonne et ses actions sont toujours appropriées. Une relation très personnelle avec l'ami spirituel n'est pas nécessaire et celui-ci n'a pas besoin d'être considéré comme « mon maître ». Il n'y a pas de mariage *vajra* avec l'ami spirituel comme avec le Lama tantrique, pas de monogamie. L'idée de n'avoir qu'un seul maître n'apparaît qu'au niveau du Tantra. Avec l'ami spirituel, l'enseignement est toujours plus important que l'enseignant et on ne s'attache donc pas à un maître particulier.

Chaque enseignant est considéré comme quelqu'un qui nous aide à approfondir et à élargir notre compréhension des enseignements. Dans ce système, les enseignements sont souvent donnés en expliquant des textes (et en les commentant). Certains textes parlent du rôle de l'ami spirituel et de ces paramètres ; c'est donc quelqu'un de très sûr. Notre raison peut être mise au défi mais nous ne sommes jamais menacés, poussés, ou acculés à sauter.

Le Lama Tantrique ou maître vajra [2] est une toute autre affaire. C'est quelqu'un qui peut paraître irresponsable et très inquiétant.

---

2   *Dorje Lopön* (Tibétain), *vajracharya* (Sanskrit)

Dans ce contexte les actions du maître tantrique n'obéissent pas forcément aux critères habituels et peuvent être radicalement différentes de celles de l'ami spirituel. Trungpa Rinpoche appelait le Lama Tantrique « l'ami dangereux ».

C'est l'ami qui vous enferme dans un placard pendant plusieurs heures pour que vous fassiez une retraite spontanée, celui qui vous saoule et vous coupe les cheveux. L'ami dangereux peut faire n'importe quoi : il ou elle est complètement imprévisible. L'ami dangereux peut ressembler à un moine ou une nonne exemplaire mais ses actions ne s'accordent pas avec les critères externes, et on ne peut donc pas les juger.

Si l'on veut rester dans la camisole de force de la sécurité, le Lama apparaît comme une « mauvaise fréquentation ». Le Lama tantrique vous détournera de votre chemin, vous obligera à sortir du cocon que vous vous êtes fabriqué. Il vous fera sans doute veiller tard et rater votre train.

A cause de lui, vous surprendrez vos amis et votre famille. Il pourrait suggérer que vous fassiez des choses peu « raisonnables ».

Vous pourriez avoir l'impression d'avoir complètement perdu le contrôle de votre vie – mais après tout ce n'est pas si terrifiant. Ou alors, le Lama pourrait insister pour que vous preniez vous-même toutes vos décisions.

Le Lama pourrait mettre un peu de désordre dans votre vie ou compter sur vous pour vous reprendre en main. Il pourrait vous encourager à sauter en parachute ou à prendre moins de risques dans votre vie. Il peut tour à tour semer la confusion et clarifier les choses. La relation avec le Lama est elle-même le cœur de la pratique du Tantra. Mais comment savoir si le Lama que nous approchons est véritablement celui avec lequel nous pouvons établir un engagement vajra ?

La seule façon de juger le Lama est de pratiquer. La seule manière de connaître le Lama est avec votre cœur.

Il est manifestement nécessaire d'employer la raison quand nous commençons à travailler avec un Lama. Il est impossible d'initier une relation en abandonnant la raison. Ce serait incroyablement stupide. Nous donnons un pouvoir sans précédent au Lama pour qu'il façonne notre expérience : il nous faut donc avoir en lui une confiance totale. Nous devons être absolument certain de ses intentions et être profondément et de longue date convaincu que le Lama est véritablement réalisé. On n'arrive à une telle confiance qu'en recevant des enseignements activement.

Il faut découvrir le sens des enseignements dans notre vie de tous les jours ; considérer la nature des enseignements et les éprouver selon notre propre expérience.

Nous devons pouvoir questionner le Lama, pouvoir être critique sans arrogance ou cynisme. Nous devons être ouverts sans être naïfs ou crédules. Nous devons être inquisitifs et honnêtes à son propos. Nous devons comprendre ce qui nous pousse à rencontrer le Lama et ces enseignements « venus d'un pays lointain ». Un respect et une forme d'admiration sont nécessaires; mais sans l'émotion théâtrale qui cherche refuge dans quelque fabuleux mystère sacré.

Le Lama est un exemple du fruit de la pratique, à travers l'étoffe même de sa personnalité vajra. Les gens s'imaginent qu'il doit exister une similitude entre maîtres réalisés – comme si la personnalité appartenait entièrement au monde de la confusion.

Ils s'imaginent que les Lamas n'ont pas de caractéristiques individuelles ou de préférences personnelles. Ils se figurent qu'ils devraient déguster des fraises avec le même enthousiasme qu'une pâte grise nourrissante.

Voir le Lama exprimer le moindre désir que quelque chose soit autrement les dérange. C'est souvent apparent quand les Lamas parlent de la situation au Tibet ou de l'histoire de l'invasion tibétaine.

Je me rappelle une grande réception de Lama Chagdüd Tulku Rinpoche. C'était un dîner de charité dans un vaste jardin. Je parlais avec un charmant monsieur, un procureur qui était devenu l'élève de Chagdüd Tulku Rinpoche.

Il me dit que la peine de mort venait d'être rétablie, et qu'un jeune homme attendait son exécution. J'exprimai divers sentiments à ce propos et ce faisant versai quelques larmes. Plus tard quelqu'un me demanda pourquoi j'avais réagi ainsi. (J'étais d'humeur particulièrement hilare à ce moment-là.)

Je dis que j'avais alors été très triste de savoir que quelqu'un allait mourir et que je ne pouvais rien y faire. C'était aussi simple que cela. Je dis aussi que je n'étais pas gêné par les larmes: j'étais un être humain et c'était quelque chose qui m'arrivait.

Je ne vous raconte pas cette anecdote pour vous dire comment peut réagir un Lama. C'est juste que j'essaie d'être ouvert par rapport à ce que je ressens. Je suis souvent ému, mais, en tant que yogi, j'essaie d'éviter de trop m'identifier à un instant d'esprit comme définition de mon être. A quel point j'y parviens n'est pas un sujet très intéressant.

Il existe en Occident un mythe « d'absence d'émotion » en rapport avec la réalisation. De ce point de vue naïf, tout ce qui dans la personnalité du Lama nous rappelle trop nous-mêmes peut devenir problématique. C'est problématique si on se figure que seul quelqu'un de complètement déconnecté de notre propre condition peut nous aider. Selon cette logique, si vous êtes pauvre, seul un riche peut vous aider.

Si vous êtes souffrant, seul un maître spirituel déconnecté de toute souffrance peut vous venir en aide. Il y a là l'idée que la personne qui vous tend une main secourable, doit être de l'autre côté. Ce maître doit être le plus loin possible de notre condition pour pouvoir nous aider. Il faut qu'il soit sorti du trou ; sur l'autre rive ; dans une autre dimension ; dans le plan astral ; n'importe où mais pas ici ! Cette erreur vient de l'idée qu'*ici* c'est le *samsara*, et *là-bas* (ou pas ici) c'est le *nirvana*.

Ce point de vue est déconnecté de la compassion. Être indifférent au monde—ou séparé de lui—n'est pas mieux qu'être déchiré par lui. Ces problèmes disparaissent quand une réelle confiance en le Lama apparaît, sur la base d'une pratique régulière.

Sans la confiance nécessaire toutes sortes de problèmes peuvent surgir. La confiance doit donc s'établir aussi progressivement que possible – en termes de notre condition relative.

Certains préféreraient que le Lama soit véritablement « supra normal », qu'il n'ait jamais le genre de sentiments ou d'émotions que nous traversons, qu'il soit si différent de nous tels que nous nous voyons que nous soyons certains de ne jamais pouvoir atteindre le même état.

C'est désagréable de penser que nous fonctionnons ainsi, mais cette névrose sous-jacente est très fréquente. C'est un peu insultant, mais il n'y a rien à faire. Il y a quelque chose d'enfantin à vouloir être absolument sûr d'entrer en relation avec une personne complètement différente de nous.

Ce qui est vraiment insultant, c'est que par une telle attitude, nous insultons notre situation, notre propre potentiel éveillé… Nous considérons notre situation comme complètement différente de l'état réalisé.

Cette façon de penser est contraire au Tantra. La vue tantrique affirme qu'il est essentiel que nous respections ce que nous sommes comme base de notre réalisation. L'étoffe de nos personnalités est *en elle-même* la clé de notre libération.[3]

Si nous voulons pouvoir être nous-mêmes transformés, il est vital de considérer la transformation comme une réalité manifeste chez le Lama. La présence du Lama doit donc être un défi. Il doit refléter notre propre condition en termes d'une transformation possible.

Le Lama doit nous montrer comment faire l'expérience de nos personnalités. Nous devons pouvoir reconnaître les qualités de vide et de forme de ce que nous sommes. C'est quelque chose de subtil et d'évident à la fois. Cet aspect du Lama est non orthodoxe et non conventionnel dans la perspective du Soutra.

Le Lama tantrique (surtout le Lama tantrique dans les traditions non monastiques) met vraiment notre sécurité religieuse à l'épreuve.

Communiquer avec une telle personne nous confronte d'abord au manque de points de référence. Il faut être préparé à être en relation avec le Lama en observant le vide ou l'intangibilité de la personnalité que le Lama présente à tout instant. Pour cela il faut une certaine familiarité avec les enseignements tantriques tels qu'ils décrivent la psychologie de notre rapport à la vie instant par instant. Il faut une compréhension claire du vide, au moins au niveau intellectuel.

Il est relativement simple de comprendre intellectuellement le vide de nos personnalités. Il faut simplement se demander : « Où sont mes émotions quand elles ne se manifestent pas ? »

---

3 Cette opportunité choquante et radicale est décrite dans *Spectrum of Ecstasy* de Ngakpa Chögyam.

Nous nous interrogeons ensuite sur notre passé et sur les
« différentes personnes » que nous avons été à des moments
différents de notre vie. Inquiet ou confiant, colérique ou
détendu, obsessionnel ou enthousiaste, anxieux ou aventureux,
déprimé ou joyeusement ouvert. Ce passage en revue de nos
sentiments est manifestement un peu réducteur.

Il s'agit du schéma de base des cinq éléments : terre, eau, feu, air
et espace.

Nous faisons bien entendu l'expérience d'une palette bien plus
vaste.[4] L'interaction des cinq éléments donne naissance à une
variété infinie de nuances émotionnelles.

Chhi-'mèd Rig'dzin Rinpoche tel qu'il se présente exprime une
palette d'émotions humaines apparemment ordinaires, et ne
donne jamais l'impression d'être un androïde spirituel.

Il n'essaie jamais de projeter une image « transcendante » et
détruit systématiquement les projections auxquelles ses élèves
seraient tentés de se livrer. Il est toujours naturel et parle de
façon ouverte et désarmante, devant tout le monde, de tout ce
qui se passe dans sa vie. Ceci m'a toujours grandement inspiré
pour mon propre enseignement.

La clé de la personnalité de Chhi-'mèd Rig'dzin Rinpoche est sa
transparence éclatante. Ses émotions miroitent, comme un arc en
ciel dans un clair cristal, ou des reflets à la surface d'un lac
limpide. Ce qu'il présente à ce niveau est toujours absolument
humain et absolument libre.

Je n'ai jamais eu l'impression qu'il était conditionné par la forme
de ce qu'il présentait. Mais j'ai souvent été ému jusqu'aux larmes
par son humanité totalement translucide.

---

4   Le spectre en cinq parties des émotions peut être pris à un autre niveau dans lequel chaque
élément interagit avec chaque autre : ce qui donne vingt cinq configurations émotionnelles.
Ce thème est exploré en termes de relations homme-femme dans *Entering the Heart of the
Sun and the Moon*, par Ngakpa Chögyam et Khandro Dechen, Aro Books Inc., 2009.

Ce paradoxe est un pont entre un être pleinement réalisé comme Chhi-'mèd Rig'dzin Rinpoche et ceux qui veulent découvrir leur état inconditionné. Être en sa présence c'est voir que les émotions peuvent vraiment être des ornements de l'état réalisé.

Dans sa personnalité telle qu'elle apparaît, les émotions seules ne deviennent pas des fonctions de l'enseignement du Lama, mais le spectre entier des nuances personnelles. Je me rappelle avoir été avec Chhi-'mèd Rig'dzin Rinpoche à Genève. J'étais là pour une importante transmission des *zhi-trö*, les êtres de conscience paisibles et courroucés du Livre des Morts Tibétain. Il y avait à peu près deux cent personnes et l'atmosphère était très spéciale.

La plupart de ceux qui étaient présents avaient une bonne compréhension des enseignements et se rendaient compte de l'occasion rare qu'ils avaient de recevoir cette transmission d'un tel Lama. La transmission, ou son aspect rituel, fut assez longue, mais les gens présents étaient très attentifs. La voix de Chhi-'mèd Rig'dzin Rinpoche semblait captiver tout le monde.

Et, soudain, il cessa brièvement de psalmodier et fit quelque chose de très inhabituel. Il tourna la tête et renifla vaguement en direction de son aisselle. Il dit alors d'une façon très directe : « Quelqu'un m'a dit une fois que je sentais mauvais. Est ce que je sens mauvais ? » Ce fut tout.

Il n'attendit pas de réponse et recommença à psalmodier dès que les mots eurent quitté sa bouche. Ce fut un moment extraordinaire, et je n'arrivais pas à y croire. Mais l'effet fut remarquable.

C'est comme si jusque-là j'avais somnolé, alors que je m'étais senti tout à fait alerte. Je me retrouvai soudain électriquement présent. Mon frère de vajra Ngakpa Mikyö Seng-gé était présent lui aussi, et, quand ce fut fini, je lui demandai « Tu as entendu… ».

Je n'eus pas à finir ma phrase. « Oui » répondit-il. « Je n'ai jamais entendu Rinpoche faire ça avant... ». Nous avons tous les deux ri et ce fut un moment délicieux.

Souvent, quand les gens me demandent de décrire Chhi-'mèd Rig'dzin Rinpoche, je dis, entre autres, qu'il est imprévisiblement imprévisible...

Un aspect crucial du Lama tantrique est la façon dont sa personnalité devient un véhicule des enseignements.

Dans la perspective soutrique, la personnalité du Lama n'a aucune importance et il est particulièrement approprié qu'elle ne s'insinue pas dans l'enseignement. Mais avec le maître vajra tout change. La personnalité du Lama devient une puissante méthode de transmission – une façon de se connecter directement avec le cadre perceptuel de l'étudiant. Le maître vajra est *lui-même* le véhicule des enseignements. Peu importe le caractère bizarre ou mondain de sa personnalité manifestée, elle est un exemple qui rend les enseignements vivants pour les étudiants. Le maître tantrique pourra se servir de toutes les facettes de son expérience pour que ses élèves comprennent mieux la nature de la réalité. Tous les aspects de sa personnalité et de sa vie deviennent la matière d'un enseignement efficace. Quand ceci est véritablement perçu, la relation avec le Lama devient une fantastique source d'inspiration.

Questions et réponses

Q Vous avez dit, Rinpoche, qu'il serait incroyablement stupide d'entrer directement dans une relation où l'on abandonne sa rationalité. Cela ne pourrait pas être du courage intuitif ? Si on décidait de persévérer dans son engagement, même si plus tard on avait des doutes ?

R Possible… Mais, si l'enseignant se révélait être un psychopathe égocentrique? Alors quoi ?

Q Mais les Lamas ne sont pas comme ça !

R J'espère que non (rires)…. Mais je suis peut-être une exception…

Q N'est-ce pas l'éveil de l'étudiant qui scintille quand il prend la décision de s'engager totalement envers un maître sans ce long processus d'expérimentation; un peu comme un coup de foudre, et on serait capable de ne pas laisser tomber ?

R C'est possible aussi… J'imagine qu'il faut prendre des risques. Je suis là pour vous y encourager et aussi pour vous décourager. Il vous faut demeurer dans cette ambivalence – c'est votre vie après tout.

Q Vous avez dit qu'il fallait être absolument certain des intentions du Lama et être profondément et durablement persuadé de sa réalisation. Il semblerait donc que ce soit une décision rationnelle : mais je ne vois pas comment cela est possible compte tenu de notre faculté à nous illusionner et à réagir émotionnellement.

Comment puis-je vraiment savoir quelque chose, ou avoir confiance en quoi que ce soit ?

R Magnifique ! Il semblerait que vous ressentiez vraiment la texture de votre expérience. Continuez et détendez vous.

Et à part ça, continuez à pratiquer. Voyez ce qui arrive. Bonne chance.

Q Il est donc possible d'approcher cette question malgré, ou à cause, de ma confusion ?

R Bien sûr, sinon vous n'avancerez pas. Si vous vous êtes détendu dans votre confusion, vous pouvez commencer à bouger.

Q Vous disiez qu'il était faux d'imaginer que les maîtres réalisés sont tous « pareils ». Il me semble pourtant qu'ils ont toujours un merveilleux sens de l'humour. Pensez vous que ce soit vrai ?

R Dud'jom Rinpoche et Dilgo Khyentsé Rinpoche avaient en effet un merveilleux sens de l'humour, et c'est le cas de nombreux Lamas. Mais tous les Lamas ne sont pas ainsi. Certains ne sourient jamais alors que d'autres sourient continuellement. La véritable similitude entre tous ces Lamas est quelque chose d'indéfinissable: leur qualité de vacuité, ou plutôt leur qualité d'avoir réalisé le vide. Si vous pouviez définir cette qualité, alors elle appartiendrait au monde de la forme. Et la forme, comme vous le savez, est impermanente et infiniment variée.

Q Rinpoche, avez-vous des conseils pour nous aider à accepter l'ambivalence et à travailler avec elle? Cela semble assez impossible...

R Je ne peux pas vous aider à accepter quoi que ce soit. Accepter c'est cesser de lutter. Cesser la lutte c'est savoir que la lutte est futile, tout simplement.

L'ambivalence devient utilisable seulement si vous lui donnez de l'espace, arrêtez de l'empêcher d'entrer en luttant contre elle. Soyez amical avec vous-même et avec vos sensations – au niveau de l'expérience amorphe et sans but. Il faut juste rester avec ça et ne rien faire.

Q Je trouve incroyable que le Lama n'ait pas besoin d'information biographique sur ses étudiants. Je croyais qu'il me faudrait raconter ma vie entière à mon maître, comme à un thérapeute. C'est libérateur de ne plus avoir à se considérer comme juste une vieille histoire personnelle rabâchée. Je vois aussi comment je pourrais tenter de manipuler une telle situation en présentant des informations comme ça. Y a t-il quelqu'un d'autre dans ma vie qui est comme le Lama, c'est-à-dire qui ne peut pas être manipulé, et alors cette personne serait un enseignant pour moi?

R N'importe qui ou n'importe quoi qui ne peut être changé à votre convenance peut refléter des qualités semblables à celles du Lama. Tout dépend si vous le voyez comme tel et y répondez comme tel. C'est un aspect de la pratique qui consiste à faire l'expérience de la texture de nos vies comme étant le Lama.

Q Quand vous dites qu'on peut faire « semblant » avec d'autres enseignants mais pas avec le Lama, notamment en ce qui concerne la capacité du Lama à nous renvoyer l'image de nous-mêmes… Est-ce très différent de la façon dont un psychanalyste fonctionne comme un écran vide pour les projections de son patient ?

R Je ne dirais pas qu'un psychanalyste soit un écran vide pour son client.

C'est peut-être la théorie, mais à moins que le psychanalyste soit un être réalisé cela ne me paraît pas possible. Le Lama n'est pas non plus un écran vide. Le Lama est un écran interactif extrêmement riche …

Q Comme une « réalité virtuelle » sur ordinateur?

R Peut être… À moins qu'il n'y ait transmission. Alors c'est la réalité. Nous n'avons pas besoin d'ordinateur pour générer une réalité virtuelle, nous y sommes déjà. C'est le samsara.

Le Lama vous confronte à vous-même au moyen de sa qualité réfléchissante. Il n'essaie pas de vous aider à aller mieux en vous débrouillant mieux avec le samsara, ni de vous réhabiliter en trouvant une version plus fonctionnelle de votre confusion. L'intention du Lama est de la même nature que votre propre potentialité d'éveil.

Q Vous avez dit que la vue devait devenir aussi réelle que le besoin de sommeil ou de nourriture. Que veut dire la vue comme « besoin » ?

R Cette question doit être vue dans la perspective du fruit de la pratique. Au niveau de la maturité de la pratique, la vue devient aussi naturelle que respirer. Mais pour ce qui est de vivre la vue au jour le jour, il nous faut une certaine énergie, une certaine passion. Quand l'être aimé vous quitte pour un autre, il est très difficile de se dire « Bon ! Je suis déçu ! Mais c'est très bon pour ma pratique, je vais pouvoir *brûler de souffrance et d'extase* ! »

C'est là que la vue doit être ressentie comme un besoin. Dans ces moments, un pratiquant vraiment engagé n'abandonne pas la vue pour un réconfort semblable à de la crème glacée un peu fondue.

Ceci ne veut pas dire que vous ne pleurez pas. Je ne parle pas d'un stoïcisme semblable à une camisole de force; soyez simplement qui vous êtes. Mais gardez la vue en tête. Faites le parce que vous savez que sinon vous allez vous vautrer dans l'auto apitoiement ou vous enfoncer dans un système de comportements manipulateurs. Vous vivez la vue parce que faire autre chose est une perte de temps et d'énergie. On vit la vue parce qu'on n'a pas d'autre choix. Mais il y a de l'effort parce que les vieilles habitudes sont puissantes et tenaces.

Q Vous disiez que l'amour romantique est unique à un moment donné, êtes vous en train de dire qu'on ne peut aimer qu'une seule personne à la fois ? J'ai du mal à comprendre cela à la lumière de ma propre expérience.

R Il y a une distinction à faire entre amour et amour romantique. On peut aimer plusieurs personnes à la fois, ce n'est pas rare. Quand on est parent par exemple, on aime ses enfants et son (sa) partenaire. On peut aussi aimer un certain nombre de gens comme partenaires ou partenaires potentiels; mais pas avec la même intensité qu'être vraiment « amoureux ». La qualité unique dont je parlais, c'est comme apercevoir le miroitement de notre propre réalisation chez l'autre.

Quand cela arrive cela ne peut pas être mélangé. Le sentiment peut clignoter si vous vous sentez déchiré entre deux personnes ; mais l'état amoureux s'adresse toujours à une seule personne.

Bien sûr, cela dure rarement très longtemps, et plus tard il est possible d'aimer d'autres personnes.

Q Est-il possible de maintenir cet état amoureux ?

Ça semble être une expérience puissante pour dissoudre des barrières et apercevoir le vide.

R Oui, il est possible de le maintenir. Mais pour cela il faut faire une cour continuelle. Vous devez constamment cultiver le sentiment que l'autre personne pourrait disparaître. Vous devez être avec l'autre uniquement dans le moment, comme si c'était le dernier de votre vie. Essayez, je suis certain que vous trouverez cela fascinant. La sécurité en dehors du moment présent n'existe pas, pourtant tout le monde essaie de l'établir. Dès que vous vous accrochez à une expérience et essayez de la conserver en gelant la relation, alors le daka ou la dakini est perdue et vous découvrez qu'il ne s'agit que d'un homme, que d'une femme...

C'est assez frustrant. Mais c'est un sujet très vaste que l'on ne peut aborder maintenant.

Q Quand vous disiez qu'il fallait un engagement fort en temps et en pratique pour que Chhi-'mèd Rig'dzin Rinpoche vous laisse voir ses siddhis, voulez-vous dire que c'est un choix délibéré de sa part ? Ou que la possibilité de voir ses siddhis vient de l'ouverture créée par la pratique ? Ou est-ce qu'à travers la pratique on comprend que la clairvoyance du Lama est sa capacité à reconnaître nos illusions et notre potentiel de libération ?

R Oui, tout cela. Mais en ce qui concerne Chhi-'mèd Rig'dzin Rinpoche, je dirais qu'il « lit » les gens à un niveau factuel. Sa capacité à « lire » à tous les niveaux est stupéfiante. Avec moi vous avez de la chance si je peux lire votre écriture…

Q Vous décriviez notre situation comme un équilibre entre les qualités de forme et de vide, entre la séduction d'un confort morose et celle du changement. Par ce confort voulez-vous dire « stoïcisme » ?

R Non. Le stoïcisme va de pair avec l'hypersensibilité. J'ai vu un livre une fois qui s'appelait : *Etes vous vraiment trop sensible ?* Le stoïcisme, c'est l'autre côté. Le confort morose c'est être comme un mort vivant : vous restez dans une situation réconfortante et sécurisante mais ennuyeuse. Ce confort est morose parce que vous devez mutiler vos désirs insatisfaits et vos espoirs ; vous vous contentez de circonstances étroites et décevantes. Nous faisons ceci quand le changement nous paraît trop effrayant ; ou quand cela pourrait nous mettre en retard pour le dîner. En réalité, il vaut mieux se mouiller de temps à autre, mal dormir, vendre sa collection de timbres, avoir l'air idiot, faire face à sa peur en souriant comme un fou!

Q Je vois (rires)… C'est donc cet équilibre-là avec lequel le Lama jongle. Que voulez-vous dire exactement par ce mot ?

R Ah ! Merci. Oui, c'est crucial. Ainsi, le Lama évoque les deux aspects et les fait jouer l'un contre l'autre. Le Lama fera très ceci habilement, mais de telle sorte que le disciple le voie tout à fait clairement. En y étant réceptif nous pouvons changer assez radicalement.

Q Comment est-ce que cela fonctionne avec les névroses de l'élève ? Avec l'alternance du confort morose et du désir de changement ?

R Voyons le confort comme une réaction mal adaptée au Lama. L'étudiant se contenterait alors de pratiquer formellement et éviterait toute interaction avec le Lama à un autre niveau. Il poserait des questions à propos de détails ésotériques sans fin ou d'aspects théoriques sans rapport avec ses propres problèmes. Le Lama pourrait y répondre de façon brève et désintéressée. J'ai vu Chhi-'mèd Rig'dzin Rinpoche le faire de nombreuses fois.

Q Comment s'occuper de quelqu'un comme cela?

R Cela dépend de la personne. Si la personne est très nerveuse et a besoin de temps pour se détendre un peu, c'est une chose. Si cette personne est comme un bout de métal ou un os gelé, cela serait autre chose.

Q Vous manifesteriez alors de la compassion courroucée ?

R Non, pas particulièrement. Je ne suis pas un Lama courroucé, je n'ai pas cette capacité. Künzang Dorje Rinpoche a cette capacité, mais avec moi il a toujours été assez doux et c'est donc le style dont j'ai hérité ; celui qui correspond à mon tempérament.

Q C'est votre personnalité *manifeste* ?

R Oui, peut-être, ou bien ma personnalité « nounours ».

Q Que se passe t-il quand l'étudiant du confort morose est confronté à la compassion courroucée du Lama ?

R Un tel étudiant n'est pas vraiment un étudiant – pas sérieusement. Il veut juste manipuler la situation d'enseignement pour éviter la réalité du monde. Il transforme l'enseignement en une sorte de hobby ésotérique, et ne fait que jouer avec quelque chose d'extraordinaire. S'il est confronté à la compassion courroucée du Lama, il pourrait se refermer encore un peu plus. Le Lama lui reflètera son manque de communication et l'étudiant s'excusera en se repliant encore plus sur lui-même.

Il continuera de façon superficielle en tirant très peu de la pratique. Confronté à son manque de communication il s'excusera beaucoup et se refermera encore.

Le Lama essayera toutes sortes de choses pour que l'étudiant s'ouvre et devienne « vrai », mais l'étudiant les percevra comme une forme de punition. L'étudiant créera encore plus de distance jusqu'à ce que la relation n'existe quasiment plus. Voilà le résultat de ce genre d'attitude.

Q Je ne vois pas ce qu'un étudiant en tirerait.

R Vous avez raison. C'est difficile à comprendre, surtout dans la perspective d'un véritable engagement dans la pratique. Mais rappelez vous comment la perspective dualiste génère une infinité de comportements mal adaptés. Ces réseaux comportementaux se repèrent très difficilement.

Cette personne aura peut-être approché les enseignements pour avoir quelque chose de plus dans sa vie, quelque chose d'inhabituel et qui lui donnerait du sens. Elle trouve que sa vie sonne un peu creux, que les relations humaines sont difficiles, l'amitié problématique. Elle a choisi son partenaire pour de mauvaises raisons.

Dans sa vie, elle s'arrange pour éviter certaines choses. Elle a pris refuge chez un maître et une famille spirituelle pour répondre à des besoins insatisfaits. Mais dès que les choses deviennent difficiles, elle fuit les aspérités de la relation maître élève, et s'enferme à nouveau dans le confort morose.

Sa dépendance à l'ambiance d'enseignement comme support de vie l'empêche d'abandonner sa relation avec le maître et l'enseignement, et la relation s'amenuise. Cette personne ne veut pas vraiment changer. Le maître l'encouragerait à être vraie, mais elle ressent cela comme une punition. Le Lama tente d'être délicat dans son approche, mais chaque petit commentaire est mal vécu.

La personne crée alors de la distance, ne retirant de cette situation qu'un fragile sentiment d'appartenance et une impression erronée d'être quand même un pratiquant. C'est tout. La plus grande compassion dont le Lama peut encore faire preuve serait de lui demander de partir, pour qu'elle puisse recommencer ailleurs avec un autre Lama.

Q Quand vous dites qu'il faut être critique avec les enseignements, mais sans arrogance ou cynisme... Je ne comprends pas vraiment ce que vous voulez dire par « critique ».

R Je veux dire honnête, vraiment honnête. Honnête avec votre propre perception. Il est très important de ne pas laisser votre sentiment d'admiration pour le Lama aveugler vos capacités critiques, cela vient plus tard et sur une base différente. Initialement vous devez tout tester, mais pas par suspicion, comme si le professeur essayait de vous rouler. Vous devez accepter votre façon de voir le monde, et voir si cela colle avec les enseignements.

Vous devez pouvoir poser des questions au Lama. Vous devez pouvoir lui dire comment vous voyez les choses et lui demander ce qui ne va pas là dedans. Quand le Lama vous présente quelque chose de diamétralement opposé à votre expérience, vous devez alors vous interroger à ce propos ; mais vous ne pouvez pas simplement jeter votre expérience par la fenêtre.

Elle ne fera que revenir par la porte de derrière. Vous devez arriver au point, avec l'aide du Lama, où vous percevez que votre expérience de la réalité est dysfonctionnelle. Vous devez en être convaincu. Cela ne peut pas se faire sans combat, sinon on se contente de se retirer, de se retrancher.

Cela ne veut pas dire se disputer avec le Lama et affirmer agressivement son opinion, c'est impoli et sans intérêt. Mais il faut être vrai.

Abandonner tout de suite tous vos concepts contradictoires ou vous y accrocher étroitement sont deux façons de maintenir votre sécurité.

Q L'étudiant peut-il poser des questions à propos de la personnalité et des circonstances de vie du Lama ? Ou bien l'étudiant doit-il simplement les observer à distance respectueuse?

R (rires) Je ne peux pas répondre à cela! Je ne peux que parler pour moi. Il n'y a pas de règles, vous devez voir ça avec votre Lama. Mes élèves peuvent me poser toutes les questions qu'ils veulent sur tous les aspects de ma vie, tant que cela ne trahit pas la confiance de quelqu'un d'autre. Chhi-'mèd Rig'dzin Rinpoche a toujours été absolument franc sur tous les aspects de sa vie. Je ne l'ai jamais vu cacher quoi que ce soit à quiconque, il est comme un livre ouvert.

Il m'inspire et je suis donc ouvert à n'importe quelle question. Mais ça c'est moi. Je fais en sorte que tous les aspects de ma vie puissent être un véhicule des enseignements. Je ne pourrais pas enseigner si ce ne n'était pas le cas. Avec d'autres Lamas, il faut aborder ceci avec respect et se préparer à apprendre de leurs réponses. Le plus important c'est de toujours poser une question dans le but d'apprendre. Si vous cherchez simplement à forcer le Lama à se justifier à partir de critères pré conditionnés, vous n'apprendrez rien du tout. Ce serait d'ailleurs une approche irrespectueuse et étroite. Le respect est important, mais un questionnement délicat peut être très instructif !

Q Pourriez vous expliquer le terme « maître racine » ?

R L'aspect le plus profond de nos vies de pratiquants est notre relation avec notre Tsa-wa'i Lama, notre maître racine. Le mot « tsa » ou racine implique l'idée d'une source de nourriture. Si la racine est coupée, la plante meurt. Si la connexion avec le Tsa-wa'i Lama est coupée alors votre vie spirituelle meurt.

Le Tsa-wa'i Lama est notre Lama principal; celui qui nous enseigne et nous donne des transmissions. Vous pouvez recevoir des enseignements et des transmissions d'autres Lamas, mais c'est votre Tsa-wa'i Lama qui coordonne votre pratique. Le Tsa-wa'i Lama est la personne la plus importante dans votre vie. Si le Tsa-wa'i Lama n'est pas la personne la plus importante dans votre vie, alors vous n'avez pas de Tsa-wa'i Lama.

Les occidentaux ont toujours des questions sur le rôle du Lama. Ce n'est pas étonnant quand on comprend l'extrême importance de ce rôle.

Les gens sont soit sceptiques soit anxieux face à la possibilité d'une telle relation. Personne, à moins d'une personnalité gravement déficiente, ne voudrait se mettre sous pareille influence.

Personne d'intelligent ne veut abandonner sa liberté et sa responsabilité personnelle à tel point. Je vois ça comme un signe de maturité que d'hésiter à entrer en relation avec un Lama au niveau de la pratique tantrique. Mais il faut également être curieux et séduit par la possibilité d'une telle relation. Ces facteurs très présents en Occident doivent servir à atteindre un niveau de pratique plus profond.

Si explorer le Tantra vous intéresse, pourquoi vous couper de la puissance de quelqu'un qui peut transformer votre vie à un tel point ?

Mais il faut d'abord examiner très honnêtement le Lama et ses enseignements. Demandez vous qui est cette personne, pourquoi elle vous fascine tant, êtes-vous simplement attiré par les asiatiques âgés et leur syntaxe orientale chantante, êtes vous simplement en train de projeter votre besoin d'un père ou d'une mère sur ce Lama ?

Q Comment le Lama ne se sent-il pas dépassé ou contraint par l'idée d'être si important pour de si nombreuses personnes ? Cela ne devient-il pas un poids ou un cauchemar ?

R Le Lama s'intéresse à la nature éveillée de ses étudiants. Celle-ci est indestructible. On ne peut douter de sa propre indestructibilité à ce niveau-là, ou de celle des étudiants. C'est le sens de « relation vajra ». « Vajra » signifie « indestructible ». Si vous aviez peur que tout s'effondre au niveau de la forme, alors ce deviendrait une charge... Peut-être même un cauchemar. Heureusement, le Lama, s'il est réalisé, n'est pas attaché à des coordonnées spécifiques.

Comme toute considération et tout acte provient du vide, tout est libre et la nature essentielle de tout est la compassion.

Q Vous parliez de la personnalité manifeste du Lama, et disiez que le Lama pourrait apparaître tout à fait ordinaire...

R N'oubliez pas que le Lama peut être une femme…

Q Oui… Bon… Comment peut-on avoir confiance en le Lama comme exemple du fruit de la pratique ? J'ai entendu des enseignements qui disaient qu'il fallait considérer son Tsa-wa'i Lama comme le Bouddha, un être pleinement éveillé. Et la personnalité manifeste dans tout ça ?

R Un être pleinement éveillé tel que Dudjom Rinpoche utilisait le spectre entier des sentiments humains pour établir une connexion avec les situations de vie des gens.

Les émotions qu'il manifestait étaient de simples vaguelettes à la surface de sa nature océanique. C'était évident quand on passait du temps avec lui. On faisait l'expérience d'un océan.

On n'avait jamais l'impression qu'il était conditionné par les vaguelettes, bien qu'elles fussent réelles. Les vagues étaient transparentes, brèves et instructives.

Sa personnalité manifeste ne différait pas de l'exemple vibrant qu'il incarnait, l'exemple de quelqu'un ayant atteint le fruit de la voie. Il n'y avait pas de doute là dessus. Ce sur quoi je veux attirer votre attention c'est que ma certitude de sa réalisation est là à *cause* de sa personnalité manifeste et pas malgré elle. C'est pour ça que c'est une personnalité manifeste et pas une « structure de personnalité conditionnée habituelle ».

Q Et si vous n'arrivez pas à voir cela ? Si cela ne marche pas pour vous, si vous n'arrivez pas à voir que le Lama enseigne à travers sa personnalité et ses circonstances de vie ?

R Alors vous ne pouvez pas vraiment entrer en relation *vajra* avec ce Lama. Mais il ne faut pas juger le Lama pour autant. Vous pouvez juste dire que vous n'avez pas réussi à comprendre ou à apprécier la personnalité manifeste de cet enseignant. Cela se passe à un niveau très individuel.

Q Cela ne serait pas mieux si le Lama… (interrompu)

R Alors ce serait un ami spirituel.

Q Alors il semblerait que l'ami spirituel soit beaucoup plus accessible comme enseignant.

R Oui

Q Et le maître Tantrique quasi inaccessible à moins que vous ne réussissiez à vraiment accrocher…

R Oui. C'est normal en ce qui concerne les enseignements Tantriques. Dès que l'emphase passe du besoin de réaliser le vide à celui de réintégrer la forme, une possibilité très différente existe. C'est une possibilité très *individuelle*, elle a une qualité *individuelle*.

Dans les enseignements soutriques, on insiste sur l'importance d'abandonner l'individualité parce que c'est une qualité de la forme, que nous nous agrippons à la forme, donc l'individualité peut poser problème en termes d'attachement à la forme. Mais dans le Tantra, la forme n'est pas un problème en soi. La forme est ce qui émerge du vide.

Dans cette perspective nous considérons la forme comme une opportunité de réaliser la non dualité de la forme et du vide. La forme est intrinsèquement vide.

Dans la relation avec le Lama nous retrouvons le jeu du vide et de la forme. En relation *vajra*, le Lama est très clairement un individu, quelqu'un qui enseigne avec sa personnalité et ce qu'il manifeste des circonstances de sa vie. La nature de cette manifestation est individuelle, mais l'essence de l'enseignement est impersonnelle.

Parce que la qualité impersonnelle universelle de l'essence de l'enseignement est communiquée à travers un style de manifestation très personnel et individuel, la forme des enseignements peut être infiniment variée (rires). Désolé … Je répète ?

Q S'il vous plait (rires). Ce serait utile.

R C'est le jeu du vide et de la forme. C'est crucial pour tout ce qui concerne le Tantra et la relation vajra avec le Lama. La qualité impersonnelle universelle de l'essence de l'enseignement est la qualité vide.

Puis, il y a la façon dont c'est présenté. Ce peut être présenté en sympathie avec la forme ou en sympathie avec le vide. Ce peut être présenté en sympathie avec l'un ou l'autre parce qu'on parle à la perception dualiste. Vous suivez ?

Q Oui.

R Ce peut être présenté en sympathie avec la forme ou en sympathie avec le vide parce que dans notre condition dualiste ces aspects de la réalité semblent séparés. Mais, parce que la forme et le vide ne sont en fait pas séparés, ces présentations se reflètent mutuellement.

Dans le Soutra, les enseignements sont présentés en sympathie avec la qualité vide ; pour que le vide ne devienne pas un objet et ne soit pas concrétisé par l'intellect qui cherche toujours à s'attacher à la forme. La forme est donc présentée à travers le vide. Dans ce type de présentation, la forme est très apparente : la condition monastique et sa discipline organisée sont un message puissant et évident qui vous font faire l'expérience du vide à travers la non individuation et la simplicité.

Dans le Tantra, les enseignements sont présentés en sympathie avec la qualité de la forme ; pour que la forme ne soit pas objectivée et ne devienne pas un obstacle à la réalisation.

Le Tantra insiste sur l'unification de la forme et du vide. La base du Tantra est le vide, donc de ce point de vue, la forme est toujours considérée comme vide. La multiplicité du monde de la forme est perçue comme fournissant des possibilités infinies de réaliser la non dualité ; le vide est donc présenté *à travers* la forme.

Dans ce style de présentation, le vide devient très apparent : c'est le manque de terrain solide, surtout en ce qui concerne le maître vajra. Le maître vajra est lui-même une forme vide. Le maître vajra n'offre rien de stable au niveau de la forme, à part l'opportunité de faire l'expérience de la non dualité. Pour accéder à ce genre de transmission, il faut pouvoir devenir vide vis-à-vis de la personnalité manifeste du Lama. La transmission signifie que le maître vajra manifeste la qualité de forme du vide et que vous manifestez la qualité de vide de la forme. C'est vraiment magique.

C'est quelque chose de très spécial et tout le monde ne peut pas en faire l'expérience, et c'est pourquoi c'est très important de trouver le bon maître. C'est comme tomber amoureux. Il y a des millions d'hommes et de femmes dont vous pourriez tomber amoureux. Pourquoi est-ce si difficile ? Pourquoi certaines personnes restent-elles seules ? Ce n'est pas si mystérieux, c'est parce qu'une synapse très particulière doit se produire.

Vous pouvez être en bons termes avec de nombreuses personnes. Vous pouvez être ami avec un groupe plus restreint. Vous pouvez être meilleurs amis, amis intimes, amants, avec un cercle de plus en plus restreint. Puis, il y a la personne que vous épousez… et avec laquelle vous restez ! Cela, il faut que ce soit unique. La relation vajra a besoin de la même sorte d'intensité pour que les choses avancent rapidement. Il faut une sorte particulière d'énergie.

Si cette énergie se produisait avec n'importe quel Lama, il n'y aurait rien d'électrique à la situation. Si vous pouviez ressentir de l'amour romantique pour un large groupe de personnes cela ne serait pas très intense comme expérience. En fait ce ne serait pas possible.

L'amour romantique est unique à tout moment dans le temps. C'est la même chose avec le maître vajra, sauf que vous vous mariez pour toutes vos vies futures.

Q C'est la façon la plus dramatique dont je l'ai jamais entendu exprimé. Je suis très touché. Donc, à ce moment-là vous savez vraiment que vous atteindrez la libération ?

R Oui.

6

Le précipice parfait

*Entrer en engagement vajra c'est plonger dans le précipice parfait.
Se retrouver dans l'espace radieux du choix sans choix est le
cœur même du Tantra. C'est sauter les yeux grands ouverts dans
le vide lumineux de la sagesse du Lama et faire l'expérience
extatique de sa méthode à travers chacun de ses gestes
dynamiques pour vivre l'expérience essentielle de la luminosité et
de la puissance du chemin.*

Pour entrer en engagement vajra avec un Lama il faut entrer
ouvertement en relation avec sa personnalité manifeste. C'est
ainsi que nous acquérons la confiance et l'inspiration nécessaires.
La personnalité manifeste du Lama doit être perçue comme une
réalité spirituelle pertinente, et ce d'une façon personnelle. Il ne
peut subsister aucun doute quant à la vérité vécue de
l'enseignement ainsi transmis.

Ce pas n'est pas facile à franchir. Et il ne sert à rien de prétendre
que c'est plus facile pour vous parce que vous êtes séduit par la
grandeur de cette opportunité. On n'entre pas en relation vajra
pour rendre sa vie plus excitante ni par une fascination puérile
de rejoindre un club ou société secrète où tout le monde est
exceptionnel, courageux, ou dangereusement coquin.

Il faut avoir étudié sérieusement les enseignements en écoutant
le Lama ou en lisant.

Il faut avoir testé les enseignements selon votre ressenti personnel et votre pratique, et réfléchi à leur nature à travers des expériences de vie significatives. Il faut être entré en relation ouverte avec le Lama et avoir vu comment votre expérience mûrissait. Tout cela nécessite du temps et une certaine intensité d'interaction. On peut appeler le niveau d'engagement nécessaire *sincérité brûlante* ou *abandon appliqué*. Il faut avoir été suffisamment exposé au champ d'interaction dans lequel le Lama manifeste sa vision.

Vous devez avoir ignoré des conseils du Lama et constaté que votre « rationalité profondément convaincue » n'était pas fiable. Vous devez avoir suivi des conseils que vous trouviez difficiles et en avoir constaté les bienfaits. Il faut être devenu lassé, frustré, irrité par la façon dont votre rationalité décide de tout dans votre vie. Il faut être arrivé au point où vous voyez votre rationalité comme une cage dont vous voulez vous échapper. Non parce que vous n'arrivez pas à assumer la responsabilité de votre vie, mais parce qu'au contraire, vous êtes passé expert dans ce domaine. Ce n'est qu'à ce moment-là, et avec suffisamment de dévotion, que vous pourrez entrer en relation vajra. C'est là que le maître devient le Maître Vajra et que le Tantra commence à devenir ce qu'il est. C'est seulement à ce niveau de frustration que vous percevez la limite du possible et de l'impossible. Vous percevez le goût d'un autre monde – le monde tantrique où l'existence et la non-existence clignotent.

Traçons un parallèle « non spirituel » : l'escalade, par exemple.

Si vous commenciez à faire de l'escalade, il viendrait forcément un moment où vous voudriez vous mesurer à une paroi rocheuse à pic.

Quelqu'un serait là pour vous guider et vous suivriez ses instructions du mieux que vous pourriez.

À un certain moment vous seriez envahi par la peur. Alors il faudrait suivre les instructions ou risquer la mort. Quand on vous dit, au sommet d'une arête rocheuse, de faire quelque chose que vous considérez impossible, soit vous devenez hystérique, soit vous explosez de rage ou vous vous figez. Il vous faudra surmonter cette peur.

Quand c'est une question de vie ou de mort, le sentiment de damtsig[1] est là. Le damtsig est votre engagement absolu, et alors il n'y a plus de choix. Vous hésiterez, vous vous tortillerez, mais vous saurez bien qu'il faudra atteindre cette prochaine arête puis sauter ce torrent. Vous savez qu'il faudra sauter de l'avion, vous vous rappellerez votre assentiment silencieux pendant que l'instructeur disait « Ceci est votre dernière chance de reculer. Seul le pilote redescendra en avion. » C'est le moment où vous savez que vous allez sauter. C'est pareil avec le Lama. À un moment donné, vous comprenez que le Lama est vraiment le maître vajra : vous n'y échapperez pas. Il n'y a pas de retour en arrière possible. Vous souffrez et vous êtes extatique à l'idée du voyage dans lequel vous êtes embarqué.

Laisser le maître vajra vous pousser au-delà de votre raison c'est faire un pas irréversible dans une autre dimension. C'est couper le cordon ombilical qui vous relie au monde de l'illusion.

Vous ne pourrez plus jamais revenir au monde normal. L'engagement vajra c'est résilier son assurance annulation.

Le monde ordinaire est abandonné à jamais et même si vous essayiez d'y revenir vous ne seriez plus qu'un fantôme hantant une illusion sans intérêt ni goût. Evidemment le monde normal est toujours là, il ne disparaît pas et vous êtes toujours en relation avec lui.

---

1   *Damtsig* (Tibétain), *samaya* (Sanskrit) : vœu, serment, promesse. Littéralement, « mot sacré ».

Votre pratique peut très bien vous demander d'avoir l'air très
ordinaire ; mais au niveau de votre expérience intérieure le
contexte de votre existence sera tout sauf ordinaire. Des mondes
ordinaires et extraordinaires se dissolvent les uns dans les autres
dans la lucidité de la vue, la méditation et l'action.

La vue est la façon de percevoir : la confiance en votre éveil
passe par votre confiance absolue en le Lama. La vue comprend
la totalité du Lama au niveau de chö-ku, long-ku et trül-ku. La
vue chö-ku est l'espace lumineux, clair et illimité de la présence
du Lama. La vue long-ku comprend l'opulente séduction,
l'immédiateté féroce et l'ouverture inconditionnée de sa
personnalité manifeste. La vue trül-ku comprend la qualité
brillante, imprévisible et impénétrable de ses circonstances de
vie.

La méditation englobe les pratiques de l'esprit, de la voix et du
corps. Le Lama'i Naljor [2] est pratiqué au niveau de l'esprit, c'est
« l'unification avec l'Esprit du maître ». Cette pratique permet la
réalisation de la vue au niveau de l'Esprit.

L'Esprit reconnaît simplement l'Esprit dans la dimension
spacieuse, et se dissout dans la présence ressentie et visualisée du
Lama : on reconnaît ainsi que l'Esprit du Lama et notre propre
Esprit éveillé sont identiques.

L'engagement vajra est donc une décision irréversible. Comment
pourrait-il en être autrement ? Si vous pouviez revenir en arrière,
ce ne serait qu'une option parmi d'autres. Il n'y aurait pas ce feu
magnifique et terrible. Entrer en engagement vajra c'est plonger
dans le parfait précipice.

C'est se retrouver dans l'espace radieux du choix sans choix au
cœur même du Tantra.

---

2   Guru yoga en Sanskrit.

C'est sauter les yeux grands ouverts dans le vide lumineux de la sagesse du Lama et faire l'expérience extatique de sa méthode à travers chacun de ses gestes dynamiques. C'est vivre l'expérience essentielle de la luminosité et de la puissance du chemin.

Questions et réponses

Q Il y a quand même quelque chose de terrifiant dans la notion d'engagement vajra. L'idée de se jeter d'une falaise simplement parce qu'on a promis de faire tout ce qu'on nous demanderait… C'est un peu comme…

R … un peu comme vendre votre âme au diable ?

Q (rires) Pas tout à fait ! Mais il me semble qu'il y a quelque chose d'un peu suicidaire là-dedans…

R Bien sur. C'est l'ego qui accepte d'être exécuté.

Q Pourquoi l'ego voudrait-il ça ?

R Parce que l'ego n'est qu'un processus – l'illusion d'un attachement dualiste fabriquée à partir de l'être. Il peut envisager son suicide, parce qu'au fond, il sait qu'il est vacuité. L'ego est secrètement très fatigué et souhaite vraiment mourir. On ne peut avoir l'idée du suicide que si l'on croit que la mort est la fin de son continuum d'expérience.

« Vendre son âme au diable », d'un point de vue bouddhiste, est assez amusant. Toutes les écoles du Bouddhisme parlent de anatman – de « non-être » ou « sans âme ». Dans le Bouddhisme il n'y a ni dieu ni diable; simplement le continuum de la non dualité, et l'illusion de la dualité. La dualité est simplement une distorsion de la non dualité : il n'y a pas de polarisation. En tant que pratiquant bouddhiste il ne faut donc pas avoir peur de vendre quelque chose que vous n'avez pas à quelqu'un qui n'existe pas, et de perdre ensuite votre passeport pour exactement où vous êtes !

Le « paradis » est déjà ici, et si vous ressentez le besoin de vendre quelque chose que vous n'avez pas au Lama qui n'en a pas besoin… cela semble peut-être la meilleure décision.

Mais pour revenir à votre question, pourquoi cette idée de sauter d'une falaise ?

Q Je ne sais pas. Ça semble juste être quelque chose qui fait peur. Et je ne vois pas l'intérêt de se débarrasser de sa vie.

R Je suis bien d'accord. Il n'y a en effet aucun intérêt à se jeter d'une falaise ! En revanche, il est très puissant d'être *préparé* à le faire. Il n'est pas forcément important de faire quelque chose d'extrême, ce qui est important, c'est d'être préparé à faire quelque chose d'extrême. Vous pourriez faire cette promesse au Lama sans jamais avoir à faire quoi que ce soit qui sorte de l'ordinaire. Le Lama pourrait se montrer très bienveillant, jamais en aucune façon menaçant. C'est possible. Le cœur de l'engagement vajra c'est d'être préparé à faire n'importe quoi. Le simple fait d'y être préparé est un puissant catalyseur de développement spirituel. C'est quelque chose qui ouvre les portes d'une vaste dimension relationelle. Ça crée une sorte de tension électrique dans laquelle le Lama est toujours vécu comme l'accès à un voyage immense et inimaginable. C'est à ce moment-là que le Lama devient un magicien.

Q Comment ça, Rinpoche ?

R C'est comme s'il sortait des lapins d'un chapeau. Il fait sortir des siddhis de ses élèves. C'est très possible, vous savez. La magie, ce sont les éléments psycho physiques du corps qui se relaxent dans leur condition naturelle.

La magie, c'est quelque chose qui se passe en vous : le Lama ne fait pas nécessairement un miracle externe. Quoique avec un Lama comme Dud'jom Rinpoche c'était toujours possible, à n'importe quel moment.

Q Cette idée d'être prêt à tout me rappelle un peu l'histoire d'Abraham et d'Isaac. Devoir faire le sacrifice ultime puis se rendre compte qu'en fait, ce ne sera pas nécessaire. C'est un peu la même chose ?

R Tout à fait – sauf qu'on ne peut pas l'aborder comme ça. Vous ne pouvez pas accepter de sauter d'une falaise tout en sachant que vous n'aurez pas besoin de le faire, ou qu'un filet de sécurité apparaîtra miraculeusement pour vous sauver.

Il y a une histoire de Drukpa Kunlegs, le « fou divin ». Elle illustre assez bien ce ce dont nous parlons. Un jour, il était reçu par une vieille dame. Celle-ci avait une foi immense en lui et était très clairement prête à faire tout ce qu'il lui demanderait. Elle savait qu'il lui arrivait de faire l'amour avec une élève féminine comme moyen direct et puissant de transmission. Elle le suggéra à Drukpa Kunlegs, mais celui-ci lui répondit qu'elle était déjà trop vieille. Il dit que la seule méthode était qu'il la tue, là, tout de suite.

Cette vieille dame n'était pas une pratiquante très avancée, mais sa dévotion était telle qu'elle accepta immédiatement. Elle ouvrit sa chuba et exposa sa poitrine. Drukpa Kunlegs saisit son couteau et le plongea dans le visage de la femme, libérant sa conscience dans une Terre Pure.

La famille de la dame fut horrifiée et se réunit pour se venger rapidement du Lama, mais avant qu'ils n'aient pu lui faire quoi que ce soit, la vieille femme leur apparut en une vision d'un rayonnement éclatant et leur dit : « Ne touchez pas à mon Tsa-wa'i Lama, le grand Drukpa Kunlegs, refuge de tous les êtres et cause de ma libération ! »

Donc, c'est possible. Malheureusement, les yogis ou yoginis capables de ce type d'activité de Bouddha sont peu nombreux.

Dud'jom Rinpoche en était certainement capable, mais nous vivons dans un monde différent maintenant. De tels actes ne sont plus compris.

Q Pourquoi Drukpa Kunlegs devait-il tuer la femme ?

R Il avait perçu qu'elle n'avait plus beaucoup de temps à vivre, et que c'était pour elle la dernière possibilité d'atteindre à la réalisation. Mais ce n'était possible que grâce à la dévotion et à la confiance immenses qu'elle avait pour son Tsa-wa'i Lama.

Q Je trouve que la puissance de ces histoires réside justement dans leur côté extrême, et qu'il n'est pas forcément nécessaire de les prendre littéralement.

R Si vous ne les prenez pas littéralement, elles deviennent mythiques, et alors votre relation avec le Maître Vajra, elle aussi, devient mythique. Les histoires d'apprentissage de Naropa avec Tilopa, ou les expériences de Milarépa avec Marpa sont effectivement très puissantes. Elles sont une source d'inspiration très précieuse. Mais si nous ne les prenons pas littéralement, nous les transformons en simples contes d'aventures vajra pour Tantrikas en pantoufles.

Il vaudrait mieux considérer des histoires d'engagement vajra moins extrêmes pour comprendre le principe à un niveau ne requérant pas de mort soudaine et violente. C'est important aussi d'envisager cela dans un contexte moins extrême pour saisir le sens de la relation avec le Maître Vajra, notamment à notre époque et dans notre culture. Sinon, tout devient théorique. Il faut ressentir le « bord du précipice » de la présence du Lama, le danger de mort qui guette notre fonctionnement psychologique habituel.

Comment réagissons-nous à l'ennui ? Comment réagissons-nous à la claustrophobie provoquée par le Lama qui détruit, une à une, nos échappatoires à l'ennui, ne nous laissant d'autre choix que de pratiquer sans rechercher la distraction du choix ? Comment réagissons-nous à l'érosion de notre frivolité, et à la découverte de notre stratégie visant à maintenir le Lama à bonne distance ? Comment acceptons-nous de cesser de fuir l'évidence abrupte de la discipline ? Au bout du compte, il serait peut-être plus facile qu'on nous demande de sauter d'une falaise !

Q Est ce que vos Maîtres vous ont déjà testé de façon étrange ?

R (rires) Oh que oui !

Q Pouvez vous nous en donner un exemple ?

R Eh bien… il y a bien des choses dont je ne pourrais parler. Mais il y a un exemple qui me revient. C'était je crois en 1978 avec Chhi-'mèd Rig'dzin Rinpoche, en Hollande. Un jour, de nombreuses personnes vinrent lui rendre visite, et quelqu'un avait manifestement fait courir le bruit qu'une bouteille d'alcool était la chose à amener à un Lama Tantrique.

Il en arriva donc des litres, de toutes les couleurs, formes et arômes. Chhi-'mèd Rig'dzin Rinpoche faisait immédiatement ouvrir chaque bouteille, s'en versait un tout petit peu, et en jetait des gouttelettes en l'air en guise de bénédiction. Il déclarait ensuite : « Eau bénite, maintenant vous devez tous boire ! ». Il remplissait les verres de tous ceux qui étaient présents, et tout le monde devait vider son verre. Parfois c'était délicieux. Parfois diabolique.

Et l'assemblée des élèves occidentaux de Chhi-'mèd Rig'dzin Rinpoche semblaient penser qu'il était de leur devoir de vider chaque bouteille.

Vers la fin de la journée, il ne restait plus grand monde : comme il n'était pas possible de rester sans boire, les gens s'en allaient probablement au fur et à mesure que leur résistance à l'alcool était atteinte. Ils restaient aussi longtemps qu'ils le pouvaient parce que la journée passant, les enseignements de Chhi-'mèd Rig'dzin Rinpoche quant à la nature de l'esprit devenaient de plus en plus précis. Les donateurs d'alcool souriants venaient et repartaient et Chhi-'mèd Rig'dzin Rinpoche traitait chaque bouteille avec autant d'équanimité. Les gens devenaient vraiment très gais, et il continuait de remplir les verres. Le message était clair : plus vous vouliez écouter d'enseignements, plus il vous fallait boire.

A la fin il ne restait que mon frère de vajra Ngakpa Mikyö Seng-gé et moi même. Il y avait une bouteille sur la table que nous avions surnommée « Fisherman's Friend », en référence aux pastilles mentholées. Plus tôt dans la journée, mon frère de vajra avait discrètement poussé la bouteille hors de la vue de Chhi-'mèd Rig'dzin Rinpoche.

Ce ne fut pas, comme vous le verrez, une très bonne idée. Nous avions passé l'après midi à écouter avec grande attention des histoires fascinantes de yogis et de yoginis du Tibet, entrecoupées de remarques merveilleusement cocasses et de pépites d'enseignement quintessentielles pour lesquelles Chhi-'mèd Rig'dzin Rinpoche est bien connu.

La soirée avait été merveilleuse, pleine de rires et d'éclat, et elle resterait gravée dans nos mémoires. Tout d'un coup, Chhi-'mèd Rig'dzin Rinpoche se tourna et dit : « Qu'est ce qui ne va pas avec bouteille ? » en désignant l'horrible et brûlant Fisherman's Friend. Mon frère de Vajra pointa jovialement le manque de qualités gustatives de cette bouteille.

Chhi-'mèd Rig'dzin Rinpoche sourit. Toujours un signe dangereux. Il dit alors : « Ah ouais, vous avez problème de dualité, bonne bouteille, mauvaise bouteille. » Un sentiment me poussa à demander « Vous voulez qu'on la boive, Rinpoche ? » « Pourquoi pas ? » répondit-il. Je ne trouvai pas de réponse à cette question, pas la moindre….

Q Vous n'auriez pas pu lui répondre que vous aviez trop bu, ou qu'elle n'était vraiment pas bonne ?

R (rires) Oui ! Ce sont des réponses vraiment raisonnables! Et elles me vinrent bien sûr à l'esprit. Mais elles étaient tellement faibles face à la vaste ouverture de Chhi-'mèd Rig'dzin Rinpoche. Il me semblait qu'à ce moment là il fallait, à travers mes actions, dire « Je suis entièrement dans cette situation d'enseignement que vous avez rendue possible pour moi. Ce n'est pas le moment d'être timide, ou d'être trop raisonnable. »

Donc… nous avons rempli nos verres, et trinqué en disant à Chhi-'mèd Rig'dzin Rinpoche « Pas de problème de dualité ici ! ». Quand nous eûmes fini cette boisson répugnante, Chhi-'mèd Rig'dzin Rinpoche nous observa très intensément. Il se cala au fond de son fauteuil, et dit avec un grand sourire « Donc. Maintenant vous ivres. Maintenant vous chantez et dansez ! ».

Nous le regardâmes, un peu incrédules, avant d'éclater de rire. « Vous voulez que nous chantions et dansions Rinpoche ? »

C'était une question purement rhétorique. J'aurais dû savoir qu'il me répondrait « Pourquoi pas ? » « Maintenant ? » demanda Ngakpa Mikyö Seng-gé.

Chhi-'mèd Rig'dzin Rinpoche sourit encore plus largement et hocha la tête : « Ouais, bien. Maintenant. » C'est ainsi que nous nous levâmes et exécutâmes un cancan improvisé.

Nous lancions nos jambes en l'air, essayant plus ou moins habilement d'épargner les meubles, tout en chantant : « On veut être (boum boum) la copine à Bobby ! »

Nos shamthabs virevoltèrent de façon incongrue durant ce refrain ridicule, et tout le long Chhi-'mèd Rig'dzin Rinpoche nous observa sans expression. Une fois notre numéro terminé, nous attendîmes son verdict, comme deux petits garçons dans un concours.

Chhi-'mèd Rig'dzin Rinpoche resta impassible pendant plus d'une minute. Il dit enfin « Et vous aimez ça ? ». Nous nous regardâmes un instant et répondîmes « Oui, beaucoup Rinpoche ! » Il sourit alors largement, rigola et alla se coucher, en disant « Ouais, bonne nuit – je vous vois demain ».

Demain c'était à 6h00 du matin pour la pratique, et quand Rinpoche nous dit bonsoir il était à peu près 4h30.

Q Et ce fut possible ?

R Ce fut possible. Bien des choses sont possibles avec des Maîtres Vajra.

Q Il m'a semblé, en vous écoutant, que Chhi-'mèd Rig'dzin Rinpoche ne vous demandait pas de « faire » quoi que ce soit. Il disait simplement « Pourquoi pas ». N'étiez-vous pas libres alors de faire ce que bon vous semblait ? Fallait-il agir sur une vague suggestion ?

R (rires) Pourquoi pas ?

Q Parce que… alors tout…

R Exactement, tout devient possible. Absolument tout. C'est la dimension ouverte de la relation. Si vous attendez des instructions délibérées, il est possible qu'il ne se passe jamais rien. Il n'y a pas de subtilité ou de danse quand vous exigez qu'on vous dise quoi faire.

Il devient important, à un certain moment, de faire des déductions.

Q Et si on fait les mauvaises déductions ?

R En relation vajra, vous pratiquez avec la conviction que le Lama orchestre la texture de votre expérience. Si vous faites la mauvaise déduction, ce n'est qu'un autre aspect de l'expérience avec laquelle le Lama saura jouer. Ce n'est pas si différent des déductions que nous faisons avec nos amoureux.

En couple, une grande part de la communication n'est pas verbale. Les souhaits intimes doivent souvent être inférés. Si vous êtes très proche de votre partenaire, ou le connaissez depuis longtemps, vous ne vous tromperez pas. C'est très important. Si tout doit être expliqué, souligné, de façon évidente, ça veut dire que la relation manque encore de maturité. On ne peut pas vraiment parler de relation Vajra si le style de communication reste au niveau de la sémantique concrète. Il n'y a pas de romance.

Q Romance ?

R Oui, la romance. Nous parlons de Tantra ici. Nous parlons le langage du crépuscule. Par romance, je veux dire « la communication symbolique intime ». Je parle d'une relation en termes d'énergie et non de référentialité strictement tangible.

Entrer dans un monde de communication symbolique intime avec le Lama c'est laisser de côté le monde des références fixes. C'est une expérience, un avant-goût de la dimension spacieuse de l'existence.

Q Permettez vous que je vous demande ce que vous avez tiré de cette expérience ? Quel était le but de boire quelque chose que vous n'aimiez pas, puis de chanter et danser ainsi ?

R Qu'en pensez vous ?

Q Eh bien… j'imagine que ça aurait pu être une façon de tester vos limites.

R Voyez vous, ce n'est pas si difficile. Tester nos limites en faisait sûrement partie. Mais ce n'était pas que ça. Il y avait bien plus.

Il y avait la possibilité fabuleuse d'être totalement désinhibé – d'être nu. Nous avions été très sobres toute la journée, d'une certaine façon. Nous avions beaucoup ri, mais nous nous étions comportés avec beaucoup de circonspection et de prudence en la présence de Chhi-'mèd Rig'dzin Rinpoche, en tant que disciples et représentants de ceux qui suivaient ses enseignements.

Q Pouvez vous expliquer un peu ce que cette expérience vous a apporté ?

R D'être totalement accepté tout en étant totalement mis au défi. Evidemment je pouvais simplement être un occidental – je pouvais même être extraverti et déchainé – bien qu'à l'époque je fusse plutôt réservé. Le défi était d'être impeccable.

Si nous avions cassé quelque chose en dansant, si nous avions été malades le lendemain ou incapables de nous lever… eh bien, cela ne pouvait simplement pas arriver. Ça rendait tout très électrique. Il fallait être totalement présent, impeccable, tout en étant libre et sans contrainte. Mais nous sentions aussi que Chhi-'mèd Rig'dzin Rinpoche acceptait que nous pouvions le faire.

Q Chhi-'mèd Rig'dzin Rinpoche teste-il souvent ses disciples ainsi ?

R Non. Il ne l'a fait qu'une fois à ma connaissance. Il n'est pas du tout prévisible, d'après ce que je sais de lui. Il ne serait pas possible de résumer ses activités à partir d'une histoire que je vous ai racontée.

Cependant un enseignement très fort émane des situations qu'il encourage : il donne directement accès à des scénarios paradoxaux. Il m'a toujours aidé à faire le saut permettant de ressentir la tension brute de mon existence personnelle.

Q Tension brute?

R Ce qui se passe quand on pousse sa responsabilité personnelle à la limite, en s'abandonnant aux situations. La tension de rester impeccable en termes de relation Vajra, sans la sécurité de se conformer à des critères spirituels conventionnels. Il y a toujours une atmosphère de tension créative en la présence vajra de Chhi-'mèd Rig'dzin Rinpoche. Quand il nous honora de sa présence en 1984 à Cardiff, mes propres disciples et apprentis furent poussés plus loin sur le chemin qui leur était propre. Ils s'autorisèrent à aller plus loin qu'ils ne se l'étaient jusqu'alors permis. Leurs limites conceptuelles bougèrent. Il était également intéressant pour eux de voir leur propre maître dans une situation d'élève.

Q Etait-ce important pour eux ? Avant d'entrer en relation vajra avec vous ?

R Oui, j'ai l'impression. Je suis seulement désolé de ne pouvoir susciter une si haute dévotion que des maîtres comme Dud'jom Rinpoche, Dilgo Khyentsé Rinpoche, Chhi-'mèd Rig'dzin Rinpoche et Künzang Dorje Rinpoche pour moi.

Q Vous disiez que la relation vajra ne devient possible que quand votre expérience « clignote », c'est-à-dire qu'alternent l'existence et la non existence... C'est quoi ça ? Ça semble très avancé..

R Je ne sais pas si c'est « avancé »... c'est simplement quelque chose qui arrive. Ça peut arriver à n'importe quel moment. Ça vous est probablement déjà arrivé. Si vous êtes déjà tombé fou amoureux ça vous est sûrement arrivé.

Nous ne parlons pas de quelque chose de très différent, à vrai dire. Cette idée d'alternance de l'existence et de la non-existence au moment d'entrer en relation vajra signifie que vous pouvez momentanément ne plus savoir qui vous êtes. Vous vous retrouvez défini uniquement dans le moment, ou, plutôt, non défini dans le moment. Il peut exister un sentiment de vide, de transparence où « ce que vous êtes » est assez variable. Ce clignotement signifie que l'attachement à la définition de soi se dissout en la présence si forte du Lama. Vous vous rendez compte que le « moi habituel » est à la fois présent et absent. Vous constatez que le « moi ordinaire » est à la fois là et pas là. Si vous tentez de le localiser, vous ne le trouvez pas. Si vous essayez de vous en tenir au sentiment qu'il n'y a rien là, alors d'infinies nuances de ce qu'il vous est possible d'être clignotent dans l'espace de votre être indéfinissable.

Q Quand vous parlez de la relation vajra et de l'engagement vajra, parlez vous des samayas Tantriques ?

R Non. Je ne suis pas aussi précis. Il existe différents vœux tantriques en fonction des véhicules de pratique, donc il est inutile de commenter des vœux spécifiques. Ce n'est possible que quand on est sur le point de les prononcer, et seulement dans le contexte de la transmission tantrique. Je parle de la relation avec le Tsawa'i Lama.

Je ne veux pas parler en détail de la nature des vœux tantriques, parce qu'ils doivent rester secrets. Le secret est un aspect de ces vœux. On n'en parlerait que dans le contexte de la pratique.

Il y a certains vœux externes que je peux évoquer comme le vœu Ngak'phang de ne jamais couper ses cheveux. J'observe ce vœu. Je me rappelle qu'une dame posa un jour une question à mon frère de vajra Ngakpa Mikyö Seng-gé à ce propos. Elle lui demanda ce qu'il faisait des pointes qui fourchent.

Il répondit juste « Je les trempe dans le dharmakaya ». Je raconte cette histoire non pas parce qu'elle est drôle, mais pour souligner le caractère sacré du damtsig. Il est parfois important d'être évasif concernant la nature symbolique de la pratique quand les gens posent des questions frivoles. Sa réponse était très habile parce qu'il n'eut pas à critiquer la dame, tout resta léger. Il a pu continuer et lui expliquer des choses qui l'ont vraiment aidée.

Q Vous est-il possible de dire quelque chose à propos de ce vœu ngak'phang de ne jamais se couper les cheveux?

R Oui. C'est lié à l'aspect visionnaire du corps, dans lequel chaque cheveu du crâne est considéré comme une dakini. Ou, dans le cas d'une ngakma, comme un daka.

Il n'y a rien d'autre à dire, le vœu est en fait une pratique. De la même façon, c'est un vœu que de considérer le monde phénoménal tout entier comme féminin – comme une démonstration de sagesse. Les ngakpas font le vœu de ne jamais dénigrer les femmes, parce que les femmes sont source de sagesse. De même, les ngakmas font le vœu de ne jamais rabaisser les hommes : ils sont source de méthode.

Les ngakmas font le vœu de voir le monde comme reflet d'une méthode. Mais… ce dont je parlais c'était le damtsig envers le Tsa-wa'i Lama.

C'est un niveau fondamental du damtsig fournissant une base d'approche pour la formulation de n'importe quel vœu tantrique.

Maintenir le damtsig envers le Tsa-wa'i Lama permet de maintenir tous les autres vœux, quels qu'ils soient.

Q Vous disiez que c'était de la folie de sauter directement dans la relation vajra avec le Lama… que personne ne devrait le faire. Je pensais à ma propre relation avec mon Lama racine.

Je veux dire, j'ai sauté directement dans une relation vajra avec lui et ce fut très bénéfique pour moi. Y a t-il un problème ? Pourriez-vous dire quelque chose là-dessus ?

R Ce n'est pas nécessairement un problème. Comme avec toute généralisation il y a des exceptions. Vous en êtes clairement une. Manifestement il n'est pas dangereux d'interagir avec le Lama, surtout quand vous avez de bonnes intentions. Apparemment, vous n'avez pas rencontré de problèmes tels que de gros doutes. Il n'y a pas eu de crise de confiance entre vous.

Vous avez été capable, au fur et à mesure que la relation se développait, de gérer les éventuelles frictions névrotiques suscitées par ce que vous pouviez apprendre de vous-même.

Mais ce n'est pas comme ça pour tout le monde. Si vous entrez dans une telle relation avec un haut niveau d'attentes fondé sur des besoins personnels névrotiques – alors il peut y avoir de vrais problèmes.

Q Mais le Lama ne pourrait-il pas travailler avec ça dans le cadre de l'enseignement ?

R Bien sûr, mais seulement si vous le laissez faire. Le Lama peut travailler avec n'importe quel niveau de projection. Quelle que soit la nature du fantasme que vous projetez sur le Lama, il ou elle s'en servira et le considérera comme un aspect de votre cheminement spirituel. Le Lama ne va pas nécessairement vous débarrasser de vos projections ou même vous les montrer.

La chose la plus importante est de rester en contact avec le Lama – vous devez persévérer. Que se passe t-il si vous vous enfuyez ? Si vous décidez de vous cacher? Que se passe t-il si vous décidez de garder vos distances et de n'opérer qu'au niveau de la pratique formelle ? Le Lama ne peut travailler avec vos doutes et votre confusion que si vous les lui montrez et si vous restez en contact.

Si vous courez vous cacher, ou partez dans un état de colère auto justifiée, alors qu'est ce que le Lama peut faire? Je pense qu'il vaut mieux que de telles situations ne se produisent pas. Je pense qu'il vaut mieux que l'élève apprenne à connaître le Lama et arrive à un point de confiance totale avant de prendre une telle décision. Avant ça, il vaut mieux que le Lama soit dans le rôle « d'ami spirituel ».

Q Mais que se passe t-il si vous avez reçu des transmissions ? Ça ne vous met pas directement en relation vajra ?

R Oui, en effet. Mais ce n'est pas nécessairement un problème. En fait, ce n'est pas censé fonctionner comme ça. Vous ne devriez pas pouvoir juste débarquer et recevoir une transmission Tantrique. C'est comme ça que ce se passe en Occident, et en Orient aussi maintenant d'ailleurs. Mais ce n'est pas ce qui était prévu.

L'idée est d'arriver vraiment très bien préparé à une transmission. Maintenant, apparemment, les transmissions sont données avec très peu d'engagement de pratique.

Quand Chhi-'mèd Rig'dzin Rinpoche donne des transmissions, il ne donne aucun engagement. C'est le principe que j'ai adopté quand je donne des transmissions publiques. J'entre également en relation vajra avec mes élèves, mais pas avant de les avoir connus pendant au moins cinq ans. J'aime m'assurer que les gens savent vraiment ce qu'ils font.

C'est fondamental. C'est sans intérêt d'entrer en relation vajra pour se dire ensuite que c'était une terrible erreur. (rires) Ca ne devrait pas arriver. Jamais.

Q Et si ça arrive, alors quoi ? Ce serait sérieux, non ?

R Oui, en effet (rires) ce serait très sérieux. Encore que… il faut que vous soyez effectivement entré dans une relation de ce type.

Je ne vous donne que mon point de vue actuel, mais je ne considère pas toutes les ruptures de vœux de la même façon. Je crois que ça dépend du degré de fantasme qu'il y avait au départ. Si c'était un engagement fantasmatique, la rupture d'engagement sera elle aussi fantasmatique.

Si quelqu'un prend des vœux trop facilement et sans une expérience suffisante de la pratique, alors je considérerais l'engagement comme artificiel dès le départ.

Bien sûr, il est toujours mauvais de promettre des choses puis de changer d'avis par la suite. Il n'est possible de bien vivre sa vie que si vous avez une certaine capacité à assumer vos décisions et vos choix. Il faut pouvoir aller jusqu'au bout, faire face aux difficultés. Il faut avoir un certain sens de l'honneur.

Q Je ne suis pas sûr de comprendre ce que vous voulez dire par « honneur » dans ce contexte ?

R Eh bien… à peu près la définition du dictionnaire. Il faut pouvoir être un gentleman ou une dame, dans notre façon d'être avec les autres et nous même. C'est vraiment fondamental. Il faut pouvoir tenir le cap, malgré les difficultés. On doit pouvoir compter sur vous. Vous devez être la forme pour les autres plutôt que le vide. C'est un des sens de la compassion.

Q Un peu comme cet idéal victorien « Un gentleman est lié par sa parole » ?

R Oui. Ça semblera anachronique pour certains, mais c'est vital pour être authentique au niveau de sa parole. Cette idée d'honneur en termes de parole est la notion de « damtsig » en Tibétain. Damtsig signifie « parole sacrée » ou « serment ». « Dam » s'applique à l'Esprit, dans le sens de la « nature de l'Esprit », et « tsig » signifie mot. Chhi-'mèd Rig'dzin Rinpoche en était venu à beaucoup se méfier des occidentaux à cause de leur incapacité à tenir parole.

Non que nous soyons des menteurs ou des traîtres, mais il semble que nous changions facilement d'avis. Il observe donc les gens pendant plusieurs années afin d'être sûr de leur stabilité.

Il est crucial, quand vous promettez quelque chose au Lama, que vous teniez parole, peu importe ce qui arrive.

Ça s'appelle le damtsig. Certains pensent que le mot ne s'applique qu'aux engagements de pratiques, comme la promesse de réciter un mantra un certain nombre de fois par jour. Mais le damtsig va bien au delà.

Ce genre de damtsig est en réalité moins important que ce sens de l'honneur quotidien lié à la parole donnée au Lama. Tenir parole dans sa vie de tous les jours est une première étape. Nous devons pouvoir le faire avant de tenir parole avec le Lama. C'est la fondation du damtsig, quelque chose que nous devons tous pratiquer.

Ce dont je parle n'est pas particulièrement ésotérique ou spirituel. Je pense que l'honneur lié à sa parole est quelque chose de fondamentalement important dans la vie de tous les jours. Il est important de tenir parole, même si vous regrettez de l'avoir donnée : cette attitude a quelque chose de très fort. Cela vous rend impressionnant ou extrêmement réel, mais d'une façon tout à fait ordinaire. Il y a un pouvoir de vie et de mort dans ce que vous dites.

Vous devez être prêt à mourir sur la base de ce que vous dites. C'est une forme de spiritualité fondamentale. Beaucoup de peuples indigènes avaient cette qualité. J'ai entendu des histoires puissantes de ce genre chez les Indiens d'Amérique. Se couper la main avec un couteau, et serrer la main de quelqu'un d'autre pour faire un serment … C'est quelque chose que n'importe qui devrait pouvoir faire si on accorde assez d'importance à l'engagement.

Tenir parole quelles que soient les conséquences serait la base la plus puissante pour la pratique du Tantra. Je dirais aussi que pratiquer ainsi dans votre vie de tous les jours la changerait considérablement : votre existence même deviendrait le Tantra. Vous pourriez commencer à vivre cela.

Q Je comprends l'importance que cela a… mais si vous vous êtes trompé? S'il y avait quelque chose que vous ne saviez pas, qui vous a été caché?

R Et bien, dans ce cas-là on pourrait dire que vous avez le choix. Ou peut-être décidez vous, qu'en fait, vous n'avez pas le choix. De façon plus fondamentale, l'idée derrière tout ça c'est que quand vous donnez votre parole, vous la donnez vraiment. Tant pis si les choses deviennent inconfortables. Ça veut dire devoir être ce que vous êtes même quand ça déplaît. Vous devez pouvoir dire qu'il vous faut prendre un peu de temps avant de décider quelque chose, que vous ferez de votre mieux mais que vous ne pouvez rien promettre. Ça signifie qu'il vous faudra parfois dire « Non, je suis désolé, mais je ne pense pas que nous resterons en contact ». C'est peut-être dur, et un peu embarrassant, mais c'est aussi juste un petit peu vrai. Ou alors vous restez en contact que vous le vouliez ou non. L'autre façon d'opérer est vraiment trop fuyante : nous ne pouvons pas nous voir en tant que pratiquants du Tantra si nous vivons comme des anguilles.

Je ne suis pas en train de dire qu'il faut être mal élevé, ou blessant – mais qu'il ne faut pas dire les choses juste pour être « bien gentil ».

Q Donc, même si vous sentez qu'on vous a trompé…

R *Même* si on vous a trompé. Ou peut être *surtout* si on vous a trompé.

Q Mais, ça vous laisserait alors ouvert à toutes sortes de situations abusives !

R Oui. Mais ça dépend qui est en train de vous tromper. Ici, nous parlons de la relation avec le maître vajra.

Mais, en dehors de ça, voulez vous dire que vous pourriez éviter des situations abusives simplement en ayant toujours l'option de ne pas tenir parole ? Je n'en suis pas si sûr. La plupart des gens sont coincés dans des situations abusives à cause de la « parole » accordée en silence à leurs besoins émotionnels névrotiques. Qu'est ce qui vous fait peur exactement ?

Q La perte de liberté, la perte de contrôle… J'ai l'impression que si vous deviez garder parole à ce niveau, la vie pourrait devenir insupportable.

R Elle le pourrait, oui. Devenir insupportablement agréable. Ou insupportablement douloureuse. Ou incroyablement vibrante, riche, dynamique et réelle. Il y a de nombreuses histoires, parmi les légendes nordiques, de Dieux qui se font tromper. Dans une de ces légendes, Thor, le Dieu du tonnerre, se fait berner par Loki le filou, qui lui fait promettre quelque chose. Bien que Thor sache qu'il a été trompé, il est lié par sa parole. La morale en est qu'en gardant son honneur dans ces situations on gagne des expériences précieuses. C'est impératif quand il s'agit de travailler avec le Maître Vajra. Vous pourriez arriver au point où vous avez l'impression d'avoir été trompé.

La qualité de filouterie peut se manifester dans la façon dont le Maître travaille avec l'étudiant.

Q Est-ce pour ça que vous décrivez le Lama comme « le joueur terriblement compassionnel qui rebat les cartes de nos concepts » ?

R Oui, mais vous devez le laisser faire. Vous devez admettre que le Lama n'est pas là pour vous contrôler, il est simplement là pour que vous puissiez faire l'expérience du jeu du vide et de la forme au travers de son interaction avec vous.

Rien ne vous oblige à faire immédiatement des promesses vajra. Vous n'avez pas à prendre tout immédiatement au niveau du damtsig. Vous pouvez expérimenter. Le Lama fera des suggestions, et vous en ferez ce que vous voudrez. Vous pouvez essayer de les mettre en pratique dans votre vie sans rien dire, sans faire de promesses d'aucune sorte. Il est bon de commencer avec votre propre vie comme base de travail. Il est important de pouvoir garder parole avec vous-même dans votre vie de tous les jours. Si vous y parvenez, vous comprendrez mieux à quel point c'est puissant de garder parole avec le Lama. Vous aurez également une meilleure idée de ce que ça veut dire de rompre la parole que vous lui avez donnée.

Q Vous disiez que Chhi-'mèd Rig'dzin Rinpoche mettait un certain temps avant de croire en la parole des occidentaux. Sommes-nous si peu dignes de confiance ou si peu honorables ?

R Non… Je pense que nous sommes souvent très honorables à notre façon. Non que nous ne croyions pas ce que nous disons. C'est juste que nous ne sommes sincères que dans l'instant de l'esprit ! Puis, à un autre moment, nous sentons les choses différemment, nous avons une autre perspective. Notre sens de l'honneur existe dans le moment, dans sa propre bulle.

Nous accordons beaucoup d'importance à ce que nous ressentons dans l'instant, plutôt qu'aux promesses que nous avons faites.

Nous honorons notre évolution, ce qui est assez admirable d'une certaine façon, mais dans la relation avec le maître vajra, ça ne marche pas bien. Notre façon d'honorer notre évolution est liée à notre obsession de la liberté.

Je pense que nous devrions vraiment examiner ce que nous tirons vraiment de ce « droit à changer d'avis ».

Q Mais si vous n'êtes pas libre de changer d'avis, vous pourriez vous retrouver coincé dans une décision arbitraire. Vous donnez à un moment la précédence sur tous les autres moments. Il semble qu'il y ait quelque chose de très limitant là-dedans.

R Oui, vous avez raison. C'est limitant. Mais il est également limitant de changer ses décisions selon ce que vous dicte un moment de l'esprit. Dans une option vous êtes dominé par un moment de l'esprit particulier. Dans l'autre vous êtes dominé par chaque moment de l'esprit successif. Entre les deux il n'y a pas tellement à choisir.

Q Est ce que ça doit être l'un ou l'autre ?

R *Bonne question* ! En fait, non. Mais si vous essayiez de vivre complètement dans l'un ou l'autre style, vous généreriez des expériences extraordinaires. Le problème c'est que nous ne vivons pas dans l'un ou l'autre, nous allons de l'un à l'autre en fonction de ce nous dicte notre conditionnement.

Si vous essayiez effectivement de vivre selon le dictat de chaque moment individuel de l'esprit vous vous retrouveriez projeté dans un degré de chaos qui serait soit terriblement créatif, destructeur ou ahurissant.

Si vous teniez chaque promesse que vous ayez jamais faite, vous vous retrouveriez sans doute dans une situation similaire. Dans les deux cas, le défi existentiel serait immense… et peut être très intéressant ! C'est pour ça que nous préférons dériver entre ces deux modes.

Mais il est également possible de dériver en se laissant guider par la sagesse et la compassion.

Nous pouvons adapter nos promesses et nos choix en fonction de notre intégrité en tant que pratiquants. Par exemple, si vous avez promis à quelqu'un d'aller boire un verre, et qu'il y a une urgence, quelqu'un en crise vous appelle…vous n'allez pas lui répondre « Désolé, j'ai promis à untel d'aller boire un coup, et tu sais que je tiens toujours parole. » Ce n'est pas de cela que je parle. On ne peut pas se comporter ainsi. C'est ignoble. En fait, je parle de promesses faites sur la base d'un engagement réel envers les autres. On ne laisse pas tomber les autres, on est quelqu'un sur qui on peut compter. On est prêt à supporter un peu d'inconfort en exigeant davantage de soi, en ne choisissant pas toujours le plus commode. Je parle d'être ponctuel, de rendre un prêté pour un rendu même si on n'a pas le temps ; d'être quelqu'un d'honorable.

Et quand il s'agit de votre relation avec le Lama, cela a d'autant plus de poids. Cela devient une pratique. Il faut d'abord pratiquer dans votre vie de tous les jours, c'est la base. Sur cette base, vous pouvez faire des promesses vajra qu'on ferait ensuite au Lama. Une promesse vajra, c'est tout ce que vous pouvez dire ou faire en présence du Lama. C'est le sens du damtsig, samaya ou vœu, et c'est lourd de conséquences si vous êtes en relation vajra avec un Lama.

Q Est ce que je peux revenir à cette idée de faire des choix et de s'y tenir?

R Oui, bien sur.

Q Eh bien, et si je fais le mauvais choix? Comment être sûr d'avoir fait le bon choix ?

R Parce qu'ensuite vous vivrez toujours heureux ! (rires) Que voulez vous dire exactement par mauvais choix ?

Q Eh bien, quelque chose qui ne serait pas bon pour moi finalement.

R Très intéressant. Mais comment déterminez vous que quelque chose n'est pas bon pour vous? Quels sont les critères ?

Q Eh bien… cela crée un problème à un certain niveau. Ça aurait été mieux si ça n'avait pas tourné comme ça.

R Mmmh. Ça me semble un peu suspect. On dirait que votre définition d'une mauvaise décision c'est que vous n'aimez pas le résultat. C'est une définition un peu étroite, j'en ai peur. Je veux dire : quand décidez vous que la décision était mauvaise ? A quel moment de votre vie le décidez vous ?

Q Pardon ? Je ne suis pas certain de comprendre…

R Reprenons. Vous avez décidé quelque chose. Vous décidez d'aller faire du roller avec un groupe d'amis, bien que vous ayez peu d'expérience. Résultat, vous vous cassez la jambe. Vous vous dites « C'était une mauvaise décision ».

Mais après, vous vous rendez compte que ça vous a évité d'aller au restaurant où tout le monde a eu un empoisonnement alimentaire, alors vous vous dites « En fait, c'était une bonne décision ». Mais ensuite, les victimes de l'empoisonnement reçoivent un dédommagement important ; vous pensez : « Finalement, c'était une mauvaise décision ».

Mais vous vous retrouvez à l'hôpital où vous rencontrez une merveilleuse infirmière dont vous tombez amoureux.

Alors vous pensez : « Ce n'était pas une si mauvaise décision après tout ». Alors la charmante infirmière vous quitte ; et vous pensez : « Mon dieu, finalement, ce n'était pas une bonne décision ». Ça pourrait continuer comme ça toute votre vie. Les décisions ne sont que des décisions.

Il n'y a jamais un moment où vous pouvez les juger et en tirer toutes les conséquences. Les seules décisions heureuses sont celles qui facilitent notre connexion avec les enseignements… Et encore, il faut savoir en tirer profit.

Q Donc, ce que vous dites, c'est que le concept même de faire des erreurs serait peut-être faux ?

R Oui.

Q C'est très libérateur ça ! Ça veut dire que vous êtes plus libre… que n'avez plus besoin de fixer tous vos espoirs sur quelque chose.

R Effectivement. Vous pouvez considérer une situation et choisir en sachant que vous ne pouvez pas vraiment savoir ce qui va se passer. Ça veut dire que tant que vos intentions sont compassionnelles, vous n'aurez jamais à regretter quoi que ce soit. Parce que … ?

Q Parce qu'il n'y a jamais de conclusion définitive.

R Simple n'est-ce pas ? Les ramifications de chacune de nos décisions continuent de se développer dans nos vies. Et même si ce n'était pas le cas, on ne pourrait pas savoir quelles décisions affectent quoi. Nous pouvons donc arrêter d'essayer de tout contrôler, simplement vivre dans le moment, et ressentir exactement ce qu'il contient.

Q Mais si vous pratiquez, votre vie devrait s'améliorer, non ?

R Non. D'une certaine façon, votre vie pourrait empirer. Vous pourriez vous retrouver dans une situation vraiment défavorable. Toutes sortes de désastres pourraient vous arriver. Vous pourriez passer un mauvais moment.

On ne peut pas savoir. Mais tout pourrait aussi très bien se passer… Vous en pensez quoi, vous ?

Q J'aimerais penser que ma vie s'améliorerait. Mais d'après vous les enseignements n'offrent aucune garantie que les circonstances extérieures s'améliorent.

R Il n'y a aucune garantie. L'objectif des enseignements n'est pas d'améliorer vos circonstances de vie. Mais je dirais pourtant que vivre la vue tantrique vous permettrait de tirer bien plus de votre vie. Votre vie serait améliorée de multiples façons parce que vous vivriez vraiment. Toutefois même si cela paraît contradictoire, vous ne pouvez pas juger les enseignements d'après les « améliorations » possibles de votre vie, mais selon le développement de votre conscience et de votre bienveillance. Si vos circonstances externes s'améliorent c'est formidable, mais ce n'est pas dû à votre pratique.

L'idée que la pratique spirituelle, et le succès de la pratique spirituelle, mènent à une vie où tout vous réussit de mieux en mieux est complètement fallacieuse. C'est une idée New Age que je trouve particulièrement répugnante, une approche assez fasciste de la spiritualité. C'est lié à d'autres notions douteuses comme la « conscience de richesse ». Non qu'il ne puisse y avoir quelque chose d'utile dans ces concepts ; mais c'est extrêmement malavisé de dire aux gens qu'ils peuvent être riches s'ils le veulent vraiment, et que la pauvreté n'est que leur limitation conceptuelle. C'est comme dire que vous pouvez guérir si vous voulez guérir. C'est n'importe quoi.

On peut évidemment faire beaucoup de choses pour se guérir et pour changer ses circonstances, mais on ne peut pas évaluer les enseignements, ou vous-même, par ce qui arrive à ce niveau.

On dit d'ailleurs souvent dans la pratique du Dzogchen qu'un signe de l'efficacité de la pratique est que votre vie commence à devenir assez rude.

A ce niveau on doit aller au delà de l'idée que la réalité est là pour être manipulée – le surgissement de la conscience seul a de la valeur. Tous les problèmes externes sont considérés comme des signes de purification.

Q Vous dites qu'on ne peut juger les enseignements sur la base de l'évolution de sa conscience et de sa bienveillance… C'est difficile, n'est-ce pas ? Comment peut on évaluer sa conscience et sa bienveillance ?

R Selon ce que vous sentez. Si vous êtes capable de questionner la bienveillance de vos actes. C'est votre conscience qui entre en jeu quand vous êtes sensible à ce qui arrive au niveau du corps, de la parole et de l'esprit dans notre relation aux autres.

La gentillesse nous est assez naturelle, donc on n'a pas besoin d'être extralucide pour savoir si on devient plus gentil. On peut examiner ce qu'on est prêt à faire pour aider les autres. Ça ne veut pas dire que personne ne se sent jamais triste ou blessé dans ses interactions avec nous : il n'est juste pas possible de rendre tout le monde heureux. Il y a des moments où, quoi que vous fassiez, vous causerez du déplaisir. Il est également important que cette gentillesse vous inclue ! Quant à la conscience, c'est le sentiment de clarté qui se développe, la capacité à voir la confusion des situations, et à travailler avec cette confusion d'une façon créative.

Q La clarté c'est travailler de façon créative avec la confusion ?

R Oui.

Q Je suis désolé Rinpoche, je ne comprends pas.

R Ça veut dire que vous voyez votre confusion pour ce qu'elle est. Vous ne la prenez pas pour de l'intelligence ou de l'intuition.

Quand vous savez que la confusion est de la confusion, vous comprenez qu'il y a une autre façon de percevoir votre situation. Initialement c'est l'impression d'une dimension ouverte, dans laquelle vos cadres de référence habituels cessent de s'appliquer. Travailler créativement avec cela suppose de cesser de considérer votre confusion comme quelque chose de si opaque.

Vous commencez à en apprécier la texture, vous lui donnez de l'espace, et ça lui permet d'exister sans que vous ressentiez le besoin d'agir. Vous n'êtes plus dans la tension d'avoir à faire les « bons » choix.

Vous devenez un peu moins claustrophobe dans votre façon de voir les possibilités qui existent dans votre champ de référence personnel.

Q Vous disiez plus tôt que la confiance dans le Lama était un choix ne venant pas de votre raison. Mais quand vous parlez d'entrer en relation vajra, on a l'impression qu'il s'agit plutôt de foi. Quelle est la différence entre ce type de choix et un acte de foi, une foi aveugle ?

R Un acte de foi, à un certain moment, devient approprié. J'irais peut-être même jusqu'à le qualifier de foi aveugle. D'une certaine façon, il n'y a rien de mal dans la foi aveugle.

Tout dépend de qui est aveugle, et de quel aspect de la personne est aveugle. C'est la raison qui devrait être aveugle – elle s'aveugle par incapacité à s'en sortir. L'intellect se ressent comme aveugle lorsqu'il est confronté à sa propre insignifiance.

Quand votre système à créer du sens n'a plus de sens, vous êtes libre de faire le saut. Cela ressemble à une sorte de folie, j'en conviens. J'appellerai ça de la « folie radicalement positive ».

Il s'agit de décider, par une faculté située au-delà de la capacité à prendre des décisions, de faire confiance à l'enseignant – d'aller contre ce qui fait sens pour vous. Mais pour répondre à votre question, je dirais que la folie radicalement positive est une position avancée. Ça ne peut fonctionner que quand vous avez pris l'habitude de suivre les instructions du Lama et constaté que cela marchait. Cette attitude ne vaut que pour ceux qui sont dans un engagement vajra avec un maître, et il ne faut jamais aller trop vite. Le Lama devrait essayer d'en dissuader les élèves. C'est en tout cas ce que je fais !

Q Cette idée de confiance totale fait sens dans le contexte de la relation vajra avec le Lama, mais cela pourrait prendre longtemps. Comment faire à votre avis pour développer une confiance totale… cela semble un processus très long.

R Oui, cela peut être long. Mais ce n'est pas un problème.

Q Mais c'est vraiment frustrant. On vous présente ce qui est possible… et vous vous en sentez coupé. Que faire ?

R Intéressant. Il semble que vous décriviez la situation de quelqu'un qui est sur le point de sauter ! Il est impossible d'arriver à une confiance totale.

Vous pouvez vous en approcher, de très près peut-être… Mais vous ne pouvez pas vraiment y arriver, à moins de faire le saut. À un certain moment, il faut juste sauter.

C'est une drôle de décision… un choix sans choix dans le fond.

La frustration fait partie de ce choix : la puissante frustration de se rendre compte qu'il y a là une grande opportunité, sans prendre ses rêves pour des réalités. Construire cette confiance c'est comme construire un plongeoir.

Vous pouvez rester longtemps dessus, en évaluer la solidité, marcher jusqu'au bord, rebondir… mais à un moment il faut sauter. Vous ne pouvez plus reculer. Vous ne feriez que trébucher et vous faire mal. Vous comprenez ce que je veux dire ?

Q Oui, ça a l'air assez angoissant. Mais c'est peut-être aussi également ce qu'il faut pour se bouger le cul !

R Oui… Peut-être. Mais le plus important, c'est qui vous puissiez goûter la saveur unique de la peur et de l'enthousiasme.

Vous ne pouvez pas simplement sauter parce que ça vous semble être une bonne idée. Quoique, c'est peut-être possible aussi… Mais alors il vous faudrait être capable de rester fidèle à vos décisions, même si elles vous semblent erronées à certains moments. L'importance du saut, c'est qu'il est absolu. Ça ne peut pas être une fantaisie, une idée romantique – ça, ce ne sont pas de vrais sauts. On peut facilement les défaire, puisqu'ils n'en sont pas. Ce ne sont que de vaines tentatives de se mettre à la merci d'une autorité supérieure qui vous protègera et s'assurera que tout va bien. Le vrai saut c'est un saut sans aucune demande de sécurité. C'est cela qui peut être assez terrifiant.

Q Mais si c'est tellement terrifiant, comment se fait-il qu'on puisse même l'envisager ?

R Parce que c'est très nécessaire. Et, en même temps, pas si terrifiant en fait.

Q Je ne comprends pas.

R Il n'y a rien à comprendre. La situation est terrifiante et en même temps très naturelle. Ça ne semble terrifiant que dans la perspective de perdre ses points de référence. Dans la perspective de la non référentialité, c'est en fait un grand soulagement. Comme un bon bain de Radox après une dure journée dans la samsara…

Q C'est quoi le Radox ?

R Une sorte de bain moussant que nous avons en Angleterre. Je ne cherche pas à vous embêter en étant blagueur ou paradoxal, mais il est vital que l'idée de saut reste au niveau de l'expérience.

Je ne veux pas trop codifier cela, vous fournir un manuel pratique. Le saut est votre expérience. Vous devez faire face à une extrême ambivalence. Il n'y a pas de raccourci, ça ne peut pas être plus facile.

Q D'accord, mais vous semblez à la fois nous encourager et nous décourager de faire ce saut. C'est un dilemme, je ne sais pas quoi faire.

R Bien sûr… Je ne peux vous offrir qu'un dilemme. Il n'y a rien d'autre à offrir. Je ne peux que vous offrir des descriptions infinies de la forme et du vide. C'est tout ce qu'il y a. Je ne peux pas simplement vous encourager à faire ce saut. Je ne peux pas simplement vous en décourager non plus.

Tout ce que je peux faire c'est vous présenter une situation ambivalente et vous encourager à rester dans cette ambivalence. Si vous arrivez à vraiment la goûter, vous serez confronté à ce que vous devez faire. Mais ça doit venir de vous, de votre propre expérience.

Q Et donc… Tout le monde est seul dans cette histoire ?

R En ce qui me concerne, oui. Vous voyez, si vous n'êtes pas seul, quelqu'un doit vous diriger. Et si quelqu'un vous dirige, vous pourrez toujours vous tirer de là plus tard en vous disant que vous avez été influencé. Je ne veux pas influencer quiconque de cette façon. Cela n'aurait aucun sens. Quand il s'agit de relation Vajra, je ne peux que présenter le défi d'entrer dans le paradoxe. Vous devez commencer en acceptant l'ambivalence, c'est la qualité première du chemin tantrique.

Si vous devez approcher la non dualité du point de vue de la dualité, il faut pouvoir entrer dans l'ambivalence et l'accepter comme une expérience possible.

Q Puis on peut résoudre cela ? Aller au-delà de l'ambivalence ?

R Non, il y a simplement plus d'ambivalence ! (rires) C'est la nature de la voie. Il n'y a pas de fin à l'ambivalence avant que vous ne vous retrouviez dans l'état non duel. Mais soyons un peu plus pratique en ce qui concerne la relation avec le Lama. Il vous faut évidemment aller au-delà de l'ambivalence avec le Lama, sinon vous n'avancerez jamais, vous resterez coincé dans la confusion.

Q Quelle est la différence entre l'ambivalence et la confusion à ce niveau ?

R Et bien, quand vous êtes ambivalent, vous savez ce qui vous rend ambivalent. Vous en ressentez l'électricité très clairement. Il y a un sentiment de panique, mais dans un contexte plus large. Cette panique est infiltrée par l'espace. L'espace entre vos sentiments contraires. Il n'y a pas de sac de nœuds en termes de concepts. Il y a juste un espace de panique non sémantique.

Q Un peu comme Duel à OK Corral ?

R Oui ! Pourquoi pas… Mais en fait non, pas du tout. Rien à voir. Il n'y a pas de bagarre… C'est peut-être dommage, mais c'est comme ça. D'une certaine façon, on aimerait bien qu'il y ait de la bagarre. Avoir l'impression d'avoir gagné à un moment donné. Mais cela nous mettrait dans une position artificielle, la sécurité de savoir que nous avons fait ce qu'il fallait. Ce serait simpliste.

Quelque chose de plus doit se passer. Peut-être que les duellistes tirent – et se rendent compte que leurs armes sont vides. Peut-être qu'ils éclatent alors de rire en réalisant qu'il n'y a pas de quoi se battre !

Q Donc, la confusion c'est quand vous êtes ligoté par des doutes et des convictions ?

R Oui, exactement. Et l'ambivalence c'est quand vous ressentez la tension existentielle de l'idée de sauter.

Q Et puis vous sautez…

R Oui. Puis vous sautez.

Q Et qu'est ce qui vous permet de sauter à ce moment-là ?

R Le fait que vous ayez déjà sauté.

Q Quoi ? Je… pardon. Je n'ai rien compris.

R Non. Je crois que vous avez tout à fait compris.

Q (rires)

R Oui. Exactement. Vous ratez le moment où vous pourriez faire marche arrière. Vous découvrez qu'il est déjà trop tard. C'est mystérieux.

Q Pourriez vous en dire un peu plus ? C'est exactement mon expérience !

R C'est un peu comme tomber amoureux. Il y a un moment où vous commencez à ressentir quelque chose pour quelqu'un. Mais ce n'est que le début, et vous pouvez encore faire marche arrière si vous avez des doutes.

Si vous attendez trop longtemps, en revanche, vous vous rendez compte que c'est déjà arrivé. La décision de tomber amoureux a déjà été prise. Regardons ça autrement. Vous vous préparez à sauter depuis un moment. Vous avez fait de nombreuses répétitions, vos allers-retours sur le plongeoir sont devenus très convaincants, parce que vous savez que vous n'êtes pas obligé d'y aller. Mais c'est problématique. Car soudain, vous réalisez qu'en fait, vous vous êtes engagé à sauter. Et, dès que vous le comprenez, vous avez déjà sauté.

Vous avez dépassé le point de non-retour, le point où le choix sans choix se fait, et vous vous retrouvez en train d'agir en confiance.

Q En quoi est ce qu'on a confiance à ce moment-là ? Le Lama ? Ce ne serait pas la même chose que d'avoir cette confiance totale dont vous avez dit que c'était impossible ?

R Pas tout à fait. La confiance dont je parle ici n'est pas une confiance en quelque chose ou quelqu'un. C'est simplement le fait de savoir, à un niveau fondamental, ce que vous êtes en train de faire.

Vous avez confiance en votre bonté intrinsèque. C'est une confiance qui vous permet d'agir sans savoir. Vous avez une intuition, une sorte de « feeling », sans pour autant prendre vos désirs pour la réalité.

Cette confiance vient de votre expérience de la pratique. C'est une sorte de folie très saine en fait. D'une certaine façon, vous devez avoir cette confiance avant de pouvoir faire confiance au Lama. Ce n'est pas la même chose que d'être sûr de soi, être dans le connu ou le connaissable. C'est une confiance fondamentale où vous « sentez » la situation avec tout votre être, en étant totalement ouvert.

Q Cette idée de saut, il me semble, c'est ce que l'on fait dans beaucoup de situations de la vie. C'est comme ça qu'on aborde toutes sortes de décisions. Cela va au-delà de notre vie spirituelle, non ?

R Oui, bien sûr. Votre vie spirituelle n'est pas séparée de votre vie de tous les jours. Et même si vous ne pensez pas avoir une « vie spirituelle » en tant que telle, c'est pareil. En un sens ce n'est pas une idée « spirituelle ». Il faut comprendre que nous parlons toujours de ce que nous sommes.

Quand on parle des enseignements, on parle en fait de la vie de tous les jours, et inversement, quand nous parlons de la vie de tous les jours, nous parlons de l'enseignement. C'est pour cela qu'on parle de jigten-chö-gyed, les huit dharmas du monde. Nous les appelons « dharmas » parce qu'ils sont liés au dharma. La dualité et la non-dualité ne sont pas déconnectées, et quand on comprend ça, on se retrouve perché au bord de la réalisation ! Chaque moment devient une potentialité, car nous le voyons comme une déformation de l'énergie libérée qui nous est propre.

Q Quand je regarde ma vie de tous les jours, je me rends compte que je suis en fait toujours en train de prendre des vœux, ou de les observer. Mais ce sont des vœux d'habitude.

C'est en fait comme ça qu'on pourrait voir les habitudes, non ?

R Bien sûr. Nous sommes très habitués à prendre des vœux. Nous nous disons : « Je fais le vœu de me mettre en situation de rater ma vie, tout en donnant l'impression d'essayer de faire le contraire ».

Q Pourquoi est-ce qu'on fait ça ?

R C'est ce que nous devons découvrir. C'est pourquoi nous pratiquons. C'est pourquoi nous sommes là. C'est ce que nous faisons avec ces questions et ces réponses. On essaie de comprendre. Je suis convaincu que c'est possible… mais une simple réponse intellectuelle ne suffira pas.

Q Mais parfois j'ai l'impression que si seulement il y avait quelque chose que je pouvais saisir même intellectuellement…

R Non, je ne pense pas. Mais il y a une raison à cela. La raison c'est qu'en fait, vous connaissez déjà la réponse. Nous connaissons déjà tous la réponse, mais nous la cachons. Nous la rendons délibérément obscure.

Ensuite, nous devenons « spirituels » et nous disons que nous cherchons la réponse. Mais pendant tout ce temps nous essayons juste de la cacher un peu plus. La pratique spirituelle est en fait assez sournoise. Il est compliqué de réaliser que vous êtes déjà réalisé.

Q Il semblerait que ce soit insoluble.

R C'est vrai. Enfin presque. Il n'y a presque pas de sortie. C'est pour ça que le Lama est cet aspect essentiel du chemin Tantrique. Il n'y aurait aucune porte de sortie si on ne comptait que sur notre raison. Nous tournerions en boucle.

Q Donc, par rapport à ma question précédente, le processus cyclique du samsara est reflété dans la pratique spirituelle parce que…

R Parce que le processus spirituel sape les fondements de nos processus dualistes addictifs en imitant leur configuration. C'est pour ça que les êtres de conscience courroucés ont cette apparence.

Leur apparence dit assez clairement que pour transcender la colère, il faut utiliser l'énergie de la colère elle-même. Leur apparence indique explicitement que vous ne pouvez pas vous débarrasser de la colère en essayant de vous en débarrasser. La seule chose que vous puissiez faire c'est laisser tomber le sujet et l'objet de la colère. Quand il n'y a plus de sujet ou d'objet de la colère, alors ça devient une colère non duelle. C'est cette colère non duelle que l'on appelle clarté.

7

Transmission

Recevoir une transmission c'est être caressé par la foudre. C'est être transpercé par une compassion qui nous révèle pleinement ce que nous sommes. C'est être spontanément immergé dans un monde de lumières, pour quelques fractions de seconde ou pour une éternité. C'est être délicatement et férocement éventré au niveau énergétique. Éventré comme un poisson, recousu avec un cœur de diamant et relâché dans la rivière claire de la lignée. Éventré au niveau perceptuel et recousu avec les fabuleux fils de l'engagement. C'est se réveiller en un instant vivide, doucement choqué. C'est réaliser que vous dormiez et que soudain vous êtes à la fois plus vieux que la terre et plus jeune que vous ne pouvez l'imaginer.

La transmission c'est rencontrer le Lama en face. C'est l'expérience du contact des Esprits : comme si la neige tombait dans l'océan et ne plus percevoir aucune distinction ou division. La transmission est la clé qui nous permet de ressentir la véritable signification du Tantra. Sans la transmission d'un Lama compétent rien se peut se passer en termes de pratique de la visualisation et de formule de conscience.

Le Lama donne vie à notre pratique en nous donnant accès à la sphère de l'énergie (vision intérieure et sons) : la dimension visionnaire.

Nous avons vu que le Lama était un catalyseur puissant. Nous avons cherché comment notre réalité de tous les jours peut devenir notre pratique spirituelle. Il faut comprendre ce que cela signifie (vivre la vue) avant de pouvoir apprécier la véritable nature de la transmission. Et pourtant la transmission peut nous permettre de vivre la vue très puissamment. Vivre la vue est en fait une pratique avancée, accessible après une expérience profonde de la pratique. Mais si vous êtes assez ouvert, la transmission peut déverrouiller cette porte. Et si vivre la vue nous touche assez profondément pour la garder dans notre cœur jour après jour, cela peut grandement faciliter notre capacité à recevoir la transmission. Ces deux aspects de la voie se renforcent mutuellement.

Nous avons aussi vu en quoi le Lama était un exemple de l'état réalisé. Nous avons découvert que l'état réalisé est aussi notre condition naturelle. Examinons maintenant comment le Lama nous permet d'accéder à l'éclat, à la sonorité essentielle, et à la sensualité non duelle de notre être. L'éclat est associé à l'Esprit [1] au spectre lumineux de l'expérience visionnaire. La sonorité essentielle est associée à la voix,[2] l'énergie de la personne, la qualité euphonique de l'expérience visionnaire. La sensualité non duelle est associée au corps,[3] ou à la sensation physique, la texture vitale de l'expérience visionnaire.[4]

---

1   *Thug* en Tibétain ; *citta* en Sanskrit
2   *Sung* en Tibétain ; *waka* en Sanskrit
3   *Ku* en tibétain ; *kaya* en Sanskrit
4   « Esprit », « voix » (ou discours) et « corps » sont des termes très utilisés dans le Tantrisme tibétain, et beaucoup de pratiques utilisent le visionnement, la formule de conscience et la posture physique. Différents systèmes assignent des locations physiques à ces qualités. Le système le plus connu situe le « corps » au niveau du front, la « voix » à la gorge, et l' « esprit » au cœur. Le cœur et la tête sont parfois inversés selon les révélations gTér.

Le Lama est le cœur des trois racines du Tantra [5] : Lama, yidam et pawo/khandro. Le Lama est la racine de la sagesse, le yidam est la racine de la puissance, et le pawo/khandro est la racine de l'inspiration.[6]

La sagesse a deux aspects, selon la façon dont on la découvre ou dont elle apparaît : yeshé et shérab[7]. La forme de sagesse la plus accessible est shérab. Shérab signifie la connaissance que l'on accumule à travers la pratique et l'étude. Shérab se construit, elle s'accroît avec la persévérance, et se module. Plus nous nous immergeons dans les enseignements et la pratique, plus shérab évolue. Yeshé est la sagesse ou la connaissance même : la sagesse qui existe par elle même. « Ye » signifie primordial et « Shé » (le même shé que dans le mot shérab) signifie connaissance. « Yeshé » c'est donc la connaissance primordiale, sans origine. Une connaissance qui nous est intrinsèque et inséparable de la nature même de notre être. Yeshé ne peut être acquise par morceaux, on n'y a pas accès à travers l'intellect.

Le Lama est une réserve immense de shérab et plus nous interagissons avec le Lama plus nous apprenons, et plus nous en venons à nous comprendre.[8] Yeshé, en revanche, est reflété par le Lama. Le mot Lama signifie la même chose que yeshé : la nature éveillée de l'être.

On parle ainsi du Lama interne et du Lama externe : le Lama externe est le maître, la personne qui enseigne, et le Lama interne est notre sagesse de l'Esprit sans limites.

Le mot Lama s'applique à la fois à l'enseignant interne et externe, à cause de sa qualité réflective. Il est le miroir de sagesse dans lequel nous pouvons voir notre propre éveil.

---

5   *Tsa-sum* en Tibétain
6   *Guru* (Lama), *deva* (yidam), *daka/dakini* (pawo / khandro) en Sanskrit.
7   *Prajna* en Sanskrit
8   *Thab* en Tibétain

C'est donc un miroir interactif. Le Lama externe reflète la nature éveillée de ses élèves et leur permet de la découvrir. En plus de refléter notre libération, le Lama reflète notre énergie égarée. Nous voyons ainsi notre condition névrotique et percevons la structure de notre confusion. Nous faisons donc à la fois l'expérience de yeshé et de shérab avec le Lama.

Le yidam est le Lama sous forme visionnaire, comme méthode de pratique. Par la transmission, le Lama nous montre comment percevoir la sphère d'apparition visionnaire, comment entonner la voix de la vision et comment animer la sphère sensorielle de la vision. La transmission est donc le moyen de nous introduire à la pratique du yidam. Elle nous met en contact direct avec la sphère d'énergie, la dimension de notre expérience dans laquelle l'horizon des possibilités humaines est infini.

Le yidam est « source de puissance », parce qu'à travers la pratique du yidam nous libérons une énergie considérable. Nous nous rendons compte que nous ne sommes pas réduits à une image étriquée et infirme: nous sommes libres, dans la dimension du yidam, d'être sans limites et dotés de capacités infinies.

Nous nous rendons compte que nous ne sommes peut-être pas ce que nous croyons : nous ne sommes pas victimes des circonstances ; nous ne sommes pas victimes des événements de notre enfance ; nous ne sommes pas victimes de conditionnements.

Nous ne sommes victimes de rien ni de personne – tant que nous sommes le yidam.

Dans le pawo/khandro, le Lama se manifeste en tant que circonstances de la voie : les détails de notre vie de tous les jours, sous tous les aspects imaginables.

Si toutes les situations deviennent des opportunités de laisser le Lama nous montrer notre éveil et les configurations de notre non éveil, alors tout ce que nous faisons nous inspire: tous les aspects de notre vie sont animés par la présence du Lama.

L'autre aspect du pawo/khandro concerne la vue : les tantrikas, femmes et hommes, voient le monde phénoménal comme la danse des pawos ou la danse des khandros respectivement. Les femmes font le vœu de percevoir le monde phénoménal comme masculin, comme pawo, méthode manifestée. Les hommes voient le monde phénoménal comme féminin, comme khandro, sagesse manifestée. Cette pratique permet d'activer les qualités internes masculines et féminines. Les femmes et les hommes ont des qualités internes et externes inversées ; dans la condition dualiste nous ne sommes plus connectés à ces qualités internes. La pratique du pawo/khandro comme source d'inspiration nous permet ainsi de nous reconnecter à ces aspects de nous-mêmes à travers la texture de notre existence. La transmission nous y introduit.[9]

Il existe de nombreux niveaux de transmission au sein des véhicules tantriques et les décrire tous nécessiterait un livre entier.

Pour nous en faire une idée, nous examinerons ici uniquement les quatre transmissions des Tantras intérieurs.[10] Il s'agit du bum wang ou transmission du vase, et des wang gongma sum, les trois transmissions essentielles de l'Esprit.

---

9   *Wang* en Tibétain, aussi appelé "initiation".

10   *Wang-zhi* en Tibétain. Les niveaux des Tantras extérieurs sont désignés ainsi : le Triya-Tantra comprend trois transmissions : le bum-pa'i wang ou transmission du vase ; le chö-pen gyi wang ou transmission de la couronne ; et enfin, le min-gyi wang ou transmission du nom. L'Upa ou Karya Tantra comprend les trois transmissions du Kriya Tantra, avec l'addition du dorje wang, ou transmission de la foudre (indestructibilité), et le drilbu wang ou transmission de la cloche. Le Yoga Tantra comprend les transmissions des Kriya et Upa Tantras avec l'addition du dorje lopön wang ou transmission du maître vajra.

Les wang gongma sum comprennent le sang wang ou transmission secrète, le shérab yeshé kyi wang ou transmission de connaissance/sagesse, et finalement le tsig wang, ou transmission de mot.

La transmission de vase

Le bum wang, ou transmission du vase, est reçu quand le Lama se manifeste en tant que trül-ku. Le Lama dissout son expérience de la réalité relative dans la vacuité et réapparaît sous la forme du yidam, conférant la transmission du vase en tant que yidam. Les étudiants doivent être dans un état d'ouverture pour pouvoir recevoir cette transmission et doivent connaître la forme de l'être de conscience ou yidam ; ils sont préparés à voir le Lama sous cette forme. Avec assez d'expérience de la pratique ou suffisamment de dévotion, ils peuvent le percevoir clignoter.

La transmission du vase est une purification de notre vision névrosée.

En la recevant nous pouvons relâcher notre sentiment ordinaire de la réalité et entrer dans la réalité du Lama.

Le Lama, pour sa part, projette son identité de yidam sur la forme extérieure du vase[11] et devient ainsi la sphère de qualité dont le yidam a émergé.

Le Lama place ensuite le vase sur la tête de l'étudiant, le yidam peut alors être perçu fusionnant avec le corps de l'élève. Puis de l'eau du vase est versée dans les paumes de l'étudiant qui la boit. Ce signe extérieur accompagne l'expérience interne de dissolution des structures de confusion.

---

11 Le vase (*bum-pa* en Tibétain) pourrait être appelé plus précisément un pot, car il a un bec. Il a aussi une ouverture dans le haut, dans laquelle un long cône de métal est inséré. Le cône est le véhicule d'un bouquet de plumes de paon qui représentent l'aspect tantrique de la transformation (le paon est censé pouvoir boire du poison et le transformer en beauté). Le bum-pa contient habituellement de l'eau safranée ou de l'eau pure, et boire cette eau est un symbole de purification. Le bum-pa est habituellement entouré de brocarts éclatants qui symbolisent la nature lumineuse de l'être de conscience.

L'eau du vase est perçue comme remplissant le corps jusqu'à émerger du haut de la tête sous forme de la couronne à cinq pointes des êtres de conscience paisibles, joyeux et courroucés.[12]

Recevoir cette transmission c'est établir la base d'une réalisation de trül-ku ; la sphère de réalisation manifeste. Ceci confère la capacité de générer la forme de l'être de conscience par la pratique de l'émergence externe ; l'émergence externe signifie que l'on visualise le yidam comme champ d'expérience externe.

La transmission secrète

Le sang wang, ou transmission secrète, est reçu quand le Lama irradie sa réalisation depuis la sphère de qualité long-ku.

Le Lama entre dans la dimension de non séparation des qualités internes et externes, unifiant ainsi les principes masculin et féminin et se manifestant intérieurement en tant qu'être de conscience yab-yum.[13]

A l'aide d'une image de l'être de conscience dont il confère la transmission, le Lama touche ses élèves à la tête, à la gorge et au cœur. (A cet instant, le Lama peut aussi tenir un teng'ar au niveau de sa gorge, on peut alors percevoir des rayons de lumière en émaner en direction de la gorge de l'étudiant). Ceci confère la capacité de pratiquer l'auto émergence du yidam, et de pratiquer les canaux, les vents, et les essences spatiales.[14]

La pratique de l'auto émergence consiste à dissoudre sa propre expérience dans le vide et à en ré émerger spontanément sous forme visionnaire. Cette transmission établit la base de réalisation au niveau long-ku, la sphère d'apparences intangibles.

---

12 Les êtres de conscience paisibles portent des couronnes à cinq joyaux. Les êtres de conscience courroucés portent des couronnes de cinq crânes flamboyants. Les êtres de conscience joyeux portent des couronnes ou des joyaux selon la nature de leur manifestation.

13 *Yab-yum* signifie « père-mère », et symbolise l'union de la forme (masculin) et du vide (féminin).

14 En Tibétain, les canaux spatiaux, les vents spatiaux, et les essences spatiales sont appelés *tsa, rLung* et *thig-lé*. En Sanskrit ils sont appelés *nadi, prana* et *bindu*.

La transmission de connaissance/sagesse

Le shérab yeshé kyi wang, ou transmission de connaissance/sagesse, est conféré quand le Lama entre dans la dimension d'expérience où réalité relative et absolue sont ressenties comme indivisibles. Le Lama entre dans la dimension spatiale du yidam et confère la transmission au niveau de chö-ku.

Le Lama porte parfois un vajra à son cœur et touche chaque étudiant à la tête, à la gorge, et au cœur avec le vajra ou un objet qui symbolise le vide.

Les étudiants se visualisent alors comme yidams yab-yum générés au sein de l'espace d'expérience de la présence du Lama. Une expérience de joie de vacuité peut alors inonder le contexte perceptuel et rendre possible la reconnaissance puissante de l'état éveillé. Cette transmission permet d'établir la base de réalisation au niveau de chö-ku, la sphère de potentialité inconditionnée.

La transmission de mot

La tsig wang, ou transmission de mot, est reçue quand le Lama entre dans l'expérience d'unité des trois sphères de l'être. Le Lama présente alors un cristal à facettes, symbole de la nature indivisible des trois sphères de l'être. Les trois sphères de l'être ne sont pas divisées, tout comme le cristal dont les reflets internes et externes ne sont pas séparés. Le Lama fixe le cristal, ainsi que les étudiants. Le Lama peut alors donner une indication cryptique ou poétique de la nature de l'esprit, ou projeter verbalement une syllabe mantrique qui explose le contexte perceptuel dualiste des élèves. Le Lama et les étudiants restent ensuite assis ensemble en silence, après quoi la transmission se conclut selon le style individuel du Lama. Cette transmission établit la base de la réalisation au niveau de ngo-wo-ku, la sphère de totalité.

Recevoir une transmission c'est être foudroyé de la façon la plus douce possible. C'est être marqué au fer rouge par une bienveillance brûlante : et nous ne sommes plus que ce que nous sommes. C'est être spontanément immergé dans un monde de lumière éblouissante, pour quelques fractions de seconde ou une éternité.

C'est être délicatement et férocement éventré au niveau énergétique. Éventré comme un poisson, remis en état avec un cœur de diamant et relâché dans la rivière claire de la lignée. Vos perceptions sont démembrées puis vous êtes recousu avec les fils fabuleux de l'engagement. C'est se réveiller en un instant éclatant, doucement stupéfait. C'est réaliser que vous dormiez et que soudain vous êtes à la fois plus vieux que la terre et plus jeune que vous ne pouvez vous en souvenir. La transmission c'est rencontrer le Lama face à face et faire l'expérience du contact des Esprits, comme si la neige tombait dans l'océan, et n'y reconnaître aucune distinction ou division. Les transmissions sont des occasions très spéciales et il faut s'y préparer en pratiquant. Mais il faut aussi se souvenir que chaque instant passé en présence du Lama est une possibilité de transmission. La transmission prend de nombreuses formes extérieures au sein des systèmes tantriques, mais passe essentiellement par trois formes de communication. Ces trois formes comprennent le wang, le lung, et le tri, et se soutiennent mutuellement.

Le wang est la transmission de pouvoir, de nature symbolique. Le Lama revêt en général des robes particulières réservées à cet usage, peut porter divers chapeaux symboliques, et manie un certain nombre d'instruments rituels.

Des préparations plus ou moins élaborées peuvent avoir lieu selon les circonstances, mais une chose est toujours apparente : la qualité extraordinaire ou non ordinaire de l'existence est fortement évoquée.

Quand vous participez à un wang, vous avez toujours l'impression d'être hors du temps et d'entrer dans une atmosphère au bord du basculement dans la vision.

Un wang utilise, de façon très frappante, l'expression artistique la plus riche pour bousculer les structures de référence de la réalité ordinaire. Le lung est la transmission liée à la voix du Lama. Cet aspect de la transmission tourne plus particulièrement autour de la formule de conscience ou les mots d'un texte.

Le lung est la transmission par la voix du Lama. On entend la formule de conscience ou le texte, et on est autorisé à les chanter ou les psalmodier. Le lung peut aussi être conféré pour l'étude d'un texte particulier afin d'en rendre la signification plus puissante en le reliant, au niveau énergétique, à l'Esprit du Lama. Le tri, enfin, est une transmission par laquelle le Lama explique la pratique. Après la transmission du wang et du lung, le tri est conféré pour permettre à l'étudiant de savoir exactement comment procéder dans les pratiques qui entourent la visualisation du yidam.

Quand le lung et le tri sont conférés dans le wang, ils font partie de la symbolique formelle du wang. Mais le lung et le tri ne sont pas toujours présentés de manière formelle. C'est pour cela qu'il est important de considérer les mots du lama comme une expérience continuelle de lung et de tri, ou au moins de se souvenir que c'est une opportunité vitale et très précieuse.

Nous pouvons recevoir une transmission du Lama à n'importe quel moment, il suffit d'y être réceptif. Ainsi, être réceptif à la transmission à chaque instant est une pratique absolument vitale. Tout ce qui arrive en la présence du lama peut être véhicule de transmission. La transmission peut passer par un regard, un geste, une plaisanterie ou une remarque ordinaire sur un sujet n'ayant rien à voir avec les enseignements.

Chhi-'mèd Rig'dzin Rinpoche passait des heures à discuter avec les gens de sujets n'ayant apparemment rien à voir avec le Tantra. Briser ce flot en posant une question d'ordre technique, c'était passer à côté de la véritable puissance d'être avec un tel Lama. Je découvris vite qu'il était bien plus intéressant de laisser Chhi-'mèd Rig'dzin Rinpoche diriger le cours de la conversation plutôt que de poser des questions spécifiques. Chhi-'mèd Rig'dzin Rinpoche demande souvent aux gens pourquoi ils veulent savoir ce qu'ils demandent. Que veulent-ils faire de l'information qui les intéresse ? Je l'ai souvent vu ignorer les gens fascinés par de minuscules détails ésotériques.

Chhi-'mèd Rig'dzin Rinpoche créait souvent des situations incongrues pour aider les gens à vivre des expériences cruciales. On ne pouvait jamais prévoir quand il ferait cela. Je me rappelle une fois où Chhi-'mèd Rig'dzin Rinpoche séjournait chez moi à Cardiff.

Plusieurs de mes étudiants vinrent aider et passer du temps avec lui et très vite une série de projets démarra : photocopies de textes, insertions de dessins, réécriture partielle de textes, fabrication d'éléments de costume tantrique. Il y avait des délais très serrés, très difficiles à tenir.

Des projets supplémentaires venaient s'ajouter à la charge de travail existant, et les projets d'origine se complexifiaient. Tous finirent par travailler plus longtemps et plus intensément qu'ils ne l'imaginaient possible. Ceux qui vivaient chez moi pendant cette période dormaient à peine mais semblaient avoir une énergie incroyable : Chhi-'mèd Rig'dzin Rinpoche dynamisait tout de sa présence.

C'était remarquable. Un esprit légèrement maniaque régnait et mes étudiants couraient dans tous les sens pour terminer leurs projets.

Rinpoche discutait avec quiconque se trouvait là et mes étudiants furent très marqués par ce qu'ils eurent l'occasion d'entendre. Chhi-'mèd Rig'dzin Rinpoche provoque souvent le chaos pour désorienter les gens, leur permettant ainsi d'entendre un enseignement puissant dont la subtilité leur aurait autrement échappé.

Il y a une histoire merveilleuse concernant Patrül Rinpoche, un Lama qui vécut au début du vingtième siècle. Elle raconte comment il reçut l'introduction directe à la nature de l'Esprit. Cette transmission puissante lui fut conférée de façon très inhabituelle par Khyentsé Yeshé Dorje, le fabuleux sage excentrique. Patrül Rinpoche, assis dans le gompa (monastère), entendit quelqu'un dehors crier son nom. C'était Khyentsé Yeshé Dorje qui hurlait « Si tu n'as pas peur descends, et je te donnerai une transmission ! ». Patrül Rinpoche descendit voir ce Lama remarquable et scandaleux. Ce dernier le jeta immédiatement au sol et le tira par les cheveux. Là Patrül Rinpoche sentant l'alcool dans l'haleine de Khyentsé Yeshé Dorje pensa : « Ah voici donc le problème de l'alcool dont le Bouddha lui-même parla ! Même un grand yogi comme Khyentsé Yeshé Dorje peut en être la proie ! ».

Juste alors, Khyentsé Yeshé Dorje le lâcha et lui cria : « Comment oses tu penser une chose pareille, espèce de vieux chien dégoûtant ! ». Il lui cracha ensuite au visage en brandissant son petit doigt – chose assez insultante. Il s'en alla ensuite, laissant Patrül Rinpoche à terre.

Patrül resta exactement où Khyentsé Yeshé Dorje l'avait laissé. Il reconnut la transmission qu'il venait de recevoir et réalisa la nature de l'Esprit.

Plus tard, en parlant de cet incident incroyable, il racontait « …
et le nom secret que je reçus de Khyentsé Yeshé Dorje en cette
occasion fut Vieux Chien Dégoûtant. »

Cette histoire remarquable illustre bien l'attitude nécessaire pour
que la transmission puisse être possible. Il est intéressant de
noter que Patrül Rinpoche était encore capable de doute quand il
sentit l'alcool dans l'haleine de Khyentsé Yeshé Dorje. Preuve
que l'ambivalence est notre compagne constante jusqu'à ce que
nous cessions de percevoir de façon dualiste. La confiance et le
doute se frôlent tant que la dualité existe, même pour les plus
grands pratiquants. C'est pourquoi il est si important d'arriver à
travailler avec.

Dans les transmissions de pouvoir, le Tantra parle le langage du
crépuscule : la langue qui fait le pont entre le connu et l'inconnu.
Il est poétique tout comme le rituel du Tantra est artistique. Tous
les sens sont utilisés comme méthodes de communication et
c'est ce qui fait d'un wang un spectacle – un événement théâtral.
Le wang est une communication à tous les niveaux de notre
expérience, et il nous faut donc être présent et éveillé :
totalement immergé dans son atmosphère dynamique. Il ne faut
rien en attendre à part un glorieux sentiment d'immanence.

Questions et réponses

Q Rinpoche, vous avez dit qu'une initiation était comme un bardo. Je ne comprends pas tout à fait ce que cela veut dire en termes du Livre des Morts Tibétain.

R « Bar » signifie « entre ». « Do » signifie « jeté » ou peut-être « suspendu ». Cela implique l'idée d'une île ou d'une pierre au milieu d'une rivière. Le Bardo est en général associé au texte appelé Bardo Thödröl Chenmo. « Thö » signifie « entendre », « dröl » libération et « chenmo » « grand ». Donc, Bardo Thödröl Chenmo signifie La Grande Libération en Entendant dans le Bardo. La notion la plus connue au sujet du Bardo est qu'il s'applique à la phase intermédiaire entre deux vies, le livre étant appelé Livre des Morts Tibétain en Occident. Il serait plus exact de l'appeler le Livre Tibétain de la Naissance et de la Mort. En Occident, nous associons généralement les mots vie et mort, mais, dans le contexte du bouddhisme, la « vie » est à la fois naissance et mort. Le bardo est plus que l'étape intermédiaire entre la naissance et la mort : c'est aussi l'espace d'expérience entre la naissance et la mort, entre s'endormir et se réveiller. Pendant le sommeil c'est le bardo des rêves. Puis il y a le bardo de l'expérience réveillée et le bardo de la méditation. Chaque moment de l'Esprit est un Bardo. Le bardo est le moment où une expérience vient de se dissoudre et où la suivante n'a pas encore émergé… le bardo sans référence.

Dans ce contexte un wang, ou transmission tantrique, est un bardo de symbole : un espace au sein duquel la réalité ordinaire est suspendue et où nous sommes projetés dans le vortex de la sphère d'énergie.

Si nous sommes ouverts et présents lors d'un wang nous pouvons avoir l'impression d'être sur une île, une île qui a la qualité indestructible, et solide comme le roc, de notre nature vide. Selon cette perspective, le reste de notre vie pourrait nous paraître un torrent furieux de confusion.

La transmission tantrique est donc un Bardo, une phase intermédiaire entre la « réalité ordinaire » *d'alors* et la « réalité ordinaire » *d'après*. Si nous sommes assez ouverts pour ressentir pleinement ce bardo, la « réalité ordinaire » d' « après » pourrait ne pas être si ordinaire.

Q Quand vous dites que yeshé, la sagesse primordiale, ne peut être acquise par fragments, voulez-vous dire que soit on est en contact avec, soit non, pas de milieu ? Ou qu'elle ne peut être acquise par fragments parce qu'elle ne peut être acquise du tout, parce qu'elle est déjà là et qu'on ne peut acquérir ce qu'on a déjà ? Quelque chose me laisse perplexe…

R Je ne vois pas pourquoi. Vous semblez avoir la réponse.

Q Quelle attitude faut-il avoir quand on a reçu une initiation ? On m'a dit que prendre refuge avec un maître voulait dire qu'il était votre Maître Racine ; que vous apparteniez alors à une école particulière. Que se passe t-il si vous recevez une transmission d'un Lama d'une autre école ?

R Premièrement, prendre refuge dans les trois joyaux et les trois racines, könchog-sum et tsa-sum, ne constitue pas un engagement dans une école ou avec un Lama particulier. Tout particulièrement avec sang-yé, chö, et gendün : Bouddha, dharma et sangha.

Le Bouddha dont il s'agit n'est autre que votre propre nature éveillée, l'état de Bouddha.

Cela peut se référer aussi au Bouddha Sakyamuni ou à Padmasambhava et Yeshé Tsogyel.

Il s'agit alors de l'état primordial, ou du Bouddha qui personnifie la réalisation de cet état. Il n'y a pas de concept d'une école ou d'une lignée particulière. Personne n'a de franchise sur le Bouddha Sakyamuni ou sur l'état primordial. En ce qui concerne le chö ou dharma, cela s'applique à toutes les pratiques et enseignements qui proviennent de l'état éveillé. Là encore, les enseignements de Sakyamuni Bouddha sont l'héritage de toutes les écoles. Padmasambhava et Yeshé Tsogyel sont le père et la mère du Bouddhisme au Tibet, et sont donc les parents de toutes les écoles du Tibet. Gendün ou sangha sont la communauté de ceux qui pratiquent le chö.

Dans une cérémonie de refuge, il n'y a pas de référence à une lignée particulière de chö. Donc, quand vous prenez refuge, vous prenez refuge dans le Bouddhisme, vous devenez un Bouddhiste, pas un type particulier de Bouddhiste.

Si vous preniez refuge dans une école, vous devriez dire « Nyingma la kyab su ché » (rires). Je n'ai jamais vu cela écrit nulle part.

Il est vrai qu'au Tibet il y a toujours eu le refuge à quatre branches : Lama, Bouddha, dharma et sangha. Mais là encore on ne récite pas « Nyingma Lama kyab su ché ». Le mot Lama est simplement la reconnaissance d'un être humain qui personnifie la possibilité de l'éveil. Si vous prenez refuge dans les trois racines alors naturellement vous prenez refuge dans le Tantra, mais même là, aucune lignée particulière n'est mentionnée.

Q N'y a t-il pas une connexion profonde avec le Lama avec lequel vous prenez refuge ?

R Oui, bien sûr.

Q Alors qu'est ce que cela signifie dans votre relation avec lui ?

R C'est votre Lama de refuge, ou l'un de vos Lamas de refuge.

Certains s'imaginent qu'on ne peut prendre refuge qu'une fois, ou avec un seul Lama. C'est totalement faux. Vous pouvez prendre refuge de nombreuses fois avec différents Lamas. Je pense qu'il est tout à fait valable de prendre refuge aussi souvent que possible pour renouveler constamment votre engagement dans la pratique, surtout si vous prenez refuge avec des Lamas de différentes écoles. J'ai pris refuge et reçu des transmissions de Lamas de toutes les écoles du Bouddhisme Tibétain. Je l'ai fait volontairement.

Q Pourquoi ?

R Il devient impossible d'être sectaire. Si vous prenez refuge et recevez des transmissions de Lama de toutes les écoles et avez des connections vajra avec eux, toute vue sectaire est alors une rupture des vœux tantriques. Il n'y a donc pas de problème à recevoir des transmissions de Lamas d'écoles différentes.

Q Ce ne serait pas une cause de confusion ?

R Il faut avoir une vue globale des enseignements. Cela ne sert à rien de faire l'autruche pour éviter la confusion. Si vous voulez éviter la confusion, rappelez-vous qu'il y a différents véhicules, différents styles, et des principes de fonctionnement différents : ainsi vous ne pouvez développer une vue sectaire. Toutes les écoles sont de magnifiques véhicules de libération et, au niveau fondamental, elles ont la même essence.

C'est l'ignorance, entre autres, qui produit l'intolérance.

Q Mais avoir de nombreuses pratiques différentes, n'est ce pas source de confusion?

R C'est possible, surtout si vous ne comprenez pas les principes de ces pratiques. Si vous comprenez les principes des pratiques reçues de différents Lamas, vous pouvez les appliquer dans votre vie.

Q Que se passe t-il si vous avez pris trop d'engagements de pratiques? Comment savoir que pratiquer si vous vous êtes engagé à réciter plus de mantras que vous n'en avez le temps dans votre vie quotidienne? Et si vos circonstances changent ?

R Alors, il devient essentiel d'avoir un maître racine, un Tsa-wa'i Lama. Cette relation est d'importance capitale : en respectant votre damtsig avec lui vous respectez tous vos autres engagements et promesses. Sans un Tsawa'i Lama, vous devriez respecter tous les engagements tantriques que vous avez pris.

Vous ne pourriez choisir quel engagement rompre et quel engagement garder. C'est seulement quand vous établissez une relation avec le Tsa-wa'i Lama que vous appartenez à une école.

Q Comment savoir que vous avez rencontré votre Tsa-wa'i Lama ?

R Le Tsa-wa'i Lama est le Lama que vous comprenez. C'est le Lama qui communique avec vous et qui vous comprend manifestement très profondément. Le Tsa-wa'i Lama est celui qui vous montre la nature de votre Esprit. Le Tsa-wa'i Lama vous reconnaît lui aussi !

Q Un Lama pourrait-il vous dire qu'il est votre maître racine ?

R Oui, c'est possible. Mais je ne crois pas que cela arrive souvent. Mieux vaut que l'étudiant en fasse la demande. C'est très fort de dire à quelqu'un qu'il a un engagement vajra avec vous… Un lama tel que Chhi-'mèd Rig'dzin Rinpoche pouvait le faire. Dud'jom Rinpoche et Dilgo Khyentsé Rinpoche aussi, mais je ne crois pas qu'ils l'aient fait. Ce serait très rare.

Q Pourquoi?

R Parce que cela court-circuiterait la décision de l'étudiant. Il faudrait que l'élève ait une très forte connexion karmique avec le Lama. Il faudrait surmonter bien des obstacles.

Il faudrait que le Lama puisse être très proche et un grand soutien pour l'étudiant... sinon, je pense qu'il y aurait des problèmes.

Q Comme des hésitations?

R Mmmm... Oui. C'est ce à quoi je pensais. Mais comme je l'ai dit, je n'ai jamais entendu dire que cela se faisait.

Q J'aimerais poser une question à propos du Lama se manifestant en tant que circonstances de vie. Je ne suis pas certain de comprendre.

Est-ce que cela veut dire que tout vous rappelle votre Lama, que vous vous souvenez de lui tout le temps ?

R C'est un des aspects, mais cela va plus loin. Il faut faire l'expérience du lama comme étant *l'étoffe même de votre expérience*. Votre sentiment pour le Lama doit infiltrer chaque atome de votre existence.

Q Donc, vous devez faire l'expérience des choses comme si vous étiez en la présence de votre maître ?

R Non. Vous devez faire l'expérience de tout en la présence de votre Lama, il n'y a pas de « comme si ». Et ce n'est pas juste « en la présence » : chaque situation est le Lama. Votre Lama est la situation elle-même. Alors, chaque instant est chargé d'une formidable vitalité spirituelle. Chaque moment est précisément ce qu'il est, le vide et l'infinie manifestation.

Q Et la projection ? Ne pourrait-on pas décrire cela comme de la projection ? Pour moi cela a l'air d'être la même chose. Pourriez-vous expliquer les différences ?

R Certainement. Merci de poser cette question très pertinente. C'est important de parler de cela. Comment savoir s'il s'agit d'une projection ou de « pure vision », ou de « voir le sacré »? S'il y a un effort particulier à faire alors il y a de la projection.

Si voir le Lama comme circonstances de la voie est quelque chose de forcé ou d'artificiellement fabriqué, alors c'est une projection. C'est peut-être une projection utile.

Si vous vous entichez du Lama comme une espèce de super-parent semblable à un dieu, sauveur-amant-docteur-thérapeute-psychiatre-dentiste, alors là aussi c'est de la projection. Cette approche échoue toujours parce qu'elle est impossible à maintenir, cela tombe en morceaux dès que la vie devient douloureuse, cela ne fonctionne que quand tout va bien. Forcer cette vue est également impossible, il n'y a pas suffisamment d'énergie.

L'énergie personnelle nécessaire pour voir le Lama comme la texture de notre réalité n'est possible qu'avec une véritable dévotion. Celle-ci naît de la pratique, c'est elle qui nous donne la certitude que le Lama nous connaît. Si nous nous sentons connu du Lama, alors ce sentiment demeure quand nous quittons sa présence.

Le sentiment nous suit. L'impression « d'être connu » est une réaction déclenchée par la nature de la réalité. Le Lama a unifié son expérience avec la nature de la réalité et il est naturel que vous commenciez à faire l'expérience du Lama comme circonstances du chemin. Tout devient ainsi un reflet des enseignements, et vous commencez à faire l'expérience de la sphère de qualité de la personnalité manifestée du Lama.

Q1 Vous disiez que vous remerciez Dud'jom Rinpoche quand des circonstances négatives surviennent. Cela semble très personnel et très délibéré, et pour moi ce serait artificiel ; à moins que je croie que mon maître ait créé la situation pour moi. J'essaie juste de comprendre cela à la lumière de ce que vous disiez : que c'est une erreur de croire le Lama omniscient ou omnipotent.

R Je vois; enfin on m'a repéré (rires) ! Vous avez raison en ce qui concerne le caractère hautement personnel de la chose. Mais ce n'est pas délibéré, cela ne devrait pas être juste une habitude. On remercie son maître pour des difficultés quand celles-ci nous révèlent quelque chose sur la nature de l'Esprit ou la nature de notre confusion. Une telle situation vous rappelle forcément votre Lama. C'est pourquoi je pense à Dud'jom Rinpoche quand je me trouve dans des situations complexes. Je connais sa réaction à ce type de situations et je sais qu'il est dans chaque situation, sans compromis.

Je sais que quand les circonstances deviennent « énergétiques » d'une certaine façon, il est là. Ou on pourrait dire qu'il pourrait aussi bien être là ; en fait à un certain niveau il n'y a pas de différence. Avec la confiance issue de la pratique, cela ne pose pas de problème.

Il y a une histoire, celle du Yogi Fou de Tsang. Il récitait le sort de conscience de Padmasambhava continuellement pour entrer en contact avec Padmasambhava. Sa dévotion était si extraordinaire que même dans son sommeil, il récitait la formule de conscience. Finalement Padmasambhava commença à réciter le nom du Yogi Fou de Tsang. Le yogi entendait son nom continuellement jour et nuit et ne pouvait y échapper quoi qu'il fasse. Il réalisa enfin que Padmasambhava n'était autre que sa propre nature éveillée. Dès qu'il le comprit la récitation de son nom cessa. Alors…

Q1 Alors ?

R Alors il recommença à réciter la formule de conscience de Padmasambhava.

Q1 (rires) Je ne sais pas pourquoi je comprends cela ; mais j'ai l'impression de le comprendre. Pourriez-vous… (interrompu)

Q2 Pourquoi recommença t-il à réciter?

R Parce qu'au fond il n'avait jamais cessé. Sa parole devint une avec la récitation. Chaque son qu'il émettait devenait la formule de conscience de Padmasambhava, qu'il utilise les syllabes spécifiques ou non. Mais aussi parce que Padmasambhava est là pour quiconque veut en faire l'expérience.

Q Vous voulez dire que c'est un être qui existe?

R Pourquoi pas ?

Q … je croyais que c'était une déité de méditation, quelqu'un que l'on devenait en visualisant….

R C'est vrai aussi. Rappelez vous que le Tantra est multidimensionnel. Excusez-moi si je semble avoir une attitude un peu cavalière à propos de la coexistence possible de champs d'existence de la réalité. Padmasambhava était le Bouddha qui amena le Tantra au Tibet. Il exista historiquement. Pour les Nyingmapas, il existe toujours. Selon les Nyingmapas, il ne manifesta pas de mort physique, mais quitta simplement cette dimension. Il existe à présent au sein de la dimension que l'on appelle zang-dog-pal-ri, la montagne couleur de cuivre. C'est un aspect de réalité visionnaire.

Q Donc nous parlons d'un niveau mythique ici ?

R Mythique ?

Q Une mythologie des archétypes…

R C'est une possibilité. Mais ce n'est pas de cela que je parle, ce n'est pas cela que font les Tantrikas. D'abord, Padmasambhava n'est certainement pas un archétype, le mot n'a pas de sens en ce qui le concerne. Le terme « mythologie » n'existe que dans la perspective occidentale de l'histoire. Nous faisons une distinction entre « histoire » et « mythologie ». Nous disons que l'histoire est factuelle et que la mythologie ne l'est pas.

Mais de façon ultime, il n'y a pas de faits : tout dépend de celui qui perçoit le « fait ». La science se contredit constamment à la recherche du fait ultime.

La science, qui fut le bastion de l'objectivité, est elle-même arrivée à la conclusion que l'objectivité n'existe pas, l'objectivité n'est qu'une position relative opérant dans le contexte de certains paramètres.

L'histoire est continuellement réécrite en fonction de l'honnêteté du moment. Chaque pays écrit sa propre histoire selon l'idée qu'il veut donner de lui-même. Selon cette perspective tout est une forme de mythologie. Certaines personnalités des guerres mondiales sont devenues mythiques. Les rock stars deviennent mythiques, la personne de qui vous tombez amoureux devient mythique.

Examinons donc le mythe, ou plutôt la réalité visionnaire. La réalité visionnaire est ce qui se manifeste de façon interne et externe en fonction de l'énergie long-ku. Voilà une définition.

Que dire d'autre… Voyons les rêves. Disons, par exemple, qu'un grand yogi ou une grande yogini rêve de son Tsa-wa'i Lama qui vient de mourir. Ce rêve lui fournit une information sur un aspect de la vie de Padmasambhava qui n'avait jamais encore été raconté.

De nombreux disciples de Padmasambhava ont ce genre de rêves de clarté [15] et de visions. Toute cette matière visionnaire fait à présent partie du récit de vie du grand Bouddha Tantrique. Le problème c'est quand vous essayez de faire la distinction entre révélation visionnaire et information archéologique.

---

15 Les rêves de clarté sont des rêves dans lesquels les yogis et yoginis de capacité suffisante sont conscients de rêver et reçoivent de profondes révélations. Ainsi des enseignements peuvent être reçus hors de la dimension temporelle relative. Un Lama pourrait ainsi recevoir une transmission d'un grand maître ayant vécu des centaines d'années auparavant.

Au Tibet, l'histoire visionnaire et l'histoire concrète n'étaient pas séparées. C'est important de le comprendre.

En Occident les gens ont besoin d'histoire matériellement vérifiable, mais ce qui compte pour les Tantrikas c'est ce qui est vérifiable au niveau de l'expérience intérieure.

Cela dépend de ce à quoi vous attribuez de la valeur. Si c'est le sens qui est important, alors savoir si un événement a eu lieu au niveau de la vision ou dans le monde de la réalité concrète a peu de signification. Si vous vous en tenez à l'idée que les « faits » concrets et relatifs sont importants, alors il vous faut toujours distinguer entre histoire relative concrète et histoire visionnaire. Et après? Que faire de cette matière divisée au niveau de la pratique ?

Q Donc ce n'est pas important que Padmasambhava ait existé ou non dans l'histoire concrète relative ?

R En effet, ce n'est pas important. Mais il a bien existé à ce niveau. Il est certainement venu au Tibet pour y fonder les enseignements Tantriques. Il n'y a aucun doute historique à ce propos. Mais sa vie est trop vaste pour être contenue dans les paramètres de l'échelle temporelle conventionnelle.

Pour un pratiquant, la signification de sa vie est bien plus importante que sa taille ou son poids. Les occidentaux aiment connaître les détails de la vie de quelqu'un. La couleur de ses chaussettes, sa date de naissance, le nom de ses parents, ses notes à l'école. Mais cela n'est pas très signifiant quand on parle du sens de sa vie. Il serait plus significatif de savoir où il voyagea dans ses visions et ses rêves de clarté.

Mais revenons à ce que je disais de la nature pluridimensionnelle de la vision tantrique. On peut comprendre Padmasambhava au travers des trois sphères de l'être : trül-ku, long-ku et chö-ku.

En termes de trül-ku, la sphère de réalisation manifeste, Padmasambhava fut le second Bouddha, le Bouddha tantrique qui amena les enseignements du Vajrayana au Tibet. Ce fut la manifestation de Padmasambhava qui, accompagné de la dakini éveillée Yeshé Tsogyel,[16] enfouit des gTérmas un peu partout au Tibet.[17] Ainsi, Padmasambhava trül-ku est à l'origine des sa gTér, les objets physiques et textes qui furent cachés pour êtres découverts par des gTértons. Au niveau long-ku, la sphère d'apparences intangibles, Padmasambhava est la forme visionnaire qui se manifeste dans les visions et rêves de clarté de yogis et de yoginis ayant la capacité de percevoir ce niveau de la réalité.

Padmasambhava y est source de gong gTér, les trésors de l'Esprit, qui émergent spontanément de la conscience des gTértons. Enfin, en terme de chö-ku, la sphère de potentialité inconditionnée, Padmasambhava est la nature de l'esprit même. Ainsi, Padmasambhava est à l'origine des dag-nang gTér, les gTér de pure vision [18] qui émergent continuellement de la nature de l'Esprit.

Q Pourriez vous dire quelque chose à propos de la transmission rituelle et non rituelle ? La forme rituelle semble très difficile à saisir, surtout que c'est dans une langue étrangère. La transmission non rituelle semble plus personnelle et puissante, mais plus difficile aussi parce qu'on ne peut pas s'y préparer...

---

16 Yeshé Tsogyel était le Bouddha féminin du Tibet, parèdre éveillée de Padmasambhava. Elle transcrivit les enseignements et les pratiques que Padmasambhava donna pour les temps futurs, et les scella dans des endroits spécifiques destinés à être trouvés par des gTértons dans les siècles à venir. Ces textes sont rédigés en écriture dakini, qui ne peut être lue que par les gTértons.

17 Des enseignements gTérma en forme de textes et d'objets inspirationnels existent aussi hors du Tibet où des Lamas gTérton les ont découverts en des temps très récents.

18 Les gTér de pure vision ne sont pas toujours catégorisés avec les sa gTér et les gong gTér, parce qu'ils ne sont pas spécifiquement reliés au Padmasambhava historique. Les sa gTér et les gong gTér ont tous été prédits avec le gTérton destiné à les trouver.

R Oui, la transmission rituelle peut être difficile à appréhender. Mais il en existe bien des formes. Fondamentalement, il ne faut pas essayer de « saisir ». Vous devez « saisir » seulement si vous abordez ce qui se passe par l'intellect. Si vous avez l'expérience de la vacuité, il vous suffit d'entrer dans l'état vide et de vous laisser féconder par les séquences de visualisations dans lesquelles on vous guide. Il est sans doute plus facile pour les occidentaux de recevoir des wangs dans le style de l'anu yoga.

Quand Chhi-'mèd Rig'dzin Rinpoche donne des wangs à des occidentaux, ils sont habituellement assez brefs. Cela permet aux gens de rester suffisamment présents et ouverts, ainsi, même sans l'expérience du vide, les gens ressentent quand même quelque chose.

Dud'jom Rinpoche et Dilgo Khyentsé Rinpoche faisaient la même chose. Mais tous rendaient l'expérience très intense.

Ils utilisaient, quand ils le pouvaient, toute une série d'instruments rituels qui leur permettaient de briser l'orientation étroite de ceux qui recevaient le wang. Je dirais que sans l'expérience du vide, la transmission rituelle doit être une expérience plus émotionnelle qu'intellectuelle. Ceci nous ramène une fois de plus à la dévotion. C'est vraiment central à la pratique du Tantra : sans dévotion très peu de choses peuvent arriver. C'est vrai aussi pour la transmission non rituelle, où la dévotion est encore plus importante. Sans une dévotion suffisamment intense, vous ne pouvez pas être ouvert à la transmission non rituelle.

Q Et la toquade ne fonctionnerait pas dans ce contexte ?

R Je ne dirais pas cela. La toquade pourrait ouvrir pour vous les portes de la réception. Le problème de la toquade c'est que cela ne dure pas.

Mais cela pourrait vous donner suffisamment d'énergie pour vous aider à lâcher la fixité de la réalité conventionnelle et à faire l'expérience de la transmission à un certain niveau. Un degré élevé de fascination et d'émotion est préférable à un état fatigué et fade, « j'attends qu'il se passe quelque chose ». Je ne critique pas trop les fixations émotionnelles inappropriées parce qu'elles sont souvent une méthode d'approche. Il est toujours possible d'aider quelqu'un s'il est ouvert et a de l'énergie. Évidemment, l'engouement et la fascination doivent être transcendés pour que la vraie dévotion puisse apparaître, mais le Lama peut travailler avec n'importe quelle énergie, même si c'est problématique.

A ce propos, il y a une histoire que j'aime raconter, celle d'un bandit tibétain qui devient un grand maître. Le bandit entend dire un jour qu'un yogi très avancé vit dans les montagnes, et qu'il a un grand pouvoir de formule de conscience. Ce yogi a paraît-il d'incroyable siddhis, et recevoir de lui la transmission d'un mantra équivaut à son accomplissement.

Le bandit voyage pendant des jours et accomplit l'ascension difficile jusqu'à la grotte du yogi. Le bandit est un homme solide, cela ne l'impressionne pas. Il trouve le grand yogi et lui demande la transmission d'un mantra qui le rendra invincible.

Le yogi lui demande pourquoi il veut une telle pratique. Le bandit est très direct et dit qu'il est un bandit et qu'il veut être le plus grand bandit du Tibet. Pour cela il lui faut être invincible. Il a entendu parler de la réputation du yogi et il a confiance : s'il reçoit la transmission, il croit pouvoir atteindre son but.

Etonnamment, le yogi accepte, transmet le mantra, puis explique comment il doit être récité. Il dit au bandit que pour obtenir ce qu'il désire il doit faire cent mille tours d'un chörten particulier en récitant le mantra avec une complète concentration. Un seul moment de distraction et tout serait perdu.

Le yogi lui dit qu'au moment où il aurait terminé cette pratique il
y aurait un signe d'accomplissement : un serpent noir jaillirait du
chörten et au même moment l'épée de Jampalyang apparaîtrait
dans sa main. Il devrait alors couper la tête du serpent. Ce
faisant, il deviendrait invincible. Le bandit s'en va donc
pratiquer. Il est solide et sa détermination est considérable. Il
achève la pratique sans distraction, et, comme l'a indiqué le yogi,
le serpent noir sort du chörten comme un fouet.

L'épée de Jampalyang apparaît alors dans la main de l'homme et
il décapite le serpent. Serpent et épée disparaissent et il se
retrouve à regarder silencieusement le ciel. Au moment même où
il atteint l'invincibilité, il comprend qu'il n'est plus un bandit. Il
est un yogi. Il retourne ensuite auprès de son maître et passe le
reste de sa vie à pratiquer. J'aime bien cette histoire.

Q Donc, votre motivation peut être n'importe quoi ?

R Je ne dirais pas cela, mais initialement, c'est tout ce qui vous
met en contact avec l'enseignant et les enseignements. Ce qui
compte c'est l'énergie. La qualité du bandit était d'être un très
bon bandit. Il ne voulait pas de demi-mesures. Il s'en sortait
dans le monde. Il s'occupait bien de sa famille. Il était vrai – pas
une espèce d'escroc. Il existe d'autres histoires de ce genre.

Elles ne sont pas toutes aussi extraordinaires, mais il y a bon
nombre de cas au Tibet où des bandits ou des chasseurs,
dégoûtés de leurs vies, s'en vont devenir des *drupthob* ou maîtres
accomplis. Le yogi reconnut une qualité chez le bandit. Il vit que
le bandit avait le courage de persévérer. Un grand yogi n'aurait
pas donné une telle instruction à quelqu'un qui voulait
simplement du pouvoir.

Q Je comprends cet exemple parce que la motivation et la
détermination du bandit étaient si fortes. Mais comment est ce
que cela marche avec la fascination ou la toquade ?

Cela semble un peu pathétique en comparaison… Comment le Lama travaille t-il avec cela ?

R Cela devient un peu théorique. Cela dépend de la personne et des circonstances.

Tout le monde est capable de courage : il suffit simplement de permettre à ce courage de se manifester. Si vous permettez à quelqu'un de bouleverser sa vie de fond en comble, peut-être pourra-t-il regarder cette option en face. Tout dépend du niveau de peur de l'individu, et de sa capacité à changer. Certaines personnes sont craintives, mais si elles sont prêtes à s'ouvrir, presque tout est possible avec le temps. Chacun a son propre rapport au temps.

Pour le Lama, tout changement en direction de l'ouverture est valable ; tout, même si c'est fragile, peut servir d'accroche. Cela fait partie de l'engagement à aider tous les êtres selon ce qu'ils sont. Ce serait bien si tous les aspirants à la pratique avaient un grand courage, beaucoup de choses seraient possibles. Mais le Lama respecte toujours l'intérêt et le bon cœur de l'élève.

Pour moi, quelle que soit la capacité de l'étudiant, c'est une vraie bienveillance et un bon cœur qui sont nécessaires. Et vouloir être impliqué, c'est très important.

Q Vouloir être impliqué ?

R Oui, juste vouloir faire partie de l'énergie de ce qui se passe. Se sentir connecté, se sentir « chez soi » avec ce qui est enseigné et qui l'enseigne. Il faut aussi ressentir de la joie, être assez aventureux pour apprécier d'être impliqué dans une entreprise stupéfiante. Une forte intensité ne m'impressionne pas, je laisse ça aux vrais Lamas qui ont la sagesse et la compassion nécessaires pour s'occuper de gens très intenses. Moi, je suis plus intéressé par la capacité des gens à rester connectés sur le long terme, et à explorer leurs propres capacités de courage.

Q Le courage est relatif alors ?

R Certainement. Cela dépend des normes sociétales. D'ailleurs, il faut être un grand maître pour enseigner à un grand bandit. Le courage que je souligne est simplement celui de rester connecté. Le courage de ne pas s'enfuir. Il faut avoir cela en soi.

Q Diriez vous que le plus grand courage nécessaire, c'est le courage de persévérer ?

R Précisément. Alors… il n'y a rien qui ne puisse arriver. Je parle simplement du courage d'être vivant et d'interagir avec le monde de façon bonne et vraie. C'est se sentir vivant et responsable de ce que l'on ressent, et ne pas filer se cacher dans un petit trou pour passer le reste de sa vie en sécurité, à éviter ce qui vous fait peur. Le courage c'est un certain degré d'amour, de dynamisme et d'intégrité.

Arrêter de râler, de se plaindre et de geindre, sur le mode « pauvre de moi ! ». Cela ne signifie pas ne pas souffrir ni pleurer ; la vie peut être tragique pour tout le monde. Mais il ne faut pas se vautrer dans le sentiment d'injustice ; mieux vaut pleurer un bon coup et retourner faire face à la brutalité de la vie, en disant « Bon ! On y va ! ». Il ne faut pas trop se cacher de la vie, ne pas trop éviter les risques. Ce pourrait être la dernière heure de votre vie. Ce pourrait être la dernière journée, semaine ou année de votre vie…

Vivre comme si c'était votre dernière seconde serait un accomplissement incroyable. Nous pouvons tous aspirer à cela en matière de vue, et nous pourrions même le vivre de temps en temps : surtout lors de la pratique, ou d'une transmission.

Q Cela semble bien au-delà de mes capacités.

R Allons… Je ne dirais pas « bien au-delà ». Peut-être que « au-delà » suffit pour l'instant. Nous verrons ce qui arrivera plus tard. Vous pourriez être surpris !

Q Comment approcher cela dès maintenant ?

R Eh bien, c'est vrai que ce serait très difficile d'essayer de vivre chaque instant comme si c'était le dernier. Commencez avec une espérance de vie de cinq ans. Au fur et à mesure que votre courage augmente, grignotez des années. Vous pourriez descendre à un an. Demandez-vous parfois « Quelle décision prendrais-je s'il ne me restait qu'un an à vivre? ». Ce serait une façon d'examiner votre vie, surtout pour les décisions majeures. Pour d'autres décisions, vous pourriez descendre à un mois. C'est là que le soutien de votre Lama et de votre famille vajra devient crucial. Ils peuvent vraiment vous aider à avoir accès à votre courage quand la vie devient un peu trop féroce.

Q Vous pourriez en dire un peu plus là-dessus ? Je n'ai pas beaucoup entendu parler de la famille vajra en Tantra. Comment est-ce que cela fonctionne ?

R La famille vajra est le khyil-khor, ou mandala, des étudiants autour d'un maître. Dans le véhicule tantrique, c'est très important. Dans n'importe quelle famille, il existe une atmosphère; un style, une sorte d'ambiance. Vous la détectez dès que vous passez la porte. Si vous êtes perceptif vous pourriez commencer à prédire certaines choses selon votre ressenti. De même, il existe une ambiance particulière au sein d'un groupe de gens connectés, ou intéressés par la même chose.

Dans la famille vajra l'énergie interactive du groupe est orchestrée par le Lama, et la famille vajra reflètera son style d'enseignement.

Quand cela marche vraiment, parler à vos sœurs et frères de vajra est un peu comme parler avec le Lama. Il ne s'agit pas d'être lourd ou de donner des conseils inopportuns, de féliciter ou de critiquer, juste de vivre selon l'exemple du Lama.

La famille vajra devrait se soutenir. Au delà de cela, elle doit essayer de concrétiser la vision du Lama. La famille vajra est le contexte au sein duquel la transmission est donnée. S'il n'y a pas de sentiment de famille alors le contexte optimal de la transmission fait défaut. La transmission ne dépend pas entièrement de la famille vajra mais c'est un facteur important. Un des facteurs qui empêchent un gTérton de découvrir ses gTérmas est une « escorte inauspicieuse » : une famille vajra qui se dispute, qui manque d'harmonie, ne pratique pas assez ou manque de dévotion.

Q Pourquoi ? Qu'est-ce qui pourrait inhiber quelqu'un qui est réalisé?

R Réalisation ou pas, nous vivons tous en fonction de nos conditions environnantes : selon le climat financier, les dictats de la société, la situation politique, les attitudes courantes et les tendances. Des conditions existent et nous devons composer avec. Le Lama ne peut travailler qu'avec ce que vous lui présentez. Le Lama ne peut travailler qu'avec les étudiants qui viennent à lui – ou à elle.

Q Mais les étudiants qui sont attirés par un Lama ne sont-ils pas naturellement des élèves appropriés ?

R Non. Les étudiants sont attirés par certains Lamas ; mais alors, les êtres humains sont attirés les uns par les autres, ils ont des relations, mais ces relations ne marchent pas forcément. Parfois même cela marche très mal.

Q Mais le Lama ne pourrait-il pas orchestrer cela ? Ne pourrait-il pas simplement prendre la situation telle qu'elle est et la transformer ?

R Il ferait de son mieux. Mais le Lama ne peut diriger l'orchestre de la famille vajra que si ses membres veulent faire de la belle musique ensemble (rires).

Le Lama n'est pas une sorte de superman ou de superwoman spirituel qui peut accomplir l'impossible. Certains Lamas ont une capacité incroyable à travailler avec la négativité de leurs étudiants. Dilgo Khyentsé Rinpoche était phénoménal dans ce domaine, mais peu de Lamas sont des mahasiddhas de sa stature. Je pense qu'il faut être un peu réaliste.

Pour ce qui est de la découverte de gTérmas, différents facteurs importants doivent être pris en compte pour recréer la qualité environnementale interpersonnelle ressemblant à celle qui entoura la création du gTérma. Le gTérton doit avoir un sang-yab ou une sang-yum, partenaire reflétant la relation de Padmasambhava et de Yeshé Tsogyel.

Puis il doit y avoir des disciples qui apprécient correctement le Lama et son ou sa partenaire, au sens où ils ressentent ces qualités chez eux.

Si les étudiants ont des doutes, sont facilement distraits, manquent de sérieux, de confiance ou d'énergie, alors les conditions de création de gTérma ne sont guère réunies. Les conditions de découverte sont cruciales : pour être efficace l'objet, la pratique, ou l'enseignement gTér, doit fonctionner dans un environnement spirituel en résonance avec les qualités nécessaires à l'accomplissement recherché. En clair, les graines ne germeront que si le sol s'y prête, et si les autres facteurs sont présents.

Un fermier ne jette pas des graines dans le feu ou dans le sable. Les gTérmas ne sont pas simplement là pour être découverts. Les gTérmas existent en relation avec le contexte de leur découverte. Il n'est pas possible de trouver un gTérma comme on trouverait une pièce archéologique. Cela ne marche pas comme cela.

Q C'est comme si la graine connaissait la nature du sol et apparaissait en même temps que lui. Il semblerait qu'ils soient codépendants par dessein.

R Précisément. Mais je ne suis pas sûr du « codépendant ». Je dirais plutôt qu'il y a réciprocité selon les conditions optimales pour la réalisation des personnes vivantes à un moment donné, dans le contexte des disciples d'un certain Lama.

Q Pourrais-je revenir à cette idée de courage ? J'ai l'impression que vous utilisez le mot courage d'une façon spéciale. J'ai l'impression qu'il y a une signification plus vaste derrière ce mot...

R Oui, mais je dirais que sa dimension est la même que celle du mot « forme ». « Courage » est un mot de forme, un mot associé à la compassion active. Le courage c'est « avoir peur, mais le faire quand même » ; c'est aussi autoriser votre capacité à vraiment aimer et à s'occuper des autres. Nous étouffons souvent notre grande capacité d'amour par peur de perdre nos limites ; comme si nous avions besoin de limites ! Le courage est fortement lié à la compassion. Beaucoup d'autres mots appartiennent à la même catégorie : des mots comme créativité, expressivité, clarté, performance, inventivité, dextérité, adresse, talent, habileté, capacité, compétence, qualification, expertise, bonne volonté, puissance, efficacité, vigueur, résistance, endurance, force, vivacité, communication, franchise, énergie, agilité, linéarité, positivité, application, interprétation, orchestration, arrangement, manipulation, pragmatisme, exclusivité, fermeté, rationalité, persuasion, fixité, détermination, déterminisme, polarisation, systématisation, intellect, précision, orientation. Ce sont tous des « mots de forme ». Il y en a beaucoup d'autres, j'imagine.

La compassion active se manifeste dans toutes ces qualités, et donc mon utilisation du langage vient de cette perspective. Tout est vide et forme. Tout est sagesse et compassion. C'est cela la signification de la voie.

Q Et les mots de vide… Si cela ne vous gêne pas…

R De vous donner une autre liste ? Pas du tout : appréciation, subtilité, sensitivité, intuition, empathie, confluence, latéralité, amorphe, sans forme, inachèvement, sans structure, illimité, harmonie, rapport, sentiment, émotion, non directivité, obliquité, résonance, impartialité, inclusion, flexibilité, réceptivité, radiance, luminosité, ouverture, souplesse, fluidité, facilitation, espace, tolérance, orientation sensorielle… Malheureusement il y a moins de mots de vide… Mais ce n'est pas surprenant étant donné notre orientation vers la forme, en tant qu'êtres qui se piègent dans l'illusion de la dualité, et compte tenu de la structure patriarcale de notre société : nous ne valorisons pas autant ces qualités. Il y a donc moins de mots de ce type à moins qu'on en invente de nouveaux tels que : indescriptibilité, précognitivité, indélinéarité, instructuration et ainsi de suite. C'est une tendance chez moi. Mais ces mots sont impossibles à articuler ! Il y a aussi les antonymes des mots de forme, mais je ne les aime pas trop.

Q Pourquoi ?

R Parce qu'ils ont une association négative. Indécision, irrationalité, imprécision, indétermination, vague, digression, inefficacité, faiblesse, incompétence et ainsi de suite.

Je pense qu'il serait bon de sauver quelques-uns de ces mots et de leur donner une nouvelle connotation. « Irrationnel » pourrait être un mot positif. Dans le bon contexte, il peut avoir un sens positif. Tout seul, il donne l'impression d'être quelque chose que l'on ne préférait pas être.

Je pense que laisser l'irrationnel entrer dans votre vie est très excitant. Les gens sont souvent obsédés par le rationnel, bien que leur raison ne soit pas du tout raisonnable du point de vue de la réalisation. Soyons irrationnels, alors !

Pratiquons ensemble !

Glossaire

anatman

Non-soi. Sans « atman ». Il n'y a pas de « soi » dans la mesure où aucun élément de notre être n'est : solide, permanent, distinct, continu, et défini.

anuttara-yoga Tantra

Le Tantra intérieur des écoles Sarma (Nouvelle Traduction). Il correspond en partie aux Tantras intérieurs de l'école Nyingma. Les écoles Sarma sont : Sakya, Kagyüd, et Gelug. L'anuttara-yoga Tantra est divisé en trois catégories : père, mère et non-duel, mais ce sujet n'est pas abordé dans ce livre. Les Tantras père, mère et non-duels ne correspondent pas aux maha, anu et ati yogas; mais plutôt à certaines phases du maha yoga, et à un aspect de l'anu yoga. .

anu-yoga

voir jé-su naljor

ati yoga

voir shintu naljor

bardo

Espace ou écart. Le bardo est l'expérience du moment. Les autres bardos sont: le bardo de la mort, le bardo de dharmata (chö-nyid), le bardo de visions, le bardo de la naissance, le bardo de la vie, le bardo des rêves, et le bardo de la méditation.

Bardo Thödröl

Habituellement traduit comme « Le livre Tibétain des Morts » Bardo Thödröl signifie « libération en écoutant dans l'état intermédiaire ».

Bouddha

Sang-gyé en Tibétain. Complet éveil ouvert. *Voir*
Sakyamuni Bouddha.

Bouddha Sakyamuni

Le Bouddha auquel les gens pensent quand on parle du
« Bouddha ». Le Bouddha qui enseigna les Soutras, et qui
enseigna le Tantra en secret aux quatre vingt quatre
mahasiddhas. *Voir* drupchen.

bum

Mot tibétain pour le nombre 100 000.

bum-pa

Vase de transmission.

bum-pa'i wang

Transmission du vase.

cha wa gyüd

Kriya Tantra, le premier des Tantras extérieurs, dont le
principe est la purification et en rapport avec l'être de conscience
comme forme extérieure dont nous pouvons recevoir une
transmission de sagesse.

Chenrezigs

Le Bouddha qui personnifie la compassion active.

chö (*chos*)

Dharma en sanskrit. Littéralement « ce qui est ». Ou,
également, dharma ou dharmas : phénomènes, champs
d'événements ou de sens. En occident, le mot a généralement
été remplacé par « Bouddhisme ». Ce mot, moins riche de sens
parce que faisant de la pratique Bouddhique un « isme », permet
néanmoins de communiquer auprès d'un public plus large qui ne
comprendrait pas le mot « Dharma ».

cho gyüd (*sPyod rGyud*)

Carya Tantra ou Upa Tantra, le second des trois Tantras extérieurs. Le cho gyüd regroupe des pratiques où l'être conscience est considéré comme une manifestation extérieure de notre propre être de sagesse intérieur. C'est un pont entre la pratique du Kriya Tantra et celle du Yoga Tantra parce que l'on pratique à la manière du Kriya (la déité nous est extérieure) mais avec le point de vue du Yoga Tantra (nous nous unifions avec la déité).

chö-ku (*chos sKu*)

La sphère de potentialité inconditionnée. La dimension de l'être. Dimension fondamentale de la réalité individuée.

chörten

Une représentation architecturale des cinq éléments.

chuba

Vêtement tibétain ressemblant à un manteau. Les chubas sont parfois portées par les Lamas non ordonnés (qui ne sont ni moines ni ngakpas), ou par des Lamas qui ont renoncé à leurs vœux monastiques.

dag nang

Pure vision. *Voir* dag nang gTér.

dag nang gTér (*dag sNang gTér*)

Enseignements et pratiques émanant de visions pures. Révélations découvertes au sein de l'espace de l'être inoriginé. Ce type de gTér n'est pas toujours inclus au même titre que les gong gTér et les sa gTér parce qu'il ne fut pas caché pour être redécouvert par Padmasambhava et Yeshé Tsogyel. Les Dag nang gTér émanent de l'aspect de Padmasambhava et de Yeshé Tsogyel qui est identique à la nature de notre propre Esprit.

Un yogi ou une yogini qui réalise la nature de l'Esprit peut devenir l'auteur de Dag nang gTér, mais en général ce type de gTér est découvert par des Lamas qui sont aussi des découvreurs de gong gTér et de sa gTér.

daka

voir pawo

dakini

voir khandroma

damtsig (*dam tshig*)

Samaya en Sanskrit. Parole sacrée ou serment.

Préceptes ou engagements de pratiques Tantriques. Il y a de nombreux types de damtsig selon le Lama et le type de pratique, mais essentiellement il s'agit, au niveau extérieur, de maintenir une relation harmonieuse avec le Lama et les sœurs et frères de Vajra, et, intérieurement, de ne pas dévier de la continuité de la pratique.

Le damtsig le plus essentiel et le plus profond consiste à prendre les trois kayas du Lama comme le chemin. Si le damtsig est rompu et non réparé, alors aucune pratique au niveau du Tantra n'aboutira.

La dévotion est cruciale au damtsig – si la dévotion manque alors le damtsig est impossible. Si le damtsig de l'engagement vajra manque alors le fruit de la pratique ne peut pas mûrir. Si le damtsig est perdu alors le fruit de l'expérience acquise pourrira immanquablement. Une pratique sans damtsig ne pourra pas fleurir, peu importe les efforts fournis.

dharma

voir chö

dharmakaya

> *voir* chö-ku

dharmata (*chos nyid*)

> Chö-nyid en Tibétain. L'espace de l'être et l'espace de l'existence dans lequel il n'y a pas de distinction entre les deux.

Do (*mDo*)

> Les enseignements Soutriques : Sravakabuddhayana et Pratyékabuddhayana, qui, ensembles, sont aussi appelés Hinayana ; et Bodhisattavabuddhayana, aussi appelé Mahayana. Ces enseignements comprennent des discours et enseignements du Bouddha Sakyamuni.

dorje (*rDorje*)

> Vajra en Sanskrit. Adamantine ; foudre ; diamant. Ce qui évoque la nature de l'être : corps vajra, ou nature vajra. Littéralement « seigneur de pierre ». Employé comme adjectif le mot signifie invincibilité, forme indestructible. On parle aussi du vajra ultime du vide, du vajra d'apparence du symbole, et du vajra conventionnel de la matérialité.

dorje lopön (*rDo rJe sLob dPon*)

> Enseignant indestructible ou Maître Vajra

dorje lopön wang

> Transmission de maître vajra.

Dorje Thegpa (*rDo rJe theg pa*)

> Vajrayana en sanskrit. Le véhicule vajra. La pratique qui consiste à revêtir le corps de visions, à la fois en terme de pratique de yidam et de pratique des canaux, vents et essences spatiales. Dorje Thegpa est synonyme de Gyüd, Tantra, Trantrayana, ou Mantrayana Secrète. *Voir* Gyüd.

Dorje Tröllö

Littéralement, rage vajra ou rage indestructible. La plus courroucée des huit manifestations de Padmasambhava. La manifestation de sagesse folle de Padmasambhava.

dorje wang

Transmission vajra (transmission foudre, ou transmission indestructible)

dorje-ku

Vajrayana en sanskrit. L'indestructible sphère de l'être. *Voir* ngo-wo-ku.

drilbu wang

Transmission ghanta (transmission de la cloche)

Drukpa Kunlegs

Un grand yogi de l'école Drukpa Kagyüd parfois aussi appelé le « fou divin ». Drukpa Kunlegs était connu pour son comportement fantasque et ses chansons de réalisation qui évoquaient souvent la sexualité et l'alcool comme étant des moyens nécessaires pour atteindre le but.

drupchen (*sGrub chen*)

Mahasiddha en sanskrit. Un être éveillé – celui ou celle qui a atteint tous les siddhis, ultimes et relatifs.

drupthob (*sGrub thob*)

Siddha en sanskrit. Maître accompli. Un drupthob est quelqu'un qui a atteint des siddhis, des pouvoirs qui lui viennent de sa réalisation.

Dzogchen (*rDzogs chen*)

Contraction de Dzogpa Chenpo. Grande Complétude, Totalité Absolue. Aussi appelé : Complétude Absolue, Complétude Naturelle Totale, ou Grande Perfection.

Voir Dzogpa Chenpo et shintu naljor.

Dzogpa Chenpo (*rDzogs pa chen po*)

Mahasandhi en sanskrit. Littéralement, grande complétude. Selon l'école Nyingma ou Ecole de l'ancienne traduction, il s'agit de la pratique la plus directe pour atteindre la réalisation. Parfois traduit comme la Grande Perfection, qui semble provenir de Evans-Wentz qui fit l'erreur de la traduire comme « l'Ecole de la Grande Perfection ».

Le terme grande complétude indique que l'état naturel est parfait en tant que tel et n'a pas besoin qu'on lui rajoute quoi que ce soit – cet état est complet, par lui même, depuis toujours. *Voir* Dzogchen ou shintu naljor.

fierté vajra

Sentiment des pratiquants de se réaliser en tant qu'êtres de conscience.

gendün

La communauté de pratiquants monastiques ou ngakphang. L'un des quatre points du refuge bouddhiste : Lama (guru), sang-gyé (Bouddha), chö (dharma), et gendün (sangha). *Voir* ngakphang.

gé-wa'i shé-nyen

Kalyanamitra en sanskrit. Ami spirituel. L'enseignant soutrique, distinct de l'enseignant Tantrique, le maître vajra ou dorje lopön.

gomchenma

Grande pratiquante de la méditation, ou maître de méditation. L'équivalent masculin est le gomchen.

gompa

Littéralement, lieu de méditation. Souvent un monastère.

gong gTér *(dGongs gTér)*

gTérmas de l'esprit. Tér ou gTér est une abréviation du mot gTérma qui s'applique à l'ensemble des enseignements cachés dans le monde entier par Padmasambhava et Yeshé Tsogyel.

Voir gTerma. *Voir aussi Enseignements cachés du Tibet* par Tulku Thöndup Rinpoche, publié par Wisdom Publications.

gTér

voir gTérma

gTérma *(gTer ma)*

Abréviation gTér. Enseignements, pratiques et objets cachés par Padmasambhava et Yeshé Tsogyel pour le bienfait de futurs disciples, et la régénération des lignées Tantriques.

gTérton

Découvreur de gTér. *Voir* gTérma.

guru

voir Lama.

Guru Drakpo

Le Lama féroce. Le yidam courroucé qui apparaît dans les trois formes racines de Padmasambhava. Guru Drakpo est Padmasambhava manifestant en forme visionnaire comme moyen d'accomplissement. La racine de la puissance.

Guru Nangsrid Zilngön

Le Lama qui subjugue tous les phénomènes apparents. La forme de Padmasambhava où il est assis dans la posture de l'aisance royale. Sa jambe droite est tendue, tout comme sa main droite, qui tient un vajra.

Guru Pema

voir Guru Rinpoche

Guru Rinpoche

Padmasambhava, Pema Jung-né, le Guru Vajra ou Dorje Lopön. Il est l'essence de tous les Bouddhas du passé, du présent et de l'avenir (les trois temps). Il est le suprême souverain de tous les puissants détenteurs de claire conscience (rig'dzins ou vidyadharas). Il contient en lui même les qualités de tous les yidams joyeux, paisibles et courroucés. Il est l'énergie focale de la danse des dakas et dakinis. Il est le Bouddha dont la splendeur brille plus intensément que tous les protecteurs vajra des enseignements ou que les êtres extra dimensionnels hautains et arrogants du monde phénoménal. Connu comme Mahaguru Padmasambhava, il fut invité au Tibet par le roi Trisong Détsen. Le roi Trisong Détsen était une émanation de Jampalyang (Manjushri), l'être de conscience qui incarne la dimension éveillée de l'intelligence.

Guru Rinpoche subjugua toutes les forces élémentaires nocives sous le commandement de son sceau d'Esprit et supervisa la construction de Samyé (le gompa aux trois styles spontanément et pour toujours parfait). Il établit au Tibet la tradition des neufs véhicules Bouddhistes et visita personnellement tous les lieux sacrés (montagnes, grottes et lacs), les bénit, et y cacha d'innombrables gTérma avec l'aide de Khandro Chenmo Yeshé Tsogyel.

gyüd (*rGyud*)

Tantra. Les enseignements du Vajrayana donnés par le Bouddha dans sa forme sambhogakaya. Littéralement « continuité » ou « fil ». Le Tantra est la continuité ou le fil de l'éveil sur lequel les perles illusoires du non éveil sont enfilés.

ja-lü (*ja 'lus*)

Corps arc en ciel. *Voir* l'introduction de Sonam Sangpo Rinpoche.

Jampalyang

Manjusjri en sanskrit. Le Bouddha qui incarne la sagesse.

jé-su naljor (*rJes su rNal 'byor*)

Anu yoga en Sanskrit. Le second des trois Tantras intérieurs. L'emphase de ce Tantra porte sur le khyil-khor visionnaire éveillé de la forme visionnaire indestructible (dorje-ku) du yidam. La pratique de l'anu yoga consiste avant tout dans le dzog rim (phase de complétion). Le Dzog rim est la pratique de tsa, rLung et thig-lé – les canaux spatiaux, les vents spatiaux et les essences spatiales.

Jétsun Milarépa

voir Milarépa

jigten chö-gyed (*jig rTen chos brGyad*)

Les huit dharmas mondains, ou huit préoccupations habituelles : l'espoir et la peur, le gain et la perte (ou le plaisir et la douleur), la rencontre et la séparation, la louange et la critique (ou la renommée et la honte).

Kalachakra

La roue du temps. Une pratique Tantrique spécifique qui existe dans toutes les écoles du Bouddhisme Tibétain, et qui a souvent été enseignée par le quatorzième Dalai Lama dans de nombreux pays.

kama

La longue lignée de transmission de maître à disciple qui peut être retracée jusqu'à Padmasambhava, Yeshé Tsogyel, Garab Dorje, et Sakyamuni Bouddha.

karma

voir lé

kaya

> *voir* ku

khandro

> *voir* khandroma

khandroma (*mKha' 'gro ma*)

Dakini en Sanskrit. Littéralement « femme se mouvant dans le ciel » ; ou, plus poétiquement, « danseuse céleste ». L'abréviation commune est « khandro ». Ce sont des êtres conscience féminins qui manifestent les fonctions des bouddha-karmas, c'est à dire qui accomplissent des activités éveillées. Une des trois racines : la khandro est la racine de l'inspiration, le Lama se manifestant comme les circonstances du chemin.

khandropa (*mKha' 'gro pa*)

Khandropa est la condition dans laquelle un Tantrika réalise la sphère de qualité de sa propre khandroma intérieure, et le manifeste dans la dimension extérieure de son être à travers de *l'activité secrète*.

khor-wa *(bKhor ba)*

Samsara en Sanskrit. L'existence cyclique ; tourner en rond. Cercle vicieux de naissances et de morts conditionnées de façon dualiste ; l'état d'êtres non éveillés contraints par la perception dualiste – un gâchis de temps et d'énergie. Un état dans lequel toutes nos activités, en termes de tentatives pour établir notre être comme étant solide, permanent, distinct, continu et défini, n'aboutissent à rien.

könchog sum (*dKon mChog gSum*)

Les trois précieux : le précieux Bouddha (sang-gyé), dharma (chö) et sangha (gendün).

kriya

>*voir* cha wa gyüd

ku (*sKu*)

Kaya en sanskrit. « Corps » au sens d'un ensemble de nombreuses qualités. Dimension, sphère de l'être, champ d'expérience.

ku zhi (*sKu bZhi*)

Les quatre corps, les quatre sphères de l'être, les quatre kayas. Les trois kayas (chö-ku, long-ku et trül-ku) plus le svabhavikakaya (ngo-wo-ku ou kaya essence). Aussi appelé dorje-ku ou vajrakaya. *Voir* ngo-wo-ku, chö-ku, long-ku et trül-ku.

kyépachen naljor (*bsKyed pa chen rNal 'byor*) **kyéchen naljor** (*bsKyed chen rNal 'byor*)

Maha yoga, le premier des trois Tantras intérieurs, qui insiste sur la phase de génération du visionnement et du sort de conscience (visualisation et mantra).

khyil-khor (*dKyil 'khor*)

Mandala en sanskrit. Littéralement, « centre et périphérie ». Le mot mandala prend différents sens selon le contexte.

Il signifie communément un être de conscience et sa cour – l'entourage manifesté comme un ensemble de qualités actives, en termes des paramètres fonctionnels manifestes de l'être de conscience.

C'est l'environnement interactif dans lequel l'être de conscience communique sa méthode manifestée. L'entourage de disciples vajra d'un maître vajra. L'atmosphère dans laquelle il se passe quelque chose – l'ensemble des champs de significations et d'événements.

Lama (*bLa ma*)

Guru en sanskrit, mais sans les connotations habituelles de la pensée Hindou ou les corruptions qui existent en occident. Maître avec un « m » majuscule. Maître Vajra. Enseignant du Tantra. *Voir* chapitre 5 « L'ami Dangereux ».

Lama'i naljor

Guru Yoga en sanskrit. Pratique de l'unification avec l'Esprit du Lama.

lé

Karma en sanskrit. Le mot est communément compris comme signifiant cause et effet. De façon plus essentielle, il signifie perception et réponse. Nous réagissons à ce que nous percevons selon notre conditionnement.

La vision karmique est la totalité de notre expérience de la réalité, à moins que notre éveil ne scintille au travers de l'étoffe de notre conditionnement et nous permette d'apercevoir notre condition non duelle.

lha-tong (*lhag mThong*)

Vipassana en sanskrit. « Clarté » ou « vision lointaine », un des deux principaux aspects de la pratique de la méditation. L'autre est shi-nè (shamatha en Sanskrit – demeurer sans s'engager ou demeurer paisiblement). Il est important de se souvenir que les mots « shi-nè » et « lha-tong », quand ils sont utilisés dans le contexte du Dzogchen, n'ont pas exactement le même sens que les mots « shamatha » et « vipassana » dans d'autres contextes bouddhistes. Ce sujet a été source d'une grande confusion.

long-ku

Sambhogakaya en Sanskrit. La sphère d'apparences intangibles ou d'énergie réalisée.

lung

> La transmission à travers le son.

Madhyamika

> La soutra qui réfute les quatre extrêmes philosophiques du monisme, du nihilisme, du dualisme et de l'éternalisme.

maha yoga

> *voir* kyépachen naljor

mahasiddha

> *voir* drupchen

maître vajra

> *voir* dorje lopön

mandala

> *voir* khyil-khor

mantra

> *voir* ngak

Milarépa (*mi la ras pa*)

> Un grand yogi connu pour ses chants de réalisation et pour son accomplissement dans la pratique de tu-mo. Milarépa était le principal disciple de Marpa Lotsawa (le traducteur). Bien qu'essentiellement vénéré dans l'école Kagyüd, Milarépa était un important yogi du Dzogchen qui figure aussi dans les lignées Nyingma. Son lien avec le Dzogchen long-dé est apparent avec le gomtag (ceinture de méditation) qu'il porte. Voir la biographie secrète de Milarépa de la Gompa d'Apho Rinpoche à Manali dans le nord de l'Inde. Elle contient de nombreux aspects peu connus de la vie de Milarépa.

ming gyi wang

> Transmission du nom.

naljor (*rNal 'byor*)

Yoga, union, demeurer dans l'état naturel.

naljorma (*rNal 'byor ma*)

Yogini, pratiquante Tantrique – celle qui demeure dans l'état naturel.

naljorpa (*rNal 'byor pa*)

Yogi, pratiquant Tantrique – celui qui demeure dans l'état naturel.

né-pa

Absence avec présence. L'état dans lequel il y a absence de pensées mais présence de conscience.

Nga-gyür Nyingma (*sNga 'Gyur rNying ma*)

Ecole de l'Ancienne Traduction. Les écoles du Bouddhisme Tibétain sont divisées en Sarma (Nouvelle Traduction) et Nyingma (Ancienne Traduction). Le style Nyingma insiste sur l'esprit des textes, alors que le Sarma insiste sur la précision littérale. L'école Nyingma n'est pas une école au sens des autres écoles tibétaines. Le Nyingma est le premier Bouddhisme à être arrivé au Tibet, et, si on enlève les nouvelles écoles, c'est ce qui resterait. Le Nyingma a toujours été un courant hétérodoxe comprenant de nombreuses lignées différentes avec une extraordinaire diversité de styles et d'approches. Le Nyingma est aujourd'hui considéré comme une école parce qu'il y a d'autres écoles avec lesquelles le comparer. Mais, en principe, toutes les écoles du Bouddhisme Tibétain partagent une essence commune. Les seules différences entre elles concernent la présentation et l'emphase.

ngak

Sort de conscience ou mantra. Ngak est une méthode par laquelle l'on entre dans la pratique du corps de visions à travers la dimension sonique de l'être de conscience ou la divinité de méditation.

ngakma (*sNags ma*)

Littéralement « femme mantra », une pratiquante du vajrayana ayant pris des vœux et qui détient l'ordination ngakphang (détenteur de sort de conscience). *Voir* ngakphang.

ngakpa (*sNgags pa*)

Littéralement « homme mantra ». *voir* ngakma et ngakphang.

ngakphang

Littéralement « détenteur de mantra » ou « possesseur de mantra ». La sangha ngakphang est la sangha blanche de Padmasambhava et Yeshé Tsogyel, une tradition non monastique, sans célibat, de yogis et yoginis ordonnés qui intègrent la pratique à la vie de tous les jours. La sangha ngakphang constitue un troisième courant de pratique, distinct des pratiquants monastiques ou des pratiquants profanes, et cette tradition ne doit jamais être comprise comme étant « quelque chose entre monastique et profane ». *Voir* ngakma.

ngödrup (*dNos grub*)

Siddhi en sanskrit. Accomplissement. Se réfère habituellement au « siddhi ultime » de l'éveil complet mais peut aussi évoquer les « siddhis relatifs » – les huit accomplissements mondains.

ngo-wo (*ngo bo*)

Essence. Ngo-wo-ku signifie la sphère essentielle de l'être – la quatrième sphère de l'être étant celle qui unifie les trois autres : chö-ku, long-ku, et trül-ku. *Voir* ngo-wo-ku.

ngo-wo-ku (*ngo bo sKu*)

Svabhavikakaya en sanskrit. Sphère essentielle indivisée de l'être. *Voir* ku zhi.

nirmanakaya

voir trül-ku.

nirvana

voir ya-ngen lé dé-pa.

Nying-lug (*rNying lugs*)

Nyingma. La tradition Nyingma. Les enseignements amenés au Tibet et traduits pendant le règne du Chögyal (roi Dharma) Trisong Détsen et dans la période suivante jusqu'à Rinchen Zangpo. Les deux principaux enseignements du Nyingma sont le kama et le gTérma.

Nyingma (*rNying ma*)

L'ancienne école du Bouddhisme Tibétain. *Voir* Nga-gyür Nyingma.

Padmasambhava

voir Guru Rinpoche.

pamo (*dpa' Mo*)

Une pratiquante qui a découvert son pawo intérieur et qui le manifeste extérieurement à travers des activités éveillés pour le bien des êtres.

pawo (*dpa' bo*)

Héros ou guerrier. L'aspect de forme de l'expérience de l'être – indivisible du vide. La réflexion masculine du khandroma.

Pema Jung-né

voir Guru Rinpoche

rLung (*rLung*)

Prana en sanskrit. Vents spatiaux. Les courants d'énergies du corps subtil qui sont portés par les canaux spatiaux (tsa). La quintessence du rLung est thig-lé – l'essence des cinq éléments.

sa gTér

gTér de terre. *Voir* gTerma.

samaya

Vœux tantriques. *Voir* damtsig.

sambhogakaya

voir Long-ku.

samsara

voir khor-wa.

sang wa'i wang (*gSang ba'i dBang*)

Transmission secrète, la seconde des quatre transmissions.

sang wang (*gSang dBang*)

Transmission secrète

sang-gyé (*sangs rGyas*)

Ouverture éveillée complète – sang-gyé-sa signifie « sol bouddha » ou l'état de bouddha.

sang-gyé lé-kyi

Les bouddhas karmas : enrichir, pacifier, magnétiser (contrôler), et détruire. Les activités éveillées.

sangha

voir gendün

sang-yab *(yab)*

Partenaire spirituel masculin. L'aspect masculin d'un être conscience féminin.

sang-yum *(yum)*

Partenaire spirituel féminin. L'aspect féminin d'un être conscience masculin.

sem

L'esprit avec un petit « e » – l'esprit qui peut s'égarer dans le dualisme et qui essaie sans cesse de se prouver qu'il est solide, permanent, distinct, continu et défini.

sem-nyid *(sems nyid)*

La nature de l'Esprit. La qualité vide de l'Esprit – l'espace de conscience dans lequel sem (esprit avec un petit « e ») surgit et peut soit entrer en communication compassionnelle ou se perdre dans les combinaisons dualistes.

Seng-gé Dongma

La dakini à la tête de lion. La dakini courroucée qui apparaît dans la forme des « trois racines » de Padmasambhava – Seng-gé Dongma est Padmasambhava manifestant comme les circonstances du chemin. La racine de l'inspiration.

shamthab

La robe des moines et des nonnes (de couleur bordeaux) et des ngakpas et ngakmas (de couleur blanche). Des robes volumineuses portées plissées et maintenues à la taille par une ceinture. Les six pans de la shamthab yogique représentent les six véhicules Tantriques. Les bandes doublées du haut et du bas représentent l'indivisibilité du samsara et du nirvana.

shérab (*shes rab*)

Prajna en sanskrit. Connaissance ou intelligence ; la sagesse qui évolue par la pratique et l'étude.

shérab yeshé kyi wang

Transmission de connaissance / sagesse primordiale.

shi-nè (*zhi gNas*)

Shamatha en sanskrit. Demeurer sans s'engager dans le processus de pensée. Habituellement traduit comme « demeurer paisiblement ». La pratique de la méditation silencieuse. Voir *Spectrum of Ecstasy* et *Roaring Silence* de Ngakpa Chögyam.

shintu naljor (*shin tu rNal 'byor*)

Ati yoga, Dzogchen, le plus intérieur des Tantras intérieurs. Le Dzogchen est la voie de l'auto libération, distinct du Soutra (la voie de la renonciation) et du Tantra (la voie de la transformation). L'auto libération signifie que, d'elles mêmes – les choses se libèrent. Ce n'est donc pas l'idée de la « libération du soi » ou de la « libération pour soi même ». Pour une explication plus détaillée, s'adresser à un Lama qualifié.

shog-sér (*shog ser*)

Sa gTér (des enseignements précieux redécouverts dans la terre) écrits sur du papier jaune. *Voir* gTérma.

siddha

> *voir* drupthob.

siddhi

> *voir* ngödrup.

skandhas (cinq)

L'analyse Soutrique de la perception. Les cinq agrégats mentaux correspondent aux : cinq familles de Bouddhas, les cinq dakas et dakinis, les cinq éléments et les cinq thig-lés.

sung *(gSung)*

> Communication parfaite.

Sutra

> *voir* Do.

svabhavikakaya

> *voir* dorje-ku

Tantra

> *voir* Gyüd

Tantra extérieur

Les trois phases d'introduction du Tantra qui ne sont pas détaillées dans ce livre. Elles comprennent le cha wa gyüd (Kriya Tantra), cho gyüd (Upa Tantra), et naljor gyüd (Yoga Tantra). Ces trois phases représentent des stades de purification progressive jusqu'à ce que les mots purs et impurs perdent leur sens spirituel. *Voir* Dorje Thegpa et Gyüd.

Tantra intérieur

Les trois phases du Tantra décrites dans l'introduction de Sonam Sangpo Rinpoche. *Voir* kyépachen naljor, jé-su naljor et shintu naljor. *Voir aussi* Dorje Thegpa et Gyüd.

tantrika

Pratiquant du Tantra. *Voir* Dorje Thegpa .

teng'ar

Mala en sanskrit. Rosaire.

thab

Méthode

thangka

Peinture symbolique dépeignant les êtres consciences.

thig-lé (*thig le*)

Bindu en sanskrit. L'essence des éléments et la matrice de création primordiale

thug (*rthugs*)

Conscience, l'énergie de l'état primordial.

tri (*khrid*)

Instruction, consigne.

Tröma Nakmo (*trosma nakmo*)

La mère noire courroucée. Un yidam féminin courroucé connecté à la pratique du chöd.

trül-ku (*sPrul sKu*)

Corps d'émanation du nirmanakaya. L'aspect de l'éveil qui peut être vu par les êtres ordinaires. La sphère de manifestation réalisée ou forme réalisée. *Voir* ku zhi.

tsa (*rTsa*)

Nadi en sanskrit. Les canaux spatiaux qui portent le rLung (prana ou vents spatiaux).

tsa sum

Les trois racines : Lama, yidam et pawo/khandro. Le Lama est la source de connaissance, le yidam est la racine de la puissance, et le pawo/khandro est la source de l'inspiration.

Tsa wa'i Lama (*rTsa wa'i bLa ma*)

Mula guru en sanskrit. Enseignant racine. Il y a deux types d'enseignants racine : celui dont on reçoit des transmissions et des explications des enseignements Tantriques ; puis il y a le maître racine qui nous indique la nature de l'esprit.

tsig wang

Transmission du mot.

tulku

voir trül-ku.

tu-mo

Le yoga de la chaleur intérieur. L'un des six Naro-chö-druk – les six yogas de Naropa. Cette pratique est celle qui rendit Milarépa célèbre. *Voir* Milarépa.

upa

voir cho gyüd

vajrakaya

voir dorje ku

Vajrayana

voir Dorje Thegpa

vinaya

Les vœux monastiques.

wang (*dBang*)

Transmission. La transmission Tantrique est composée de : wang (transmission par la puissance du symbole), lung (transmission par le son), et tri (transmission par l'explication, ou des consignes).

wang gongma sum

Les trois transmissions d'esprit essentielles : le sang wang, le shérab yeshé kyi wang, et le tsig wang.

wang-zhi

Les quatre transmissions.

yab-yum

L'union des êtres conscience masculins et féminins comme symbole suprême de la non dualité.

ya-ngen lé dé-pa (*mYa ngan las 'das pa*)

Nirvana en sanskrit. Le nirvana inférieur se réfère à la libération de l'existence cyclique atteinte par le pratiquant hinayana. Quand il s'agit d'un Bouddha, le nirvana est le grand état d'éveil total où l'on ne reste pas, qui ne tombe ni dans l'extrême de l'existence samsarique, ni dans un état passif de cessation.

yeshé

Jnana en sanskrit – la sagesse primordiale. La sagesse qui n'est ni fabriquée ni construite. Elle est là depuis toujours.

yeshé mélong

Miroir de la sagesse primordiale. Un miroir circulaire argenté où sont gravées des thig-lés élémentaires. Souvent utilisé pour la transmission symbolique des enseignements Dzogchen.

Yeshé Tsogyel (*ye shes mTsho rGyal*)

Khandro Chenmo Yeshé Tsogyel. L'épouse spirituelle de Padmasambhava. Le Bouddha Tantrique féminin. Elle est à l'origine de la Lignée d'Essence Mère, et la figure la plus importante de l'Aro gTér. Khyungchen Aro Lingma, une grande gTérton de la fin du dix-neuvième et début du vingtième siècle, reçut l'Aro gTér directement de Yeshé Tsogyel, et le transmis à son fils Aro Yeshé. C'est la lignée qu'enseigne Ngakpa Chögyam Rinpoche.

yidam (*yidam*)

Une pratique personnelle d'un être conscience. Une des trois racines, la racine de l'accomplissement.

yoga

voir naljor

yogi/yogini

voir naljorpa/naljorma

zang-dog-pal-ri

La montagne couleur de cuivre. La sphère d'Esprit ou dimension pure de Padmasambhava.

zhi-trö

Etres de conscience paisibles et courroucés du bardo des visions. Les quarante deux aspects paisibles et cinquante huit aspects courroucés de l'énergie d'une personne.

L'auteur

Ngak'chang Rinpoche (Ngakpa Chögyam) est un Lama de l'Ecole Nyingma du bouddhisme tibétain. Il est né et a été éduqué en occident et vit maintenant à Penarth dans le Pays de Galles. Il est reconnu en tant qu'incarnation d'Aro Yeshé, le fils d'une gTérton du début du vingtième siècle, Khyungchen Aro Lingma. Aro Yeshe était l'incarnation de a'Shul Pema Legden, l'artiste et scribe gTér de Khalding Lingpa.

Ngak'chang Rinpoche et sa sang-yum (épouse spirituelle) Khandro Déchen sont les actuels détenteurs de l'Aro gTér, les enseignements de révélations visionnaires et de pratiques visionnaires de Khyungchen Aro Lingma. Ngakpa Rinpoche commença la pratique du Bouddhisme à l'adolescence et passa plus de vingt ans à séjourner dans les Himalayas, étudiant avec de grands maîtres tels que Kyabjé Dud'jom Rinpoche, Kyabjé Dilgo Khyentsé Rinpoche, Kyabjé Chhi'-med Rig'dzin Rinpoche et Künzang Dorje Rinpoche. Il entreprit de nombreuses retraites solitaires prolongées, et compléta les pratiques nécessaires requises d'un Lama. Sur les conseils de Kyabjé Dud'jom Rinpoche il retourna en occident pour établir le style ngakphang d'enseignement et de pratique.

Ngak'chang Rinpoche est l'auteur de nombreux livres: Rainbow of Liberated Energy (Element Books, 1986) Journey into Vastness (Element Books, 1988) Wearing the Body of Visions (Aro Books,1995) Spectrum of Ecstasy (Aro Books, 1997; Shambhala Publications, 2003) Roaring Silence (Shambhala Publications, 2002) Entering the Heart of the Sun and Moon (Aro Books, 2009) Emailing the Lamas from Afar (Aro Books, 2009) Rays of the Sun (Aro Books Worldwide, 2010) Wisdom Eccentrics (Aro Books, 2012)

Ngak'chang Rinpoche est un thérapeute, un enseignant, un calligraphe Tibétain, un poète, un artisan tantrique, et un interprète de chansons Tantriques et de danses Lamaïques. Il est le directeur spirituel des sanghas de la tradition Aro avec sa femme Khandro Déchen. Ils sont parents et insistent, dans leurs enseignements, sur la vie de famille comme pratique spirituelle à part entière. Ils encouragent tout particulièrement les femmes dans leur pratique spirituelle, et les poussent à enseigner.

Les Sanghas Confédérées d'Aro

Les Sanghas Confédérées d'Aro sont des groupes de pratiquants gö-kar-chang-lo i'dé ou ngak'phang basés aux Royaumes Unis, aux Etats Unis et en Europe. Ces sanghas sont guidées par Ngak'chang Rinpoche et Khandro Déchen, les détenteurs de la lignée Aro gTér. Les lignées ngakphang, ou traditions blanches, de l'école Nyingma sont des traditions non-monastiques. Le blanc est la couleur de ceux dont la pratique est essentiellement basée dans les Tantras. Au Tibet, le blanc est habituellement portée par les pratiquants ordonnés qui ne sont ni moines ni nonnes, ces derniers portant habituellement du rouge ou du bordeaux. Le blanc est aussi la couleur de la pureté – la couleur du tissu qui n'a pas été teint.

En tant que symbole Tantrique, le blanc correspond au principe que tout est intrinsèquement pur et que rien n'est à renoncer au niveau extérieur. Les lignées Ngak'phang doivent leur inspiration à Padmasambhava et Yeshé Tsogyel (les Bouddhas Tantriques) et mettent l'accent, plus que toute autre tradition, sur l'intégration de la pratique à la vie de tous les jours. Ces lignées ont produit de nombreux siddhas et maîtres accomplis qui étaient nomades, fermiers ou artisans dans leurs vies de tous les jours. Certains furent des yogis et yoginis cachés – personne ne sachant qui ils étaient véritablement. Certains grands maîtres furent analphabètes mais leurs enseignements occupèrent des chercheurs pendant des siècles.

De nombreux grands maîtres de cette lignée, hommes et femmes, fondèrent des familles tout en démontrant l'essence la plus profonde des enseignements.

C'est pour cette raison que les enseignements et le style de pratique de la tradition blanche peuvent être d'une grande utilité pour les occidentaux. C'est dans cette optique que les Sanghas Confédérées d'Aro furent fondées.

Sang-ngak-chö-dzong, la première des sanghas Aro, fut établie en 1977. Elle fut baptisée ainsi par Kyabjé Jigdral Yeshé Dorje Dud'jom Rinpoche pour que la sangha ngak'phang fleurisse en occident. D'autres organisations sont apparues depuis : aux Etats-Unis (Aro Gar), en Autriche (Aro Gesellschaft), et en Allemagne (Aro Gemeinschaft). Ngak'chang Rinpoche et Khandro Déchen enseignent régulièrement en Angleterre et aux Etats Unis (New York et Californie) où vivent leurs élèves. Certains de leurs élèves confirmés enseignent et ont leurs propres étudiants : Ngala Nor'dzin et Ngala 'ö-Dzin en Angleterre et en Europe, et Ngakma Shardrol aux Etats Unis et au Canada. Ngak'chang Rinpoche et Khandro Déchen souhaitent que les Sanghas Confédérées d'Aro s'établissent en tant qu'environnement joyeux et créatif où la chaleur humaine et l'amitié sont des qualités essentielles, partagées par toutes celles et ceux souhaitant pratiquer et participer.

Pour plus d'informations sur la tradition ngak'phang, les enseignements et retraites, ou l'apprentissage avec les Lamas Aro visitez www.arobuddhism.org ou écrivez à ngakpa.zhalmed@gmail.com. `